ENSAIOS DE GRANDE ESTRATÉGIA BRASILEIRA

JOÃO PAULO ALSINA JR.

ENSAIOS DE GRANDE ESTRATÉGIA BRASILEIRA

FGV EDITORA

Copyright © 2018 João Paulo S. Alsina Jr.

Direitos desta edição reservados à
FGV EDITORA
Rua Jornalista Orlando Dantas, 37
22231-010 | Rio de Janeiro, RJ | Brasil
Tels.: 0800-021-7777 | 21-3799-4427
Fax: 21-3799-4430
editora@fgv.br | pedidoseditora@fgv.br
www.fgv.br/editora

Impresso no Brasil | *Printed in Brazil*

Todos os direitos reservados. A reprodução não autorizada desta publicação, no todo ou em parte, constitui violação do copyright (Lei nº 9.610/98).

Os conceitos emitidos neste livro são de inteira responsabilidade do autor.

1ª edição: 2018

Copidesque: Ronald Polito
Revisão: Aleidis de Beltran
Diagramação: Mari Taboada
Capa: Estúdio 513
Imagem da capa: Leopard 1A5 do Exército Brasileiro em exercício de tiro noturno no sul do Brasil

Ficha catalográfica elaborada pela Biblioteca Mario Henrique Simonsen/FGV

> Alsina Júnior, João Paulo Soares
> Ensaios de grande estratégia brasileira / João Paulo S. Alsina Jr. – Rio de Janeiro : FGV Editora, 2018.
> 292 p.
>
> ISBN: 978-85-225-2061-9
>
> 1.Ciência militar. 2. Brasil. Exército. 3. Brasil - Forças Armadas. 4. Ataque e defesa (Ciência militar). I. Fundação Getulio Vargas. II. Título.
>
> CDD – 355

Ao Exército Brasileiro

SUMÁRIO

Agradecimentos 11

Prefácio 13

Introdução 17

O conceito de grande estratégia 23

Introdução 23
Muito além da dimensão militar 25
A estratégia (grande ou pequena) é possível? 30
Quatro disjuntivas essenciais 35
Grande estratégia e política 49
Grande estratégia: custos *versus* ambição 53
Grande estratégia: esboço de conceito operacional 63
Post scriptum 71

O sistema internacional de segurança: uma perspectiva brasileira 75

Introdução 75
Armas nucleares e o paradigma clausewitziano 76
Nações Unidas e conflitividade global 79
O fim da Guerra Fria e a ilusória mudança estrutural da guerra 82
A integração sul-americana e as Forças Armadas brasileiras 87
Mundo pós-heroico? 90
Algumas palavras sobre o futuro da guerra 94
Post scriptum 102

O caráter da guerra contemporânea e o Brasil   107

Introdução   107
Algumas palavras sobre o estudo da guerra   108
Negação da guerra: afirmação da estupidez   109
Continuidade e mudança no caráter da guerra   115
Erosão do poder do Estado-nação na contemporaneidade?   125
Racionalidade e irracionalidade no fenômeno bélico   130
Guerra como expressão política *versus* guerra como expressão cultural   134
Guerra regular *versus* guerra irregular   141
Guerra contemporânea e guerra futura   148
Forças Armadas brasileiras e o drama do subdesenvolvimento   151
O projeto de força do Exército e a guerra contemporânea   162
Abstenção civil e eternização do atraso   172
Considerações finais   177

Grande estratégia e operações de paz: o caso brasileiro   183

Introdução   183
A estrutura decisória em operações de paz   184
A estrutura administrativa das OPs   188
Os países contribuintes de tropas: quem contribui e por quê?   190
Breve histórico sobre o caráter das missões de paz   195
As OPs contemporâneas   197
Implicações políticas e militares das OPs contemporâneas   201
A participação brasileira em OPs   205
Operações de paz e política externa   207
Operações de paz e política de defesa   211
Contradições derivadas da precária articulação entre Pext e PDEF   215
Grande estratégia e finalidades a serem atingidas   216
Critérios para a participação em OPs   222
O lugar (modesto) das OPs na grande estratégia brasileira   225

Reflexões sobre a forma de recrutamento das Forças Armadas brasileiras e suas implicações para a defesa nacional 229

Introdução 229
A instrumentalidade do recrutamento 230
O recrutamento em perspectiva histórica e comparada 232
Conceitos relacionados com a forma de recrutamento 236
Conceitos relacionados com a forma de recrutamento e o caso brasileiro 240
Implicações da forma de recrutamento para a estruturação do Exército Brasileiro 247
A estrutura das FFAA e a postura estratégica brasileira 249
As consequências da postura estratégica brasileira atual em face das prováveis demandas de segurança do futuro 253
O *status quo* relacionado com o recrutamento e os desafios do futuro 256
Conclusão 259
Post scriptum 262

Conclusão 265

Referências 273

Agradecimentos

A Deus e a toda a minha família.

Ao General de Exército (R/1) Sergio Etchegoyen e ao Coronel (R/1) Walter da Costa Ferreira, pelo diálogo e amizade.

Aos professores Carlos Ivan Simonsen Leal, Marieta de Moraes Ferreira e Octavio Amorim Neto.

Aos homens e mulheres que compõem o Exército de Caxias.

Prefácio

SE ALGUÉM AINDA NUTRIR suspeitas sobre a acuidade da difundida frase "O Brasil é o país do futuro, e sempre será…", ler o penetrante livro de João Paulo S. Alsina Jr. removerá rapidamente qualquer dúvida. O autor redigiu os cinco capítulos de seu livro durante o período 2010-2017, intervalo de tempo em que completou seu doutoramento, publicou um importante livro sobre o barão do Rio Branco e vários artigos sobre forças armadas e defesa, além de ter contribuído com diversas publicações.

Os primeiros dois capítulos do seu novo livro, sobre o conceito de grande estratégia e o atual panorama da segurança internacional encarado a partir da perspectiva brasileira, são extremamente bem documentados com as fontes mais recentes e relevantes. Os três capítulos seguintes são ensaios em que o autor se baseia em *insights* únicos, derivados de sua condição de diplomata e de um dos mais conceituados *experts* em diplomacia brasileira, defesa e relações civis-militares. João Paulo Alsina não teve alternativa senão escrever esses três capítulos — sobre segurança nacional e defesa, o Brasil e as operações de paz, e a conscrição no país — como ensaios, tendo em conta haver muito pouca literatura acadêmica útil e objetiva sobre esses tópicos. Há documentos oficiais sobre essas matérias, mas uma das *bêtes noires* do livro é justamente a recaída naquilo que o autor classifica como "oficialismo" — a tendência à confirmação acrítica pelos estudiosos do mofado *status quo* burocrático. O contraste entre, de um lado, o que autores estrangeiros, como Hew Strachan, seguidores de Carl von Clausewitz, têm a contribuir sobre a formulação da grande estratégia e o "pacto da mediocridade" prevalecente no Brasil sobre esse tema, de outro, é alarmante.

No grupo dos três capítulos anteriormente mencionados, em realidade ensaios, Alsina demonstra claramente que o Brasil não tem uma estratégia. Caso o *status quo* atual não seja alterado:

> a grande estratégia do país continuará a ser caótica e totalmente incapaz de reunir sinergicamente os ativos de poder nacionais em torno de um projeto viável de inserção soberana no mundo. Ao que tudo indica, o Brasil permanecerá sendo um ator menor no plano da segurança internacional, munido de retórica diplomática totalmente desconectada de capacidades materiais correspondentes. O tão almejado assento permanente no CSNU, mantidas as condições atuais, será apenas mais um sonho de uma noite de verão.

No capítulo três, João Paulo Alsina trata das instituições, no Brasil, que deveriam ser instrumentos de implementação da grande estratégia, que para o autor precisariam incluir o Exército Brasileiro. Contudo, devido ao recurso constante ao Exército na segurança interna, na verdade em tarefas policiais, a infame garantia da lei e da ordem (GLO), e a tremenda relutância em utilizar o poder militar externamente, não há disposição política para apoiar financeiramente as Forças Armadas nem incentivos reais para que os decisores brasileiros se envolvam ou desenvolvam *expertise* em temas relacionados com a segurança *lato sensu* e com a defesa.

No quarto capítulo, Alsina demonstra de modo percuciente, em clara contradição com o oficialismo, que a imersão superficial do Brasil em operações de manutenção da paz, como no Haiti por meio da Minustah, levada a cabo entre 2004 e 2017, não é o caminho para o aumento do reconhecimento internacional do país. Ele desbanca mitos, que infelizmente são comuns no Brasil mesmo entre acadêmicos, sobre as implicações da participação nessas operações. O autor revela que também nessa área, assim como em outras, inexiste uma estratégia — e o faz a partir da sua experiência no interior do aparato estatal, já que fez parte da missão do Brasil junto às Nações Unidas e, nessa condição, se ocupou da temática das operações de paz.

No quinto capítulo, sobre o recrutamento militar, o que na maior parte dos países equivaleria a objetivos secundários do sistema de conscrição, no Brasil adquire papel preponderante: o resgate de hipotecas sociais. Em consequência, geram-se forças totalmente despreparadas para o combate. João Paulo Alsina demonstra que,

> no Brasil, a incorporação de recrutas às fileiras das FFAA encontra-se muito mais pautada por uma lógica assistencialista/clientelista do que por uma lógica instrumental que conceba o sistema de recrutamento como ferramenta de absorção do contingente melhor talhado para o desempenho dos labores guerreiros. Assim, a maximização do poder combatente das Forças [...] encontra-se politicamente subordinada ao desempenho por parte destas de funções subsidiárias que possam ser instrumentalizadas pela lógica do particularismo.

O tema que unifica todo o livro é o de que os decisores civis no Brasil, ao não reconhecerem a necessidade de os militares desempenharem funções que vão além de tarefas policiais ou ações cívico-sociais, não precisam verdadeiramente de uma estratégia — e, na verdade, nem sequer a desejam. O resultado é um círculo vicioso. João Paulo Alsina enumera três hipóteses de superação do presente *conundrum*, mas é pessimista quanto à probabilidade de que alguma delas venha a ser materializada devido à total falta de compreensão e de interesse civil em estratégia e na sua interface com as Forças Armadas. Nas suas palavras: "a mais formidável de todas [as barreiras] seja de ordem cognitiva. Não se muda aquilo que não se conhece, e não se conhece algo sem amor ao conhecimento e ao estudo sistemático".

Este livro, ainda que extremamente crítico, encontra-se fundamentado em realidades que o autor conhece em profundidade. Similarmente, observadores estrangeiros bem informados, cansados da retórica vazia sobre a singularidade brasileira, estão crescentemente atentos aos problemas abordados por Alsina. Com este trabalho, espera-se que mais brasileiros compreendam a problemática da segurança nacional e adquiram conhecimento voltado à superação dos imensos obstáculos à construção da estratégia definidos e analisados pelo autor.

Que um brasileiro, e diplomata ainda por cima, escreva e publique um livro como este é encorajador. Em *Ensaios de grande estratégia brasileira*, João Paulo Alsina realiza uma análise que precisa ser considerada seriamente.

Thomas C. Bruneau
Professor emérito, Naval Postgraduate School, Monterey

Introdução

ESTE LIVRO ABORDA a complexa relação entre a civilização brasileira construída ao longo do final do século XX, início do XXI, e as exigências materiais e simbólicas de um empreendimento como a guerra. O formato ensaístico aqui adotado foi escolhido por motivos justificados. O termo ensaio compreende duas acepções fundamentais: a de experimento e a de prosa livre caracterizada pela síntese e pelo tratamento crítico. O caráter experimental do trabalho deriva das dificuldades intrínsecas à articulação do conceito de grande estratégia — entendido, *grosso modo*, como a coordenação de fatores político-diplomáticos, econômicos e militares em prol dos interesses de uma coletividade — em uma nação tão hostil à estratégia como a brasileira. Ademais, dado que nenhuma construção intelectual pode ter a pretensão de ser definitiva, a prudência recomenda que se admita o estatuto provisório dos ensaios elaborados pelo autor. A necessária humildade diante de temas tão desafiadores não deve ser confundida com falta de rigor. Em todos os ensaios, o leitor encontrará esforços genuínos de compreensão de variados aspectos da grande estratégia brasileira (ou de sua ausência).

A busca da síntese e do tratamento crítico está presente, em maior ou menor medida, em todos os ensaios. Um deles, em particular, carrega um viés mais fortemente ensaístico no sentido da segunda acepção: "O caráter da guerra contemporânea e o Brasil". Esse texto inédito reflete, indiretamente, a perplexidade do autor diante da catástrofe que se abateu sobre o país nos últimos anos, reveladora de um estado de putrefação civilizacional sem paralelo em nossa história. A aterradora idiotização de nossa suposta elite cultural, produzida pela universidade brasileira ao longo de muitas décadas, está na base desse processo, razão pela qual se torna impossível compreender o surrealismo nosso de cada dia sem referência ao quadro mais amplo que o engendrou. Evidentemente, a política de defesa não poderia estar isenta da influência dos contextos político, econômico, social e intelectual do país. Se a gestão dessa política era sumamente difícil em um Brasil menos conturbado, podem-se imaginar os novos obstáculos que a atual quadra de desorientação suscita.

Sem que se proceda à discussão dessas mazelas primordiais, uma tão improvável quanto imprescindível reforma do modo brasileiro de estar no mundo não se materializará. Ao fim e ao cabo, novas aberrações serão criadas, talvez ainda mais nefastas do que as atuais. Roberto Campos afirmava que o Brasil "não perde oportunidade de perder oportunidades". Talvez fosse o caso de não perder a oportunidade de apontar a oportunidade única que se apresenta com uma crise de tamanha envergadura. São nas crises que os indivíduos têm a chance de abandonar a complacência, de colocar em causa percepções longamente sedimentadas, de buscar a verdade sem o temor do ostracismo. A circunstância dos dias que seguem favorece a renovação, mas para tanto é preciso diagnóstico correto e coragem moral para mudar. O indispensável senso de proporção, artigo raríssimo em nossas plagas, somente poderá ser reconstruído se formos capazes de recuperar o que de melhor o Brasil produziu no passado, e de acrescentar a esse patrimônio novos elementos que corrijam mazelas históricas.

Mais do que qualquer coisa, faz-se necessário questionar incisivamente as práticas recentes em todos os domínios da vida em sociedade — única forma de reverter o acelerado processo de decadência e de esgarçamento do tecido social. Somente no contexto de uma retomada vigorosa da modernização — de escopo igual ou superior em profundidade à restauração Meiji ou à fundação da Turquia liderada por Kemal Ataturk no pós-Primeira Guerra — poderá o Brasil aspirar a um futuro menos soturno. Evidentemente, a modernização não poderá seguir os moldes do modernismo nacional, que se transformou em uma tradição conservadora e deletéria — a despeito, ou talvez em função, da sua retórica de ruptura e emancipação. Se o mito modernista, associado ao mito revolucionário[1] (ambos mediados pelos indivíduos que deles se nutriram), nos trouxe ao estado de coisas atual, caberia admitir que uma mudança qualitativa da nossa visão de mundo encontra-se dependente de duas tarefas prévias. A primeira, refere-se ao questionamento dos aspectos nefastos da cosmovisão modernista-revolucionária. A segunda, tem a ver com a criação de novos consensos virtuosos, menos dissociados da verdade e mais tendentes a fundamentar valores positivos: religiosidade tolerante, trabalho, honestidade, amor ao conhecimento, busca da verdade, solidariedade, patriotismo, apreço pela ordem, respeito ao mérito, autonomia do indivíduo em relação ao Estado, intolerância ao crime, universalismo na aplicação da lei etc.

Ao contrário do que alguns querem fazer crer, os problemas atuais não têm a ver fundamentalmente com questões econômicas ou políticas. Trata-se de algo muito mais profundo e alarmante: uma crise multidimensional, que explicita a defasagem radical entre a mundivisão dominante, as elites do Brasil e as demandas da contemporaneidade. Esse fenômeno não diz respeito somente à obsolescência da base industrial ou à putrefação do sistema de educação — sequestrado ideologicamente pelo que há de mais retrógrado. Para onde se olhe, o observador encontrará atraso, corrupção, desalento, imobilismo, violência. Se é certo que essa não é uma tendência transversal — a justiça brasileira, apesar de suas carências e contradições, vem dando demonstrações de que pode agir de modo republicano —, parece igualmente correto afirmar que somente uma reforma em regra das nossas instituições e da nossa maneira de estar no mundo poderá reverter o processo de degeneração da vida coletiva no país.

A questão da grande estratégia brasileira encontra-se dependente desse processo de reforma, sempre penoso e repleto de obstáculos impostos

---

1. A relação entre os legados modernista e revolucionário no Brasil é objeto de pesquisa em curso do autor. De maneira muito sumária, acredita-se que a canonização de um ideário baseado nas noções de ruptura e subversão do *status quo* — encontradiço tanto no modernismo quanto no pensamento revolucionário — tenha sido decisiva para a consolidação de uma cosmovisão que se encontra na base da crise vivida pelo Brasil nos dias de hoje.

pelo subdesenvolvimento — entrincheirado nas mentes de indivíduos que ocupam posições-chave na sociedade, o que apenas torna mais complexa a superação das redes de interesses materiais vinculados ao atraso. O pacto da mediocridade que prevalece na administração dos negócios do Estado, particularmente no tocante à gestão da política de defesa e à inércia de uma retórica de política externa castradora e derrotista, não nos permite antever que seja viável articular, de modo coerente, política, economia, poder militar e inteligência em prol dos interesses nacionais. Interesses, aliás, que são cada vez mais diluídos em função de um duplo cerco, representado pela adesão irrefletida de parcela das elites brasileiras ao globalismo e pela desorganização crescente de um aparato estatal assolado por níveis assustadores de entropia.

Nesse contexto, pensar a grande estratégia do país torna-se ainda mais relevante. Se a crise do presente vier a ser superada em bases sólidas, ela o será a partir de uma mudança de mentalidades que valorize o conhecimento e aqueles que o produzem de maneira séria e responsável. Nunca é demais enfatizar o quanto o proverbial desprezo brasileiro pelo estudo laborioso, baseado em um pragmatismo oportunista e acéfalo, prejudica, ou mesmo impossibilita, a obtenção da massa crítica indispensável à resolução de problemas. Portanto, as reflexões constantes deste livro podem ser úteis para deslindar o *conundrum* que mantém a coordenação entre as políticas externa e de defesa girando em falso. Como em tantos outros domínios, o Brasil somente poderá contar com uma grande estratégia digna do nome no momento em que superar as estruturas, os preconceitos e, em última análise, os indivíduos que personificam o subdesenvolvimento. Isso pois não basta combater ideias: é preciso substituir os homens e as mulheres que são portadores das ideias erradas pelos que encarnam as ideias certas.

Ensaios de grande estratégia brasileira está dividido em cinco capítulos, cada um correspondente a um ensaio. O primeiro aborda o conceito de grande estratégia, procurando definir, em termos gerais, o que esse construto, tão importante quanto difícil de precisar, significa. O segundo capítulo lança um olhar sobre o sistema internacional de segurança contemporâneo, buscando determinar algumas das suas características essenciais. Ao fazê-lo, estabelece interpretação sobre um dos vetores externos mais relevantes para a formulação da grande estratégia brasileira.

O terceiro capítulo reflete sobre o caráter da guerra nos dias de hoje e suas implicações para o Exército Brasileiro (EB), salientando a insanidade representada pelo processo, ora em curso, de transformação objetiva da força terrestre em reserva das polícias militares, consubstanciada na banalização das operações de garantia da lei e da ordem (GLO). O quarto capítulo estuda o papel das operações de paz da ONU no âmbito de uma grande estratégia nacional que faça sentido. Para tanto, desmonta uma série de mitos sobre essas operações e demonstra como elas poderiam ser funcionais à inserção internacional do Brasil — embora jamais em posição protagônica. O quinto capítulo procura avaliar em que medida a forma de recrutamento adotada pelo EB se coaduna com as exigências hodiernas da guerra. Expõem-se as contradições do serviço militar obrigatório e os dilemas derivados da manutenção dessa sistemática, que mantém o Exército aferrado ao atraso.

A conclusão trata do futuro da defesa nacional no Brasil, valendo-se de ilações sobre as principais reflexões contidas nos ensaios que compõem este livro. Sugere-se que a trajetória da defesa nacional é tendencialmente desastrosa, a não ser que reformas profundas sejam empreendidas. Essas reformas passam pela construção de um Ministério da Defesa forte e atuante; efetivação de mecanismos de coordenação eficazes entre as diversas instâncias governamentais envolvidas na produção da grande estratégia — sob supervisão direta do presidente da República; assunção pelos civis de suas responsabilidades no campo da defesa nacional; criação de mecanismos de financiamento de longo prazo de projetos militares; retirada do Exército Brasileiro da atuação em funções subsidiárias estranhas a sua atividade-fim — particularmente do combate ao narcotráfico e das operações de GLO; alinhamento da retórica de política externa ao fortalecimento das (quase inexistentes) capacidades das Forças Armadas; e substituição da retórica mitológica sobre o pacifismo atávico dos brasileiros pelo discurso verdadeiro do primado da defesa do interesse nacional.

Como os leitores poderão constatar, os ensaios aqui reunidos foram elaborados ao longo de quase uma década (2010 a 2017). A pequena atualização sofrida por alguns deles não visou de modo algum incorporar o último grito da literatura sobre grande estratégia. Visou, tão somente, agregar alguns elementos novos derivados das leituras e da experiência do autor. Embora os escritos sobre temas internacionais, ou sobre assuntos domésticos que possuam interface internacional, tenham, em regra, baixa longevidade, não foi preciso alterar em nada a essência dos cinco capítulos que compõem este livro. Eles permanecem tão atuais agora quanto antes por um motivo singelo: a tenaz inércia prevalecente na gestão das políticas externa e de defesa brasileiras. Se, por um lado, a imobilidade pode fazer sentido em setores específicos, por outro, ela expressa as enormes dificuldades de adaptação das instituições públicas às demandas cambiantes da contemporaneidade. Partindo do pressuposto de que é urgente reduzir a defasagem cada vez maior que separa o Brasil das nações avançadas, os textos compilados neste livro representam um diagnóstico do que é preciso modificar de forma a permitir que a nação venha a ter uma grande estratégia — conceito que poderia ser, simplificadamente, substituído pela palavra "rumo".

O conceito de grande estratégia[2]

> Enquanto o mundo continuar a ser um mundo estratégico, a teoria geral da guerra de Clausewitz continuará a ser tão relevante quanto sempre foi. Por mundo estratégico, quer-se significar um mundo em que Estados, grupos ou indivíduos ameaçam empregar ou empregam a força para atingir fins políticos. [...] Enquanto a guerra, ou a sua possibilidade, ferir a história, os seres humanos viverão em um mundo clausewitziano.
>
> COLIN GRAY (2006b:123)

Introdução

Antes de mais nada, é preciso ter clareza sobre a ausência de consenso quanto ao significado de grande estratégia. Para alguns, sequer é possível determinar exatamente o que ela representa ou pensá-la como conceito universalmente aplicável aos Estados que compõem o sistema internacional (Murray, Sinnreich e Lacey, 2011:8-33). O termo em apreço deriva originalmente de estratégia,[3] cuja concepção clausewitziana supõe o uso das batalhas (engajamentos) para a obtenção da vitória na guerra (Kennedy, 1991:1). A grande estratégia surge da constatação, difundida por B.

---

2. Texto originalmente publicado como capítulo da minha tese de doutoramento defendida em 2014. A seção *post scriptum*, inédita, foi acrescentada em 2017.

3. Estratégia deriva do grego *strategos*, que significa general. A compreensão corrente é de que estratégia referir-se-ia ao exercício das funções de general. No apêndice de seu livro, Edward Luttwak afirma que o termo grego não possuía em sua época o significado aceito no presente. Para esse autor, o termo grego que definiria estratégia como nós a conhecemos seria *strategike episteme* (o conhecimento do general) ou *strategon sophia* (sabedoria do general). Ainda segundo Luttwak, *taktike techne* seria o termo que melhor designaria o *corpus* de conhecimento relacionado com a conduta da guerra. Ver Luttwak (2001:267).

H. Liddell Hart, mas formulada anteriormente nos trabalhos de Julian Corbett e J. F. C. Fuller,[4] de que não basta a vitória no enfrentamento bélico para que a paz assim obtida seja vantajosa ao vencedor. É preciso vencer a guerra e ser capaz de traduzir essa circunstância em resultantes concretamente favoráveis aos interesses daquele último — o que implica a mobilização de recursos de variadas naturezas, mesmo em tempos de paz, e a correta avaliação dos custos e benefícios envolvidos. Escrevendo a partir da experiência vivida por seu país, o Reino Unido, na Primeira Guerra Mundial, não surpreende que Liddell Hart estivesse preocupado com as consequências de uma vitória que trouxe consigo um imenso fardo, cobrado em termos de vidas, declínio econômico e perda relativa de prestígio internacional. Para o historiador britânico, a grande estratégia transcende a mera estratégia:

> enquanto o horizonte da estratégia está vinculado à guerra, a grande estratégia olha para além da guerra, para a paz subsequente. Ela deve não somente combinar os vários instrumentos [pressões financeiras, diplomáticas, comerciais, éticas *inter alia*], mas também regular o seu uso de modo a evitar danos ao futuro estado de paz — tendo em vista sua segurança e prosperidade. O lamentável estado de paz, para ambos os contendores, que se seguiu à maior parte das guerras pode ser atribuído ao fato de que, diferentemente da estratégia, o universo da grande estratégia é em grande medida *terra incognita* — ainda à espera de exploração e compreensão [Liddell Hart, 1991:322; grifos meus].

Deve-se notar que a caixa de pandora aberta pela revolução francesa, dando início ao que alguns estudiosos classificaram como guerras totais,[5] conduziria a um salto qualitativo macabro durante a Primeira Guer-

---

4. Strachan (2005:38-40). De acordo com esse autor, Corbett foi responsável por formular a distinção entre *minor* e *major strategy* (esta com o sentido de grande estratégia, aquela somente de estratégia). Fuller teria sido o primeiro a empregar o termo grande estratégia como uma ampliação do escopo da estratégia tal qual entendida até o início do século XX.
5. Sobre as guerras napoleônicas, ver Bell (2008).

ra Mundial.⁶ Desde a simbólica batalha de Valmy, em 1792,⁷ até a mobilização de exércitos de milhões de homens pelas forças lideradas por von Moltke e Joffre na primeira batalha do Marne, em 1914, a guerra passaria a demandar tanto a conscrição de parcelas crescentes da população masculina quanto a canalização de parte significativa dos recursos nacionais para o esforço bélico. Diante dessa realidade, pensar a estratégia apenas como a arte de conduzir as tropas no teatro de operações deixava de fora toda uma enorme gama de atividades fulcrais ao sucesso no conflito, sem as quais qualquer estratégia, por mais brilhante que fosse, estaria irremediavelmente comprometida. Ao contrário das guerras do período dinástico, levadas a cabo por nobres que lideravam exércitos profissionais, a era iniciada com a queda da Bastilha exigia do Estado a capacidade de mobilizar parte substancial da nação em apoio às Forças Armadas. A adoção de um conceito mais abrangente, como o de grande estratégia, fazia todo o sentido nesse contexto, uma vez que era preciso pensar, desde a paz, nos meios necessários ao recrutamento, adestramento, equipamento, suprimento, transporte, alimentação, assistência médica — para ficarmos apenas nos mais evidentes — de um enorme número de soldados. As exigências sobre as estruturas do Estado e da sociedade passavam a ser colossais.

Muito além da dimensão militar

Dois elementos devem ser destacados na citação de Liddell Hart anteriormente referida. O primeiro relaciona-se com a ampliação do conceito de estratégia, que passa a transcender a dimensão puramente militar. O segundo tem a ver com a permanência do fenômeno bélico como eixo

---

6. Na verdade, a classificação, por David Bell, das guerras napoleônicas como guerras totais não é consensual. Ao contrário, a maior parte dos estudiosos classifica a Primeira Guerra Mundial como o primeiro exemplo de guerra total.
7. A batalha de Valmy constituiu o primeiro enfrentamento significativo das forças revolucionárias com o exército regular de uma potência estrangeira (Prússia). Tivesse a revolução perdido essa batalha, seus rumos poderiam ser bastante distintos dos que conhecemos hoje em retrospecto. Ver Bell (2008:131-137).

central da estratégia em sua versão ampliada (grande estratégia). Em um nível mais básico, a estratégia possui caráter essencialmente instrumental: como adequar meios humanos, materiais, motivacionais a fins políticos?[8] Seguindo a lógica clausewitziana, em sua interpretação corrente nas instituições militares, ela estaria inserida em uma cadeia causal estruturada de modo hierárquico: objetivos políticos (o que fazer), definições estratégicas (como fazer para atingir os objetivos políticos), condução das operações (como fazer para que o conjunto de batalhas assegure os objetivos estratégicos), condução dos engajamentos em nível tático (como fazer para ganhar as batalhas).[9] Como fenômeno político por excelência, não é possível compartimentalizar a guerra em uma cadeia causal tão clara como a mencionada anteriormente. Os planos político, estratégico, operacional e tático encontram-se em interação permanente. Um influencia o outro, de

---

8. Toda a *rationale* desenvolvida neste trabalho está baseada no *dictum* clausewitziano de que a guerra é a continuação da política por outros meios. De acordo com o paradigma de Clausewitz, o emprego racional da força por parte dos Estados visa a dobrar a vontade dos oponentes, uma vez que a guerra nada mais é do que um duelo, um choque de volições entre coletividades. A suposição de racionalidade no emprego da força é central a esse paradigma e sem ela todo o edifício conceitual de Clausewitz estaria condenado. Nas últimas décadas, uma série de trabalhos vem colocando em xeque a racionalidade do emprego da força em um contexto de predominância de guerras intraestatais e de crescente dificuldade de tradução de objetivos políticos em resultantes decorrentes do uso da força. Conforme o demonstrado por Colin Gray, essas visões estão fundamentalmente equivocadas. No mínimo, na hipótese muito provável de que não atinjam um consenso universal, essas visões conduziriam ao niilismo e ao conformismo — pois a guerra como fenômeno poderia passar a ser encarada como parte da natureza irracional do ser humano, o que, no limite, apagaria qualquer distinção entre guerras limitadas e de aniquilação mútua. Sobre a natureza supostamente irracional da guerra, ver Keegan (1995). Para uma contestação dessa perspectiva e uma reafirmação do paradigma clausewitziano, ver Gray (2006).

9. A ideia, estereotipada, de que haveria subordinação e aderência de cada um desses planos aos demais não encontra respaldo na realidade. No entrechoque político-burocrático de civis e militares, particularmente em situações de conflito, ela é não raro aventada pelos últimos como forma de preservar sua autonomia na tomada de decisões erroneamente caracterizadas como *chasse gardée* de especialistas (os planos estratégico, operacional e tático). Exemplo da prevalência dessa visão esquemática sobre a cadeia causal que leva da política até o plano tático pode ser encontrado, ainda que de maneira matizada, em Mahnken (2010:69).

modo que a supervisão política da guerra realizada pelos decisores precisa ser capaz de compreender as consequências (prováveis, jamais predeterminadas) de suas ações nos demais planos e destes na própria redefinição dos objetivos almejados. Da mesma forma, aos militares, sobretudo nos escalões mais elevados, cabe ter tirocínio político, além da capacitação técnica necessária à eficiente condução do conflito no terreno.

Edward Luttwak, por sua vez, sustenta existirem cinco níveis em que a estratégia se desenrola: técnico, tático, operacional, teatro de operações e grande estratégia (Luttwak, 2001). O nível técnico seria aquele em que se processam as interações entre os equipamentos utilizados pelos homens para fazer a guerra (*e.g.*, entre o radar de um míssil antiaéreo e o *radar warning receiver* de uma aeronave de caça). Já o nível do teatro de operações envolveria a condução do conjunto de campanhas espacialmente contido no primeiro. De maneira sintomática, o intelectual radicado nos Estados Unidos não inclui o nível político no topo da hierarquia dos conceitos que envolvem a possibilidade de emprego da força. Ao invés disso, é a grande estratégia que ocupa esse lugar. A propriedade dessa ou daquela subdivisão dos níveis em que as relações estratégicas se desenvolvem não nos interessa aqui.[10] No entanto, é relevante notar que a subsunção da política na grande estratégia sugere o quanto os conceitos estão imbricados e o quanto o autor atribui prioridade axiológica ao segundo.[11] Luttwak define a grande estratégia como, ao mesmo tempo, uma doutrina, um nível de análise e uma realidade empírica (Luttwak, 2001:208). Esta, contudo, é a mais relevante, pois representa a estratégia em sua dimensão finalística — que independe

---

10. Acredita-se que tanto o nível técnico quanto o do teatro de operações podem ser incorporados, respectivamente, nos níveis tático e estratégico.
11. Sendo a política um conceito *all-encompassing*, que transcende a dimensão estratégica das relações entre grupos humanos, poder-se-ia alegar que Luttwak apenas pretenderia recortar de modo mais restritivo o conceito ao empregar grande estratégia no lugar daquela. Não parece ser esse o caso, pois o autor em questão define grande estratégia também de maneira *all-encompassing*: como todas as relações reais ou possíveis que envolvem o uso ou a possibilidade de uso da força.

da existência de planejamento coerente ou até mesmo de planejamento *tout court* por parte dos decisores.[12]

É forçoso admitir que os dois elementos assinalados na definição de Liddell Hart sobre grande estratégia possuem uma ambiguidade essencial: ao mantê-lo vinculado à noção de estratégia, a racionalidade instrumental inerente a esta última (adequação de meios a fins) permite que qualquer coisa seja em princípio objeto de uma estratégia (como adequar meios a fins para vencer a competição pelo mercado de próteses dentárias ou para amealhar o maior número de moedas raras) e, por extensão, de uma grande estratégia (uma ampliação da estratégia envolvendo um conjunto maior de dimensões).[13] Em sentido semelhante, a admissão de que a paz desejável é o objetivo último da grande estratégia, que passa a incluir necessariamente um sem-número de outras dimensões além da militar, permite que aquela se refira virtualmente a tudo: desde a pesquisa científico-tecnológica, que garante o aprimoramento dos sistemas de armas, até a produção de alimentos, que garante o fornecimento de víveres para as tropas no campo de batalha, passando, entre outras, por questões financeiras, industriais, comerciais, demográficas e de desenvolvimento.

Michel Howard, ao tratar da grande estratégia no século XX, faz importante consideração sobre o desenvolvimento do conceito. A seu ver, a definição de Liddell Hart estaria diretamente vinculada à traumática experiência britânica na Primeira Guerra. Já a definição sugerida por Edward Mead Earle, na primeira edição de *Makers of modern strategy* (1943), faria eco às circunstâncias decorrentes do conflito mundial ini-

---

12. A ideia é de que a grande estratégia terá existência empírica independentemente de os estadistas refletirem ou não sobre ela.
13. Prova insofismável da lógica instrumental do conceito de estratégia militar, e da sua fácil assimilação por outras áreas do conhecimento, encontra-se na gigantesca difusão do termo nos estudos de administração de empresas. Pelo fato de lidar com um ambiente competitivo como o mercado, *est modus in rebus* similar ao do campo de batalha na guerra, a administração de empresas praticamente sequestrou o conceito de estratégia para si própria. Os milhares de títulos dessa disciplina que fazem referência à estratégia são testemunho dessa realidade.

ciado em 1939: "A forma mais elevada de estratégia — algumas vezes chamada de grande estratégia — é aquela que integra de tal maneira as políticas e os armamentos da nação que o recurso à guerra se torna desnecessário ou é empreendido com a máxima chance de sucesso" (Edward Mead Earle, apud Howard, 2001:2).

Earle adotou concepção ainda mais ampla do que a de Liddell Hart como forma de sugerir que a condução da grande estratégia em tempos de paz seria tão importante que, uma vez bem-sucedida, poderia evitar a eclosão de guerras sangrentas como a que se desenvolvia no momento da publicação de seu texto. A definição de grande estratégia proposta por Earle incorporou a dissuasão como componente essencial da gestão das políticas de Estado, pois agora se tratava não mais de conduzir a guerra de modo a obter a paz desejada, mas de gerir a grande estratégia durante a paz para que a guerra fosse desnecessária ou, caso inevitável, empreendida com grande probabilidade de vitória (Howard, 2001:2-3).

O alargamento do escopo da estratégia conduziu a indagações sobre a eventual ameaça de diluição do conceito. A isso, Strachan agrega outra preocupação, qual seja, a de que a distinção analítica entre os planos político, estratégico, operacional e tático se perca completamente. A confusão entre eles vem tendo, segundo o historiador, um efeito extremamente deletério. A complexidade de um fenômeno social como a guerra reflete-se no perigo sempre presente de que sua condução política seja substituída pela busca de objetivos estratégicos e táticos. Ocorre que, sem direção política, a estratégia e a tática tornam-se vazias de conteúdo. A guerra adquire vida própria e passa a ditar seus termos para a política, transformando-se, ao contrário do *dictum* clausewitziano, em um fim em si mesma. Não é preciso ir longe para supor o descalabro que esse tipo de ocorrência enseja para a implementação de uma grande estratégia minimamente coerente. O intelectual escocês cita, entre outros, os exemplos clássicos da Alemanha na Primeira e na Segunda Guerras Mundiais e da invasão do Iraque pelos EUA em 2003 como representativos das distorções que podem advir da ausência de clareza a respeito dos fins políticos que se pretende obter e da administração dos meios disponíveis para tanto (Strachan, 2005:47).

A estratégia (grande ou pequena) é possível?

Em artigo seminal, Richard Betts, ao indagar se a estratégia seria uma ilusão, elaborou relação das críticas mais frequentes à possibilidade de que ela seja racionalmente utilizada para a obtenção de fins políticos. A cada uma das 10 críticas elencadas por ele, seguiu-se uma refutação. De maneira taquigráfica, vale a pena reproduzir os argumentos contrários e favoráveis à utilidade prática da estratégia:

1. A estratégia é uma ilusão porque não é possível saber *a priori* qual estratégia específica provocará os resultados desejados (o passado não serve de guia, pois cada circunstância é única e irrepetível) e quais os riscos envolvidos, o que a torna não mais do que um tiro no escuro. Qualquer estratégia pode ser racionalizada retrospectivamente.
CONTESTAÇÃO: Embora não se possa prever o futuro a partir do passado, é factível determinar a razoabilidade de uma determinada estratégia com base na avaliação das chances de sucesso, custos do insucesso, valor do objetivo, consideração de estratégias alternativas e avaliação da aceitabilidade das consequências de não lutar. Da mesma forma, é possível avaliar uma estratégia a partir da relação entre riscos supostos e importância dos objetivos ou valores defendidos. Uma estratégia de alto risco é razoável se o que ela pretende obter é vital. Com base nesses critérios, é possível tanto escolher uma estratégia sensata prospectivamente quanto discernir seu grau de plausibilidade retrospectivamente.
2. A estratégia é uma ilusão porque as resultantes não decorrem dos planejamentos. A complexidade e a contingência impedem que se estabeleça claramente que um resultado deriva de uma ação específica. Muitas vezes os Estados vencem conflitos não com base em estratégias superiores, mas em meios materiais superiores.
CONTESTAÇÃO: A presunção de que não existe relação entre causa e efeito inviabiliza a ideia de estratégia. No entanto, essa é uma ideia apenas parcialmente verdadeira. É certo que a complexidade e a con-

tingência contribuem para alguma medida de aleatoriedade, mas ainda assim a maior parte das ações humanas gera consequências que podem ser antecipadas. Logo, uma estratégia será tão mais previsível quanto mais simples for seu encadeamento lógico. Estratégias muito complexas, dependentes de muitas variáveis, correm grande risco de gerar resultados não antecipados. A noção de que a superioridade material garantiria a vitória é banal pelo simples fato de que, se fosse possível vislumbrar precisamente as capacidades do oponente, um número menor de guerras ocorreria. Da mesma forma, a história está repleta de exemplos em que o lado mais fraco acaba prevalecendo. Em conflitos em que os contendores possuem capacidades semelhantes, a estratégia adquire valor exponencial.

3. A estratégia é uma ilusão porque as lideranças frequentemente não sabem ao certo o que pretendem com a guerra e enganam-se sobre as razões que as levam ao conflito. O encadeamento entre objetivos políticos e meios militares perde-se no processo.

CONTESTAÇÃO: A ideia de dissonância cognitiva exagera o poder dos indivíduos na tomada de decisões. Mesmo em ditaduras unipessoais, o líder costuma ter de lidar com assessores que podem vir a matizar determinadas ideias. O psicologismo inerente a essa visão é difícil de ser confirmado empiricamente e não raro deriva do *parti pris* de que a guerra é em si mesma irracional e que, portanto, aqueles que a comandam não podem ser mentalmente sãos.

4. A estratégia é uma ilusão porque, mesmo que as lideranças saibam o que querem obter com o conflito, distorções cognitivas as impedem de associar apropriadamente fins e meios. Determinados estímulos externos são distorcidos pela mente do decisor de modo a se encaixarem em seu sistema de crenças. Logo, muitas vezes o adversário é retratado como um todo perfeitamente coerente, cujas ações se encaixam de modo conveniente no modelo mental predeterminado da liderança. Na mesma linha, sua autoimagem a impede de ver inconsistências em seu comportamento que podem ser lidas pelo oponente de modo inverso

ao desejado. Em todo o caso, essas distorções tornam muito difícil comunicar satisfatoriamente intenções políticas.

CONTESTAÇÃO: O problema dessa proposição reside na determinação daquilo que seria ou não uma distorção cognitiva. Que padrão utilizar para determinar a distorção? O da liderança ou o do analista? Ou um terceiro, com base em quê? Até que o analista prove que seu padrão é ontologicamente superior ao do decisor, o ônus da comprovação do argumento é do primeiro.

5. A estratégia é uma ilusão porque, para ser efetiva, a coerção depende da existência de uma moldura cultural comum, capaz de permitir que o objeto da coerção compreenda claramente o significado dos sinais emitidos por aquele que coage. Como essa moldura cultural comum raramente existe, a coerção não funciona como a estratégia supõe.

CONTESTAÇÃO: As barreiras culturais dificultam a compreensão mútua, mas não a impedem, sobretudo se a comunicação for realizada em termos diretos e inequívocos. Ademais, elas não impedem que se executem estratégias visando a desarmar o adversário. Mesmo que essas barreiras tornem mais difícil a sinalização sutil, estão longe de inviabilizá-la — sobretudo se os contendores estiverem conscientes das diferenças culturais existentes entre ambos.

6. A estratégia é uma ilusão porque, mesmo que seja possível sinalizar intenções, passando por cima de barreiras culturais à compreensão, persiste o problema de coordenar a sinalização com as ações concretas no terreno. A fricção[14] inerente aos conflitos impede que essa coordenação seja executada de modo a significar intenções de maneira clara. Considere-se, por exemplo, a dificuldade de sincronizar o *timing* de uma mensagem política e a execução das ações estratégicas e táticas no terreno que dariam respaldo a ela.

---

14. A conceituação clássica de fricção aplicada ao universo da guerra deriva da obra de Clausewitz. Ela refere-se à dificuldade de as Forças Armadas levarem a cabo suas operações em um contexto de incerteza quanto à performance dos meios materiais e humanos a seu dispor e à ação do inimigo. Sobre o assunto, ver: Beyerchen (1992-1993:75-77).

CONTESTAÇÃO: Esse problema existe e não há como negar. Ainda assim, não se pode derivar da sua existência o corolário de que a estratégia é necessariamente um exercício vão.

7. A estratégia é uma ilusão porque as organizações responsáveis pela implementação da estratégia acabam por interpretar as instruções das lideranças políticas de acordo com suas próprias crenças e interesses. Isso subverte o sentido da estratégia.

CONTESTAÇÃO: As teorias das organizações que supõem sua impermeabilidade à direção política superior são falhas. Há exemplos de organizações que não somente seguem as orientações governamentais, mas são também capazes de produzir inovações (adaptando-se a novas circunstâncias). Da mesma forma, há registro de lideranças que aceitam o desafio de impor sua autoridade sobre as organizações responsáveis pela implementação da estratégia. Logo, exemplos em sentido contrário não podem ser generalizados.

8. A estratégia é uma ilusão porque a prática da guerra inverte a teoria (clausewitziana). No conflito, os objetivos políticos acabam sendo moldados pelos imperativos estratégicos e táticos, não o contrário.

CONTESTAÇÃO: A relação entre política, estratégia e tática não pode ser concebida como unidirecional. Deve haver um processo de *feedback* e ajuste permanente entre esses distintos planos. Os fins não podem estar dissociados dos meios e vice-versa. A estratégia deve sempre buscar o equilíbrio entre meios e fins, pois, do contrário, muito provavelmente resultará em frustração. Não é correto afirmar que a estratégia é uma ilusão a partir da suposição de que a má estratégia é regra universal.

9. A estratégia é uma ilusão porque pressupõe preferências claras, cálculos explícitos e consistência nas escolhas. Em democracias, nada disso pode ser obtido em função da competição e da necessidade de formação de consenso.

CONTESTAÇÃO: A estratégia é um metaprocesso que une meios a fins de maneira eficaz, mas não eficiente. O sistema de freios e contrapesos de uma democracia representa um efetivo obstáculo à consistência e à perenidade da estratégia. No entanto, dado o risco de que uma estratégia ideal, formulada por um grupo de filósofos impermeáveis a pressões e controle externos, esteja simplesmente errada, torna-se preferível viver com as ineficiências de uma estratégia controlada democraticamente por uma pluralidade de instituições a apostar tudo na suposta eficiência da estratégia ideal. Na pior das hipóteses, a democracia terá mais flexibilidade do que outras formas de governo para mudar os rumos de uma estratégia manifestamente deletéria.

10. A estratégia é uma ilusão porque, nas democracias, a busca de soluções de compromisso funciona no plano político, mas é um desastre em termos militares. As meias medidas estratégicas, tão ao gosto dos políticos, não servem em situações extremas como a guerra. Mais uma vez, a cultura democrática impede a plena tradução de objetivos políticos em estratégias militares viáveis.

CONTESTAÇÃO: Esse tipo de afirmativa está baseado em uma visão tecnocrática da política. Se é certo que a última implica compromissos, estes, além de muitas vezes inevitáveis, podem ser funcionais à estratégia. Exemplo disso é a aliança dos Estados Unidos, do Reino Unido e da União Soviética na Segunda Guerra Mundial, que possibilitou a derrota do nazifascismo. As meias medidas estratégicas resultantes de acordos estão em linha com a lógica de funcionamento da política, podendo ser instrumentais em circunstâncias em que os objetivos não são absolutos — em que um pouco de avanço significa um aprimoramento do *status quo*. Os compromissos passam a ser disfuncionais à estratégia apenas em situações extremas do tipo tudo ou nada — em que o rebaixamento dos objetivos, acoplado ou não à redução dos meios para o atingimento daqueles, torna impossível à estratégia corresponder à política (Betts, 2000:5-50).

A discussão sinteticamente sumariada, e que certamente não esgota o leque de obstáculos à tradução de objetivos políticos em ações estratégicas correspondentes,[15] demonstra de modo cabal como é árdua a tarefa do homem de Estado ao lidar com o tema. Nas palavras de Betts:

> Uma estratégia sensata não é impossível, mas é normalmente difícil e arriscada, e o que funciona em um caso pode não funcionar em outro que pareça similar. Toda essa indeterminação sugere algumas cautelas. [...] A estratégia falha quando os meios escolhidos provam ser insuficientes para dar conta dos fins. Isso pode acontecer porque meios errados são escolhidos ou porque os fins são muito ambiciosos ou escorregadios. A estratégia pode ser salva com mais frequência se o planejamento em tempos de paz der tanta atenção a limitar o escopo dos fins quanto a expandir o cardápio de meios [Betts, 2000: passim].

Quatro disjuntivas essenciais

Evidente está a preocupação do autor norte-americano com o emprego irrefletido e descuidado do poder militar de seu país, o que a seu ver poderia gerar graves consequências. A perda de legitimidade da estratégia como instrumento útil ao Estado poderia ser uma delas. Se a estratégia é por si só problemática, o que dizer da grande estratégia? Logicamente, por possuir caráter ampliado (estratégia mais uma vasta gama de dimensões), é natural que sua gestão seja ainda mais complexa. A despeito de a administração da grande estratégia ser extremamente demandante e de constatar-se a dificuldade em delimitar claramente o conceito, não se pode supor que ela esteja inviabilizada *a priori* como instrumento relevante para a apreensão da dinâmica das políticas externas dos Estados que

---

15. Sem de modo algum esgotar o manancial de possíveis obstáculos à implementação de uma estratégia, bastaria citar que, no escopo da crítica número 7, há que se considerar as distorções decorrentes do tipo de relacionamento civil-militar prevalecente em um determinado Estado. Relações civis-militares mal resolvidas podem gerar toda sorte de problemas de implementação, além de rebaixar a capacidade de avaliação estratégica do Estado. Sobre isso, ver Brooks (2008).

compõem o sistema internacional contemporâneo.[16] Se não fosse assim, seria igualmente ocioso tentar definir e operacionalizar ideias *all-encompassing* como poder, democracia e segurança.[17] Logo, antes de avançar na discussão de outros aspectos do conceito e de sua operacionalização, cabe considerar quatro disjuntivas fundamentais: a) se o foco tradicionalmente conferido à dimensão de segurança por parte da grande maioria dos "grande-estrategistas" se justifica; b) se a grande estratégia é privilégio das grandes potências ou se mesmo pequenos Estados poderiam pretender articular políticas nos campos diplomático, militar e econômico com a finalidade de salvaguardar seus interesses; c) se a grande estratégia nasce do desígnio consciente de lideranças políticas que buscam atingir objetivos claramente delineados ou se não passa de racionalização *ex post* promovida por intelectuais que pretendem conferir sentido ao amálgama caótico de ações táticas levadas a efeito por atores cujas intenções estão completamente dissociadas de uma visão de longo prazo[18] sobre o bem comum das coletividades que presidem; e d) se as lideranças políticas, democraticamente eleitas ou não, são capazes de influir sobre o ambiente estratégico em que atuam.

A abordagem dessas quatro disjuntivas é crucial para que se possa definir do que trata o conceito de grande estratégia — e até mesmo se ele constitui ferramenta heurística realmente útil para a compreensão de

---

16. Refiro-me às relações interestatais e dos Estados com atores subnacionais (grupos os mais diversos, facções políticas, indivíduos etc.) e supranacionais (organismos internacionais, ONGs, agrupamentos de países etc.).
17. Existe uma relação direta entre o grau de generalidade e abrangência de um conceito e a dificuldade de delimitação de seus contornos.
18. A referência a uma grande estratégia de longo prazo é em si objeto de controvérsia a ser explorada em detalhe mais à frente. No entanto, pode-se justificar a qualificação de grande estratégia como conceito que incorpora a dimensão de longo prazo pelo fato de que trata de políticas (externa, defesa, econômica) portadoras de forte conteúdo de inércia e cujos efeitos tendem a ser percebidos depois de intervalo relativamente longo de tempo. Isso de modo algum significa afirmar que não possa haver mudanças bruscas em uma grande estratégia. No entanto, o conceito em si mesmo implica a avaliação de resultantes longamente sedimentadas, de outra forma, tratar-se-ia de movimentos táticos, *ad hoc*, descoordenados etc. Ou seja, de tática e não de estratégia.

fenômenos envolvendo as ações dos Estados no sistema internacional. Genericamente, tendo em vista o fato de que se encontram nos países afluentes, sobretudo nos Estados Unidos e na Inglaterra, os intelectuais que mais têm se ocupado desse conceito, vale assinalar que eles, em regra, abordam a temática da grande estratégia a partir de uma perspectiva americanocêntrica ou anglocêntrica. Partindo do pressuposto, correto, de que o impacto sistêmico das políticas levadas a cabo pelas grandes potências é mais relevante do que o produzido pelas potências médias ou pequenas,[19] esses estudiosos tendem a negligenciar a aplicação do conceito às realidades dos Estados periféricos. Da mesma forma, particularmente nos Estados Unidos, há associação umbilical entre o estudo da grande estratégia e o emprego da força para a defesa dos interesses internacionais norte-americanos.[20]

Em consequência, Murray chega a decretar, sem se preocupar com a fundamentação substantiva de sua tese, que às pequenas potências não é possível pensar em grande estratégia: "grandes Estados possuem espaço de manobra considerável na definição da grande estratégia, mas pequenos Estados não têm virtualmente nenhum" (Murray, Sinnreich e Lacey, 2011:8). Essa seria privilégio das principais potências — o que se reflete na seleção de estudos de caso que o autor leva a cabo em suas obras.[21] Somente os atores mais relevantes do sistema internacional conseguiriam amealhar os recursos de variadas naturezas necessários à condução con-

---

19. Sobre o impacto sistêmico dos Estados de acordo com seu peso relativo, ver Buzan e Weaver (2003).
20. Isso não chega a ser surpreendente quando se tem em conta que os Estados Unidos da América se encontram rotineiramente envolvidos em iniciativas internacionais em que o uso da força se faz presente. Outro sinal dessa circunstância é o fato de que a chamada diplomacia coercitiva, anátema para algumas chancelarias, faz parte do léxico corriqueiro do departamento de Estado norte-americano e da academia estadunidense. Ver Art e Cronin (2003).
21. Essas, quase invariavelmente, estão restritas ao universo euro-americano. Quando muito, abordam-se as disputas interimperialistas na África, Ásia e América Latina. Essas, em geral, consideram o Japão potência ascendente no Leste Asiático a partir do último quartel do século XIX.

sequente de política externa verdadeiramente multidimensional.[22] Ainda assim, esse importante historiador militar estadunidense admite a dificuldade em definir com precisão o objeto da grande estratégia em qualquer caso, não somente naqueles relacionados com as potências periféricas. O problema essencial referir-se-ia ao caráter sempre cambiante das múltiplas interações que conduzem ao que se conhece superficialmente como grande estratégia — o emprego de meios diplomáticos, econômicos, militares e de inteligência para a preservação ou conquista de algum valor caro a um determinado grupo humano.

A estreita vinculação entre os conceitos de grande estratégia e emprego da força encontrada em quase todos os trabalhos sobre o assunto originários dos Estados Unidos e do Reino Unido não é reflexo de preocupação particular com a coerência conceitual — uma vez que a grande estratégia é quase sempre tomada como uma moldura evidente[23] e, portanto, não teorizada —, mas de condicionamentos inerentes à situação específica daqueles Estados, respectivamente a principal potência do século XX e do século XIX. O americanocentrismo da visão dominante de grande estratégia na academia e nos meios burocráticos dos Estados Unidos reflete-se em alguns aspectos conspícuos: ênfase na dimensão militar da grande estratégia (frequentemente utilizada como sinônimo de estratégia), atribuição de prioridade ao estudo das relações entre as grandes potências, predisposição a assumir que o dado da anarquia fomenta o conflito entre as nações (realismo em suas várias vertentes) e forte viés *policy-oriented*.[24] Essa perspectiva contrasta, por exemplo, com a prevalecente na União

---

22. O emprego indistinto dos conceitos de grande estratégia e política externa por alguns autores dá-se justamente em função do fato de o último abarcar dimensões muito variadas, que tornam plausível a incorporação do primeiro no seu escopo.

23. A maior parte dos trabalhos sobre o tema não se preocupa em abordar o conceito em si, mas suas inúmeras resultantes em distintos momentos históricos — seja para criticar os decisores, seja para louvar sua sabedoria.

24. É o que se vê nos trabalhos de quase todos os autores norte-americanos que se dedicam ao assunto. Desde Murray passando por Betts, Snyder, Posen, Dueck — somente para ficar em autores citados neste trabalho.

Europeia, em que a grande estratégia possui um conteúdo muito mais abrangente (Solana, 2003).

Esse comentário a respeito da relação aparentemente inescapável entre a circunstância discreta de uma nação e a forma com que aborda a ideia de grande estratégia tem por objetivo refutar a tese levantada por Murray de que somente às grandes potências seria possível levar a cabo uma grande estratégia. Têm razão Rosecrance e Stein quando afirmam que a grande estratégia "é uma política pública e reflete os mecanismos de uma nação para chegar a escolhas coletivas" (Rosecrance e Stein, 1993:13). Entre essas escolhas, encontram-se, evidentemente, o provimento de segurança interna e externa e a eventual projeção de poder militar. Àquelas está lógica e empiricamente vinculada uma série de outras políticas públicas, entre as quais seria possível citar as políticas externa, de desenvolvimento, de ciência e tecnologia, de educação *inter alia*. Se insistirmos na definição preliminar de grande estratégia como a articulação de meios político--diplomáticos, econômicos, militares e de inteligência e para a realização de valores caros a uma determinada sociedade em seu relacionamento internacional, nada há aqui que seja exclusividade das grandes potências. Também as potências médias e pequenas podem articular essas mesmas variáveis com os mesmos objetivos. Claro está, contudo, que o impacto sistêmico de suas grandes estratégias será proporcionalmente menor do que o das principais potências, sobretudo no que se refere à manipulação dos instrumentos econômicos, militares e de inteligência.

Isso ocorre pelo fato de que a manutenção de grandes exércitos e de seus caríssimos meios humanos e materiais, assim como de um eficiente aparato de inteligência, depende de poder econômico normalmente não disponível às pequenas potências. O caso das potências médias, como de todos os conceitos que fazem parte da zona intermediária de um contínuo, é bem mais difícil de aquilatar. Para Buzan e Weaver, uma potência média caracteriza--se por exercer forte influência em seu entorno regional — razão pela qual também são conhecidas como potências regionais —, ao passo que sua capacidade de influenciar o sistema internacional como um todo é limitada (Buzan e Weaver, 2003:37). Se é certo que a grande estratégia de pequenas potências contará com um leque de opções muito restrito, nem por isso se pode supor que sejam incapazes de articular suas várias políticas públicas, inclusive as de segurança e defesa,[25] em prol de seus interesses nacionais.[26] Em relação às potências médias, a margem de manobra para a consecução de uma grande estratégia será maior — ainda que proporcionalmente mais circunscrita do que a de uma grande potência.

Há de ter-se presente que a grande estratégia de um determinado Estado obedecerá sempre a condicionamentos particulares, inerentes às suas circunstâncias específicas (história, geografia, população, cultura, economia, arranjos institucionais, política, lideranças, percepção de ameaças etc.). Da mesma maneira, toda grande estratégia é por definição relacional, na medida em que um Estado não pode desconsiderar o impacto que as demais grandes estratégias exercem sobre sua própria capacidade de implementação de política externa *lato sensu*. Em vista do que precede, faz sentido voltar à primeira disjuntiva e sugerir que a prevalência da dimensão militar do conceito de grande estratégia encontrada no universo político-acadêmico anglo-saxão não pode ser tomada como dogma. Se a forte dimensão civil da Política Externa e de Segurança Comum (Pesc) europeia for tomada como exemplo válido, é igualmente legítimo incorporar ao centro das preocupações da grande estratégia as questões ligadas

---

25. Dois exemplos claros desse fato podem ser mencionados. Um refere-se à capacidade de uma pequena potência manipular a seu favor a posição estratégica que ocupa, cobrando das grandes potências um preço pelo usufruto dessa posição — como no caso do Panamá (Canal do Panamá). Outro refere-se à possibilidade de a pequena potência manipular a seu favor uma circunstância específica em que a grande potência necessite de todo o apoio político e militar que possa angariar — frequentemente quando se encontra isolada internacionalmente —, como no caso da invasão unilateral do Iraque pelos EUA, que contou com o apoio do governo conservador português, então no poder.
26. A discussão sobre a validade da utilização do conceito de interesse nacional não poderá ser levada a cabo neste trabalho. Basta indicar que o autor reconhece suas ambiguidades e o fato essencial de que, no plano empírico, tal conceito sempre se referirá aos interesses de grupos ou à interpretação do interesse coletivo por parte das elites no poder. De modo sintético, e algo tautológico, assume-se que o interesse nacional é aquilo que as elites dirigentes afirmam ser o interesse nacional. Evidentemente, o conceito tal qual aqui operacionalizado constitui moldura vazia a ser preenchida de acordo com os interesses e as ideologias dos distintos grupos no poder. Sobre o assunto, ver Weldes (1996:275-318).

ao desenvolvimento, entre outras, que com frequência ocupam lugar de destaque na agenda de política externa dos países periféricos. Note-se que muitas potências como o Brasil possuem como marca distintiva de sua diplomacia multilateral a defesa da ideia de que haveria relação causal entre pobreza, violência e insegurança.[27]

Em outras palavras, o reequilíbrio do peso relativo de cada um dos componentes do conceito de grande estratégia, de modo a permitir a incorporação da temática do desenvolvimento como pilar fundamental, torna sua aplicação mais coerente com a realidade das potências médias e pequenas — sem que isso exclua a importância crítica que a estratégia militar pode assumir. Vale ressaltar que seria abusivo defender uma torção conceitual de tal ordem que eliminasse a dimensão estratégica da grande estratégia. Isso, para todos os fins, significaria a inviabilização intelectual da última. No entanto, em face do dado objetivo de que a grande estratégia já possui no presente fronteiras conceituais alargadas, sua adaptação à realidade de potências que não possuem os meios de projeção de poder militar dos Estados centrais parece ao autor plenamente justificável.[28] Afinal, ao considerar o conceito de grande estratégia como

---

27. Como é regra no discurso diplomático, um discurso político por excelência, a afirmação de que haveria relação entre pobreza e insegurança não está fundamentada em nenhuma base conceitual específica, claramente identificável. Ela parte do pressuposto de que é funcional a um país como o Brasil, assolado por sérios problemas de pobreza, manter pressão moral sobre as nações afluentes no sentido de que traduzam em realidade seu *lip-service* em favor de programas internacionais de assistência ao desenvolvimento e de acordos multilaterais que contemplem o princípio de responsabilidades diferenciadas de acordo com o nível de renda de cada Estado. Há incontáveis exemplos de declarações do Itamaraty fundamentadas na relação pobreza-insegurança. Sobre o assunto, ver Brasil (1995).

28. Não se entrará aqui na discussão a respeito de *conceptual travelling* (a extensão e a adaptação de um conceito a realidades distintas daquela em que teve origem — sem que isso implique sua inviabilização intelectual) e *conceptual stretching* (a extensão e a adaptação de um conceito de forma a torná-lo detrimental à coerência e, portanto, ao avanço de um programa de pesquisa). Parte-se da premissa de que a busca de universalidade é indispensável à ciência. Ao mesmo tempo, a admissão de que a realidade social é complexa e multifacetada determina a necessidade de adaptação dos conceitos às especificidades de cada contexto particular. Sobre o assunto, ver Collier e Mahon Jr. (1993:845-855).

um tipo ideal weberiano, está-se admitindo a inevitabilidade de ajustes em consonância com distintos contextos em que o conceito é empregado. Nas palavras de Collier e Mahon:

> O exame das semelhanças decorrentes do parentesco[29] nos relembra de que a aplicação muito estrita de princípios clássicos de categorização pode conduzir ao abandono prematuro de categorias potencialmente úteis. Esse problema pode ser evitado por meio da decisão consciente de pensar em termos de tipos ideais, pelo uso de aproximações do tipo sistema-específicas na aplicação de categorias a contextos particulares ou pela adoção de outras técnicas que não dependam da suposição de que os membros da categoria compartilham o conjunto inteiro de atributos definidores [Collier e Mahon Jr., 1993:852].

Pode-se responder, neste ponto, às perguntas contidas na primeira e na segunda disjuntivas anteriormente citadas. Se, por um lado, a grande estratégia implica necessariamente tomar em conta o emprego, direto ou indireto,[30] do poder militar como uma entre várias ferramentas de que o Estado se vale para avançar seus interesses internacionais, por outro, não há justificativas suficientemente persuasivas para minimizar ou excluir a relação entre a grande estratégia e as demais políticas públicas a ela vinculadas. A adoção de uma versão expansiva do conceito permite que ele abranja um leque maior de casos, estando, assim, mais bem adaptado às realidades de pequenas e médias potências. Nesse sentido, a compreensível ênfase que uma superpotência como os Estados Unidos da América atribui à dimensão de segurança não pode ser tomada como representativa da grande estratégia de todas as unidades estatais. Sumariamente, dadas as distintas dinâmicas de segurança de cada Es-

---

29. Semelhanças decorrentes do parentesco é a tradução do autor deste texto para o termo *family resemblance*. O conceito de *family resemblance* tem a ver com a noção de que, mesmo tendo em comum uma enorme porcentagem de seu código genético, indivíduos de uma mesma família possuem atributos distintos. Essa mesma relação pode ser aplicada quando de circunstâncias que exijam o *conceptual travelling*.
30. Sobre o emprego direto e indireto do poder militar, ver Alsina Jr. (2009).

tado e o nível de prioridade diverso que atribuem a elas, é plenamente justificável sustentar o caráter variável do peso relativo da estratégia (militar) na formulação da grande estratégia. Soligen, por exemplo, ao abordar a grande estratégia das potências regionais, atribui peso decisivo na sua formulação à escolha pelas coalizões dominantes do padrão de inserção do Estado na economia internacional (liberal ou protecionista) (Soligen, 1998:3-12).

A resposta à segunda disjuntiva, evidentemente entrelaçada na primeira, é de que as potências pequenas e médias, estas de maneira mais evidente do que aquelas, podem levar a cabo uma grande estratégia. No entanto, conforme o elaborado em passagem anterior, a margem de manobra com a qual poderão contar será proporcionalmente menor do que a das principais potências, assim como será menor o impacto sistêmico de suas grandes estratégias. Ainda que essa assertiva seja na generalidade dos casos correta, vale recordar que pequenas e médias potências podem vir a produzir impactos sistêmicos significativos, especialmente em circunstâncias voláteis em que vislumbrem a possibilidade de auferir ganhos decorrentes do manejo de disputas entre Estados aliados e rivais. A crise dos mísseis em Cuba, assim como a guerra do Vietnã, são casos ilustrativos dessa realidade.[31]

A terceira disjuntiva talvez seja a mais difícil das quatro anteriormente elencadas. Trata-se, na verdade, de mais uma das facetas da questão agente-estrutura, um dos *conundrums* mais debatidos pelas ciências sociais.[32] Não há necessidade de revisar a gigantesca literatura sobre o tema. Basta, para os fins deste ensaio, ter presente que o peso relativo da ação dos indivíduos em cada contexto específico será variável. A determinação da medida em que esse ou aquele ator foi responsável por uma resultante, embora difícil

---

31. Os dois casos mencionados inserem-se na lógica da rivalidade entre as superpotências durante a Guerra Fria. No entanto, o potencial de geração de instabilidade sistêmica dos países periféricos não desaparece por completo no pós-Guerra Fria. Uma discussão sobre o assunto pode ser encontrada em David (1992-1993:127-159).
32. Entre tantos exemplos possíveis, ver Dessler (1989:441-473).

de concretizar em termos objetivos, pode ser inferida a partir da pesquisa histórica. Contudo, não se cogita aqui tratar dos mecanismos pelos quais as preferências dos cidadãos comuns são agregadas, filtradas por seus representantes (eleitos ou não) e processadas pelas instituições do Estado. Antes, supõe-se inevitável que as elites decisoras constituam o ponto focal de formulação e implementação da grande estratégia.[33] Esta, por sua abrangência e complexidade, pode ser apenas parcialmente direcionada de maneira intencional pelas elites. Por envolver a possibilidade de emprego da força, é plausível supor que somente essa condição já seria suficiente para flexibilizar a noção de que a grande estratégia poderia produzir resultados perfeitamente compatíveis com a intencionalidade dos decisores. Se a isso agrega-se a necessidade de coordenação de uma série de políticas públicas cruciais para a obtenção dos resultados almejados, torna-se ingênuo acreditar que um Estado qualquer, por meio de suas lideranças, seja capaz de fazê-lo exatamente tal qual o planejado. De acordo com Murray e Grimsley (1996:1): "a estratégia é um processo, uma constante adaptação a condições e circunstâncias cambiantes em um mundo onde o aleatório, o incerto e a ambiguidade dominam".

Ainda que não se chegue ao extremo do marechal Helmuth von Moltke (1800-91, o "velho"), que acreditava ser a estratégia não mais do que um sistema de expedientes (Strachan, 2005:45), há que ter em conta o fato de que toda grande estratégia possui caráter interativo — envolvendo a permanente redefinição de objetivos de acordo com a dinâmica das políticas doméstica e internacional de um determinado Estado. Este, a seu turno, vê-se na contingência de interagir permanentemente com os demais atores estatais. Isso faz com que qualquer planejamento, por mais

---

33. A grande estratégia de qualquer Estado será formulada por elites. Essa é uma característica universal das sociedades modernas. Mesmo nos regimes do socialismo real, apenas uma pequena fração da população era responsável por conceber e implementar a grande estratégia — ainda que se considere que a última tinha existência apenas empírica e não intencional. Isso não significa afirmar que as elites serão sempre infensas às demandas populares, que podem ter incidência importante sobre os rumos da grande estratégia de um Estado.

competente que possa parecer *a priori*, esteja sempre aquém das realidades cambiantes que se apresentam no plano da realidade. Uma comparação entre os mecanismos de coordenação das políticas externa e de defesa do Reino Unido e da Alemanha nazista durante a Segunda Guerra Mundial ilustra de modo eloquente o quanto os primeiros eram mais bem organizados do que os últimos (Murray, 1996:398-399). A despeito desse fato, é difícil imaginar como Londres poderia ter prevalecido contra Berlim não fosse a entrada dos Estados Unidos no conflito e a desastrosa invasão da União Soviética pela Wehrmacht. O diferencial de poder entre as duas nações era de tal maneira acentuado que a mera existência de uma mais complexa coordenação de políticas públicas no lado britânico seria incapaz de reverter o quadro de desequilíbrio em favor da Alemanha.[34]

Nada do que vai acima significa dizer que os Estados devam simplesmente deixar de investir no aprimoramento dos mecanismos de articulação de suas grandes estratégias. Ao contrário, essa articulação é crucial para que os países tenham uma noção menos imprecisa de suas possibilidades e limitações nos diversos tabuleiros onde se desenvolve o jogo de poder global. Sendo certo que o imponderável não pode ser previsto, a melhor política é a de minimização de erros (Gray, 2006b). A busca da limitação dos erros de concepção, implementação e avaliação de uma grande estratégia é plenamente justificável e justificada — a despeito da certeza de que não é possível a nenhum estadista controlar todos os fatores que incidem decisivamente sobre a grande estratégia. Da mesma forma, não é possível prever com exatidão as consequências futuras de decisões tomadas no presente. Caso exemplar é o da decisão do presidente George W. Bush de invadir o Iraque e forçar a derrubada de Saddam Hussein — o que custou mais de um trilhão de dólares ao tesouro americano

---

34. Poder-se-ia alegar que foi a melhor coordenação das políticas externa e de defesa que permitiu aos britânicos atrair os EUA para a guerra a seu lado. Isso, no entanto, seria subestimar a importância de um líder como Churchill e o impacto causado pelo ataque japonês a Pearl Harbor — sem falar na declaração de guerra contra os EUA feita por Hitler antes da entrada oficial do colosso do norte no conflito.

e levou muitos a cogitar que os Estados Unidos haviam se tornado um *rogue superpower*.[35] Em qualquer caso, a existência de um aparato institucional preparado para avaliar criticamente a grande estratégia e sua implementação permite que os decisores, se assim entenderem por bem, recorram a um *corpus* intelectual potencialmente útil para o amadurecimento de ideias que, se incorretamente implementadas, podem gerar graves consequências para a coletividade.

A terceira disjuntiva tem, portanto, uma resposta híbrida. A grande estratégia é o resultado de ações táticas e estratégicas concebidas de maneira deliberada, mas quase nunca perfeitamente compatíveis entre si.[36] O problema da coerência torna-se ainda mais conspícuo quando se considera a flutuação que uma grande estratégia sofre ao longo do tempo por motivos diversos, que vão desde a alternância no poder de grupos portadores de visões ideologicamente distintas[37] até a ocorrência de choques externos inesperados,[38] passando pela inércia resultante do tempo de maturação necessário à implementação de um projeto de forças.[39] A resultante última desse processo é a permanente incerteza sobre a adequação das iniciativas deliberadamente levadas a cabo e as sempre

---

35. Segundo o *Congress Budget Office* (CBO), as guerras no Iraque e no Afeganistão custaram ao contribuinte norte-americano, desde 2001, cerca de US$ 1,4 trilhões. Disponível em: <www.cbo.gov/topics/national-security/iraq-and-afghanistan>. Acesso em: 16 out. 2012. Sobre a postura agressiva dos EUA na era George W. Bush, há uma vasta escolha de críticas. Melhor do que abordar essas críticas, é ler o artigo de Huntington em que esse sugere que os EUA seriam vistos por muitos (em 1999, portanto antes das invasões do Afeganistão e do Iraque) como um *rogue superpower*. Huntington (1999:35-49).
36. Dado o escopo da grande estratégia, é praticamente impossível ter certeza sobre a compatibilidade de ações levadas a cabo por distintas burocracias, portadoras de visões e objetivos distintos.
37. Um exemplo disso é o tradicional debate nos EUA entre isolacionistas e internacionalistas. Ver Dueck (2003-2004:1-11).
38. Os atentados terroristas de 11 de setembro de 2001 constituem exemplo desse tipo de ocorrência.
39. O escopo temporal que se estende da decisão pela aquisição de determinados sistemas de armas até sua incorporação ao acervo de meios operativos de uma Força Armada pode, em muitos casos, superar 10 anos.

fluidas necessidades do futuro. Em síntese, uma grande estratégia será muito mais o resultado não antecipado de ações pontuais levadas a efeito no passado e no presente do que o amálgama de ações cuidadosamente ponderadas pelos estadistas em suas implicações presentes e futuras. Tome-se o caso da Alemanha após a derrota na Primeira Guerra Mundial. O Tratado de Versalhes, ao determinar reparações draconianas àquele Estado, acabou por fomentar o caldo de cultura que permitiria ao nazismo ascender ao poder. Tivesse a França a oportunidade de valer-se da sabedoria retrospectiva, certamente modificaria sua postura de modo a evitar a catástrofe de 1939-1940. Como a sabedoria retrospectiva é privilégio dos historiadores, mas não dos políticos, que precisam tomar decisões no calor da refrega, torna-se inevitável supor que considerações imediatistas terão precedência sobre visões de longo prazo. De acordo com Winston Churchill, em uma nota bastante pessimista sobre a capacidade humana de controlar os eventos à sua volta:

> após o estudo das causas da Grande Guerra, termina-se por incorporar o sentido prevalecente do precário controle dos indivíduos sobre as fortunas do mundo. Tem sido dito de forma correta que "há sempre mais erro do que planejamento nos assuntos humanos". Os limites da mente dos homens mais hábeis, os desafios à sua autoridade, o clima da opinião pública com a qual têm de lidar, suas contribuições transitórias e parciais à resolução dos problemas mais difíceis, problemas esses tão distantes da sua compreensão, tão vastos em escala e detalhe, tão cambiantes em seus aspectos — tudo isso precisa certamente ser considerado [Churchill, apud Murray, 2011:18].

Passando à quarta disjuntiva, acredita-se que as lideranças, conforme sugeriu Gordon Craig, podem fazer a diferença para o bem ou para o mal (Craig, 1986:481-509). Pensar diferentemente representaria supor a inexistência do livre-arbítrio. A história está repleta de exemplos de que, em determinadas circunstâncias, os homens e mulheres de Estado são capazes de transcender as amarras impostas pelas estruturas em que estão inseridos, modulando, direcionando ou até mesmo modificando a realidade com suas decisões. Em qualquer caso, o imponderável estará sempre presente e por vezes será determinante. Exemplo clássico é o representado pelo *tour* de Estado-Maior realizado pelo tenente-coronel Richard Hentsch a mando do Oberste Heeres-Leitung (Comando Supremo) do Exército alemão nos dias 8 e 9 de setembro de 1914. Interpretando o mandato a ele atribuído por von Moltke (o "jovem") oralmente, Hentsch, na visão de Holger Herwig, contribuiu para a retirada do Primeiro Exército de von Kluck, que estaria a ponto de flanquear o Sexto Exército francês comandado por Michel Maunoury — último obstáculo no *front* ocidental à marcha tedesca em direção a uma Paris indefesa (Herwig, 2009:284-285). Se é certo que von Bulow, comandante do Segundo Exército, já havia precipitadamente ordenado a retirada de suas forças para a linha do Marne antes da atuação de Hentsch junto ao Primeiro Exército — comprometendo a posição de von Kluck —, restará à especulação histórica saber o que poderia ter acontecido se o último perseverasse em sua posição. Paris seria conquistada e a França capitularia? O Primeiro e o Segundo Exércitos alemães seriam cercados e destruídos pelo exército gaulês e pela Força Expedicionária Britânica? O Império de Guilherme II desistiria assim de lutar? A guerra seria radicalmente encurtada ou, ao contrário, seria adicionalmente prolongada? Em suma, é impossível pensar a grande estratégia sem referência ao elemento aleatório contido em qualquer ação humana, o que não invalida os esforços, sempre apenas em parte bem-sucedidos, de controlar racionalmente o fluxo dos eventos.

Ao mesmo tempo que a aleatoriedade desempenha um papel por vezes decisivo, não menos decisivo é o papel das lideranças. Se o Reino Unido tivesse um primeiro-ministro menos aguerrido e obstinado que Winston Churchill em 1940, não haveria a possibilidade de um acordo, provavelmente temporário, com o Terceiro Reich para a cessação das hostilidades? Em sentido inverso, se a Alemanha possuísse um sistema de tomada de decisão menos concentrado nas mãos do Führer, teria havido o crasso erro estratégico que resultou na Operação Barbarossa?

Essas são indagações contrafactuais e, portanto, sem resposta. No entanto, servem para iluminar como as ações das lideranças podem ser decisivas em determinados contextos. A noção exposta por Churchill de que a história da humanidade se reveste mais propriamente de erros do que de acertos não é de modo algum antitética à ideia de que os grandes homens e mulheres podem fazer, e frequentemente fazem, a diferença. Para o bem ou para o mal, a depender do prisma empregado para avaliar os fatos históricos.

Grande estratégia e política

Diante das considerações relacionadas às quatro disjuntivas, já é possível perceber a estreita vinculação entre a grande estratégia e a política entendida em sentido lato. De acordo com Heuser, a Guerra Fria, ao turvar a distinção entre paz e guerra, teria finalmente "empurrado a 'estratégia' para o outro lado da cerca até o nível da política [...]" (Heuser, 2010:27), conduzindo à subsunção da primeira na segunda. A grande estratégia, definida como a administração dos negócios do Estado nos planos doméstico e internacional, passaria a ser sinônimo de política. Não surpreende o fato de ser relativamente comum que análises sobre grande estratégia a identifiquem com a política externa em sua acepção mais ampla: uma política multifacetada, que se vale dos recursos disponíveis no plano doméstico e das oportunidades oferecidas pelo sistema internacional, para avançar os interesses e os valores da comunidade por ela representada. Portanto, a interface entre o interno e o externo ao Estado apresenta-se como elemento inescapável de qualquer grande estratégia. Ao pesquisador não resta outra alternativa a não ser a de escolher, entre a infinita complexidade relacionada com o conceito, alguns poucos aspectos essenciais a serem incluídos em seus esquemas analíticos. Nada há de exagerado nessa constatação, pois, ao englobar os planos doméstico e internacional, bem como sua permanente interação, a grande estratégia situa-se na confluência entre a história, a ciência política e as relações internacionais.[40]

Em vista da vasta gama de aspectos relacionados com o conceito e das múltiplas avenidas acadêmicas a partir das quais se pode abordá-lo, entendem-se os caminhos divergentes que tomam historiadores, cientistas políticos e internacionalistas ao tratarem da grande estratégia. Não se pretende aprofundar essas distinções, mas vale recordar, na linha do exposto em passagem anterior, o perfil ideográfico da história e o nomotético das duas últimas. A história procura descrever em minúcias os eventos irrepetíveis que fizeram parte de uma determinada grande estratégia. De outra perspectiva, politólogos e internacionalistas abordam o tema a partir de distintos prismas teóricos, privilegiando a procura de regularidades em detrimento de maior profundidade na reconstrução dos fatos relacionados com os processos. No entanto, a busca de regularidades não pode prescindir das descrições históricas, único meio de recuperar os traços essenciais dos eventos que servirão de base para as generalizações almejadas pela ciência política e pelas relações internacionais.

Qualquer uma dessas posições polares, esquematicamente aludidas, parece inadequada a uma melhor compreensão do fenômeno. Na linha de Trubowitz, deve-se atentar para o fato de que a grande estratégia[41] envolve necessariamente a administração, pelas lideranças de um Estado, de demandas internas e externas ao traçado de suas fronteiras. Em outras palavras, a política entendida em sentido lato é dotada de uma lógica totalizante, que se transmuta apenas em sua forma, mas não em essência,

---

40. A discussão a respeito do lugar das relações internacionais no universo das divisões disciplinares da academia não nos interessa aqui. Se ela representa um campo de estudo autônomo ou se constitui subdivisão da ciência política, é indiferente para os objetivos deste estudo. A despeito disso, considerar-se-á que, em termos gerais, a primeira ocupa-se das interações que se processam fundamentalmente no plano externo às fronteiras nacionais e a segunda trata prioritariamente das que se processam no plano interno. Como parece óbvio, não é possível traçar distinção nítida entre esses dois planos, os quais interagem permanentemente.

41. Muitas vezes, os termos grande estratégia e estratégia são utilizados indistintamente. Esse é o caso de Peter Trubowitz.

independentemente das distinções existentes entre os planos doméstico e internacional do ponto de vista da densidade da regulação das relações entre os diversos agentes sociais.[42] Para o autor norte-americano, toda e qualquer liderança terá de enfrentar os dilemas impostos pela necessidade de defender os interesses da comunidade que representa no exterior e a de garantir a sustentação política de seu governo no âmbito interno (Trubowitz, 2011). A depender da intensidade das ameaças percebidas em qualquer um desses planos, a sobrevivência política da liderança (e em alguns casos também a sobrevivência em sentido estrito) poderá ver-se comprometida.

É com base nesse pressuposto que o autor critica o caráter parcial de teorias das relações internacionais como o neorrealismo (e suas adaptações para a análise de política externa) e aquelas que privilegiam os determinantes domésticos do comportamento internacional dos Estados (*Innenpolitik*). Enquanto a primeira, a partir de uma perspectiva estrutural, pretende ser capaz de identificar grandes tendências decorrentes da geometria de poder prevalecente entre os Estados, deixando propositalmente de fora da equação fatores domésticos relacionados com a dinâmica discreta da política externa dos atores, as segundas, ao enfocarem de modo prioritário as injunções internas ao Estado, desconsideram o caráter muitas vezes decisivo das pressões emanadas do sistema sobre a política internacional de um determinado ator. No presente, contudo, uma série de teorias tem procurado levar em consideração aquilo que Evans chamou de *double-edged diplomacy*, ou seja, a necessária interação entre os planos interno e externo no contexto da tomada de decisões em política externa (Evans, Jacobson e Putnam, 1993).

Uma dessas teorias é o realismo neoclássico (Rose, 1998:144-172). De maneira simplificada, essa vertente de reflexão toma em conta a importância de variáveis domésticas — econômicas, políticas, institucionais, de

---

42. Sem aprofundar a distinção, é notória a maior densidade da regulação das relações sociais no plano doméstico *vis-à-vis* do internacional — em que a ausência de hierarquia formal entre atores estatais constitui característica essencial.

liderança etc. — para a definição das linhas mestras da política externa de uma unidade estatal. O sistema internacional, contudo, continua a ter precedência sobre as variáveis domésticas para essa variante do realismo. Daí deriva o pressuposto de que a ausência de hierarquia (anarquia) entre entidades soberanas levaria os Estados a atribuírem prioridade à dimensão de segurança de suas políticas externas.[43] Da mesma forma, os realistas neoclássicos tomam como dada a existência de interesses nacionais claramente identificáveis, o que é fortemente contestado pelas teorias centradas na *Innenpolitik*. Em grande medida, a incorporação de variáveis domésticas tem por finalidade explicar as razões pelas quais determinado ator estaria mais ou menos apto a responder convenientemente às ameaças que se lhe apresentam no plano global.[44] Os fatores domésticos serviriam para explicar *ex post* os desvios de uma determinada linha de ação internacional suposta pela teoria realista: *e.g.*, situações em que Estados falharam em atuar para contrabalançar ameaças ou em que deixaram escapar a oportunidade de fazer valer seu poder superior para obter vantagens competitivas ou para expandir sua influência. Para os realistas neoclássicos, a dimensão sistêmica prepondera sobre a doméstica — que aparece apenas para explicar os "desvios" em relação ao imperativo de maximização do poder (realismo clássico) e à busca de segurança (neorrealismo).[45]

As teorias baseadas na *Innenpolitik*, como as liberais, focadas na ação de grupos de interesse domésticos, falham em não considerar de modo apropriado o peso que as pressões emanadas do sistema internacional podem ter na definição das grandes estratégias nacionais. Se parece certo que o peso relativo das pressões sistêmicas será extremamente variável a depender das circunstâncias, não se pode negar que, quanto maiores os riscos

---

43. As duas obras mais relevantes para a discussão do conceito de anarquia e suas implicações são: Waltz (2002); Wendt (1999).
44. Sobre o tema, ver Lobell, Rispman e Taliaferro (2009); Schweller (2006).
45. As referências mais importantes do realismo clássico e do neorrealismo nas relações internacionais são, respectivamente: Morgenthau (1948); Waltz (2002).

incidentes sobre um Estado advindos do plano externo, maiores serão as chances de que as elites dirigentes dessa comunidade política atribuam centralidade ao seu relacionamento internacional. O que, evidentemente, pode se refletir em sua política doméstica. Em igual sentido, as teorias do tipo *Innenpolitik* parecem mal aparelhadas para explicar como fatores domésticos e internacionais interagem e se influenciam mutuamente. Ao atribuir centralidade às disputas entre grupos de interesse para a formação da política externa, perdem-se de perspectiva as instâncias em que a política internacional possui influência decisiva sobre as resultantes domésticas — fortalecendo determinados grupos em detrimento de outros.[46]

Ainda com Trubowitz, deve-se ter em mente que a lógica da sobrevivência política é una e abrange tanto o plano interno quanto o externo:

> argumento que a distinção internacional-doméstico não capta a dinâmica essencial que define como os líderes estabelecem a grande estratégia. O fato é que os líderes levam a geopolítica e a política doméstica a sério, e fazem-no por uma razão simples: fazer diferente significa arriscar sua reputação e colocar em causa sua capacidade de manutenção do poder [Trubowitz, 2011:3].

Grande estratégia: custos *versus* ambição

Outro elemento essencial que é preciso ter em conta diz respeito à disjuntiva custos *versus* ambição. Qualquer homem ou mulher de Estado ver-se-á confrontado por esse dilema. Estratégias muito ambiciosas normalmente implicam custos elevados (políticos, financeiros, humanos etc.), enquanto as mais modestas estão associadas a custos mais baixos. Claramente, a montagem de forças armadas com capacidade de projeção de poder global será muito mais cara do que a de um exército voltado

---

46. Um estudo importante sobre esse fenômeno, com foco no comércio internacional, é o de Rogowski (1989).

de modo prioritário à guarda de fronteiras. Não é à toa que as superpotências, em razão de seus interesses multifacetados e espacialmente expansivos (sobretudo a partir da revolução industrial e da formação de um mercado de escala planetária), dificilmente podem escapar de assumir os custos de uma grande estratégia também multifacetada e global. Como mostra o exemplo norte-americano recente, ainda que a condição mesma de superpotência implique custos internacionais elevados, esses são modulados pela dinâmica doméstica. Em face disso, a intensidade e a abrangência da grande estratégia de uma superpotência global também será função da inter-relação política externa/política interna.[47]

O aumento da ambição de uma grande estratégia está normalmente associado a ciclos de expansão econômica para além do espaço nacional.[48] Os Estados Unidos do último quartel do século XIX constituem exemplo ilustrativo. Apesar de já serem a maior economia industrial do planeta — tendo praticamente igualado o produto interno bruto do Reino Unido em 1870[49] —, foi somente no final do século que Washington efetivamente passou a adotar uma política externa mais assertiva e a investir de maneira importante na construção de forças armadas poderosas. Note-se que, ao pesado investimento militar realizado durante a Guerra de Secessão (1861-1865) por Unionistas e Confederados, seguiu-se acentuada desmobilização (Topik, 1996). Os EUA apenas poderão ser considerados uma potência militar respeitável, especialmente uma potência naval, a partir da década de 1890.[50] O que o caso

---

47. Sobre a política externa norte-americana e a influência de fatores domésticos na sua formulação, ver Snyder, Shapiro e Bloch-Elkon (2011:178-215).
48. Particularmente no caso dos Estados continentais, é possível sustentar ciclos importantes de expansão econômica com base fundamentalmente no mercado interno. Já no caso de Estados dotados de população e território exíguos, o mercado externo adquire importância crucial para a expansão econômica.
49. De acordo com Angus Maddison (2001:184), em 1870, o PIB norte-americano era de 98.374 bilhões de dólares (constantes de 1990) enquanto o do Reino Unido alcançava 100.179. Em 1913, o PIB dos Estados Unidos já somava 517.383 e o do Reino Unido apenas 224.618.
50. Sobre a evolução da marinha dos EUA no final do século XIX, ver Breemer (1999:215-219); Hendrix (2009).

norte-americano ilustra é o descasamento temporal entre a construção da potência econômica e da potência político-militar. Fareed Zakaria atribui esse fenômeno à tibieza do aparato estatal do país, incapaz de extrair da sociedade os recursos necessários para a sustentação de uma grande estratégia mais ambiciosa e extrovertida, bem como de gerar o consenso político indispensável para tanto (Zakaria, 1999). Somente a partir do momento em que o Estado adquire essa capacidade é que os EUA farão uso de seu significativo poder econômico para alavancar suas ambições políticas internacionais.

O esquema proposto por Zakaria, baseado no que chamou de *state-centered realism*, pode parecer perspicaz em uma avaliação menos aprofundada. No entanto, conforme seu próprio livro deixa entrever, a busca de fórmula parcimoniosa para explicar a expansão do envolvimento internacional de um Estado, ancorada em versão modificada do realismo clássico, acaba sendo simplificadora em demasia. Sem o admitir explicitamente, o autor incorpora ao processo de fortalecimento do Estado aspectos ideológicos e circunstâncias políticas específicas, além do papel das lideranças, das perspectivas geradas pelos ciclos econômicos e da evolução do arcabouço normativo que regula as funções governamentais.[51] Todos esses fatores possuem uma clara expressão doméstica que é subsumida na fórmula Estado forte *versus* Estado fraco — sendo a existência de um poder nacional significativo a condição necessária, mas não suficiente, para que ocorra a expansão. Para o autor indiano, os decisores procurarão implementar uma grande estratégia expansiva[52]

---

51. Essa é, certamente, uma das razões que leva Gideon Rose (1998) a incluir Zakaria entre os realistas neoclássicos.
52. Utiliza-se o termo grande estratégia expansiva (ou política externa expansiva) ao invés de expansionista em razão do fato de o último termo possuir conotação negativa, associada ao fenômeno do imperialismo. Em síntese, por grande estratégia/política externa expansiva pretende-se descrever uma grande estratégia voltada para o aumento do envolvimento internacional de um Estado — o que, evidentemente, implicará custos políticos e econômicos acrescidos (assim como, presumivelmente, benefícios).

quando perceberem um aumento no poder do Estado, que permita a eles maximizar influência, objetivo último das unidades estatais.[53] A política externa de um país passa, nessa linha de raciocínio, a ser função da dialética entre atributos materiais e a existência de um aparato estatal suficientemente forte para utilizar esses atributos em prol da expansão.

A lógica do argumento pode ser resumida da seguinte forma: o aumento do poder material (econômico) de uma nação gera incentivos para que sua elite decisora adote uma grande estratégia expansiva voltada à maximização de influência no sistema internacional; isso apenas ocorrerá, contudo, quando o Estado for suficientemente forte para extrair os recursos necessários da sociedade; o aumento do envolvimento internacional do Estado, por sua vez, torna mais difícil o retorno a uma grande estratégia de baixo envolvimento.[54] Pode-se criticar a teoria de Zakaria por supor relação unívoca entre capacidades e sentido da utilização de capacidades. A pergunta que surge imediatamente é: como explicar, por exemplo, o retraimento internacional dos Estados Unidos depois da Primeira Guerra Mundial, uma vez que não se pode alegar significativo enfraquecimento do Estado, tampouco perda relativa de poder material?[55] Em suma, o realismo estadocêntrico depende de uma série de inferências dificilmente comprováveis sobre a relação entre fatores domésticos e sua expressão no *quantum* de poder estatal disponível. Da mesma maneira, o autor não é capaz de sustentar em termos sólidos a suposição de que a maximização de influência seria

---

53. A maximização de influência teria a ver com a busca de controle sobre o ambiente externo e a minimização da possibilidade de formação de coalizões internacionais contrárias aos interesses da grande potência.
54. O aumento do envolvimento internacional de um Estado fortaleceria as *constituencies* com interesses no exterior que, por sua vez, pressionariam em favor da manutenção de uma grande estratégia expansiva que lhes garantisse a proteção desses interesses.
55. É bem verdade que a crise de 1929 constituiu um fator restritivo de grande monta a partir de então, mas isso não explica o retraimento internacional dos EUA logo após o término da Primeira Guerra Mundial em 1918.

uma decorrência necessária da existência, em *tandem*, de poder econômico e estatal fortes.[56]

Ainda no marco do realismo, vale citar algumas outras vertentes teóricas que procuram explicar a adoção pelos Estados de grandes estratégias expansivas. De acordo com a taxonomia proposta por Pollins e Schweller, ao abordar a ciclotimia do envolvimento norte-americano no mundo, três teorias centrais abordam as conexões entre um maior envolvimento internacional e os ciclos de expansão econômica. A primeira dessas teorias é a que os autores intitulam de *war-chest*. Essa postula o aumento da disponibilidade de recursos para investimentos militares que, por sua vez, permite às lideranças adotarem políticas externas mais agressivas. O envolvimento internacional acrescido fomenta a *hubris* que, a seu tempo, conduzirá à guerra. A segunda teoria é a da *pressão lateral*. Nessa versão, a expansão econômica gera um aumento significativo do envolvimento internacional de um Estado em várias dimensões (financeira, comercial, empresarial, militar etc.), o que, por sua vez, aumenta as chances de choques violentos de interesses com outros Estados. A terceira teoria, a da *guerra diversionária*, supõe que é o declínio econômico o responsável pela elevação do envolvimento internacional do Estado. No contexto do declínio, as lideranças políticas teriam incentivo a adotarem grandes estratégias agressivas como forma de desviar a atenção do público doméstico dos problemas econômicos. Os autores citados, contudo, concluem que, ao passo que cada uma dessas teorias explica parte do comportamento internacional dos EUA, nenhuma delas o explica satisfatoriamente (Pollins e Schweller, 1999:455-459).

Jack Snyder, ao abordar o fenômeno da sobre-extensão da política externa das grandes potências, salienta o papel desempenhado por coalizões

---

56. Como o poder material apresenta grau de inércia apreciável, normalmente se reduzindo ou se expandindo de maneira paulatina (salvo em situações de crise aguda ou de expansão desenfreada, que não podem ser tomadas como regra), a teoria de Zacaria precisa recorrer a variações no poder do Estado para explicar desvios em suas predições. Essas variações no poder de Estado, contudo, são dependentes de um amplo conjunto de fatores domésticos subsumidos no conceito de poder estatal.

domésticas na sustentação do impulso expansivo mesmo quando esse se torna contraproducente do ponto de vista de análise custo-benefício. É nesse sentido que ele discute o *canon* realista e procede à distinção entre as vertentes agressiva (ofensiva) e defensiva do realismo (Snyder, 1991:11-12). A primeira pressupõe a existência de um mundo hobbesiano que constrangeria os decisores a maximizar o poder, particularmente o militar, e a aproveitar oportunidades de expansão de modo a evitar que outros Estados o façam, o que levaria a ações (militares) preventivas.[57] A segunda, na qual Snyder se enquadra, assim como o realismo ofensivo, acredita que a segurança é um bem escasso. A despeito disso, não deduz dessa suposição que os Estados sejam compelidos a adotar ações ofensivas e expansionistas para impedir eventuais agressões de outrem. Para os realistas defensivos, a anarquia não se traduz em riscos permanentes de agressão, até porque os Estados, ao perceberem desequilíbrios na balança de poder, tenderiam a formar alianças para contra-arrestar o poder das potências ascendentes.[58]

Para Snyder, o que termina por levar à adoção de uma grande estratégia expansiva e detrimental aos interesses do conjunto da sociedade (em face dos efeitos da sobre-extensão) é a coalizão entre grupos de interesses e elites dirigentes. Essa união dificilmente poderia sequestrar o Estado não fosse a difusão de ideologias expansionistas,[59] que tornassem plausível sua aceitação pelas massas. É justamente o elemento ideológico que, em linha com sistemas políticos mais ou menos cartelizados, permite ao binômio grupos de interesse-elites dirigentes capturar o aparelho de Estado e colocá-lo a serviço do expansionismo. Valeria citar o que o professor de Columbia afirma sobre a dialética existente entre os planos interno e externo:

---

57. O principal expoente dessa vertente é John Mearsheimer (2001).
58. Essa inferência não é de modo algum consensual e está na raiz do realismo neoclássico, uma vez que este último supõe que a realidade internacional não se apresenta aos decisores de maneira transparente.
59. No caso específico do trabalho de Snyder, a utilização do termo expansionista justifica-se pelo fato de abordar justamente instâncias de expansão imperialista.

Na era moderna, o Estado nacional joga papel central como ponto focal de muito dessa atividade (mobilização de apoios domésticos para sancionar a grande estratégia escolhida pelas elites). Ele regula o comportamento dos grupos dentro de sua jurisdição, ao mesmo tempo que esses grupos formam coalizões para tentar capturar o poder estatal. O Estado também organiza a competição contra Estados que controlam outras unidades territoriais. Por conseguinte, o Estado é o pivô entre os planos doméstico e internacional assim como é o pivô da competição dentro do universo doméstico [Snyder, 1991:317].

A menção ao trabalho de Snyder é importante por sugerir que, mesmo no campo realista, a incorporação de variáveis domésticas (nesse caso a ideologia) ao estudo da política externa é cada vez mais levada a sério. O realismo neoclássico, que ganha corpo a partir da década de 1990, constitui reação ao fato de que o realismo, tanto em sua versão "neo" quanto na clássica, tem sido incapaz de dar conta de questão primordial: ao fim da bipolaridade, não se seguiram tentativas de equilibrar o poder norte-americano, como a teoria realista prognosticava. Toda a discussão em torno da disjuntiva *soft versus hard balancing* tem a ver com esse problema.[60] Brooks e Wohlforth, contudo, demonstraram, de maneira convincente, que o conceito de *soft balancing* é precário do ponto de vista analítico e empírico (Brooks e Wohlforth, 2005:72-108). Mais do que isso, conforme passagem anterior, esses autores sustentam que a própria ideia de equilíbrio de poder não se aplicaria à realidade contemporânea, marcada pela unipolaridade.

Kaufman, Little, Wohlforth e outros, em estudo já aludido em outra passagem, analisam vários sistemas internacionais ao longo de milhares

---

60. O termo *soft balancing*, e seu corolário, *hard balancing* (até então geralmente compreendido como a forma por excelência de *balancing* sem adjetivos), foi reintroduzido no debate acadêmico recente por Robert Pape. Sinteticamente, a primeira forma de *balancing* envolveria o emprego de meios não coercitivos, enquanto a segunda implica necessariamente a utilização de meios militares. Sobre o assunto, ver Pape (2005:7-45).

de anos de história.[61] A conclusão mais relevante desse esforço é que o número de sistemas dominados por um único ente hegemônico é praticamente o mesmo dos bi e multipolares. O equilíbrio de poder, assim, não poderia ser generalizado como constante universal. Antes, o mais adequado seria pensar como Watson, em termos do grau de hierarquia prevalecente no sistema em cada período — lembrando que o pêndulo fará sempre o movimento que vai de um lado ao outro do contínuo hierarquia-anarquia. Vale salientar que os autores mencionados não se opõem ao realismo no que esse implica atribuição de peso decisivo à dimensão material do poder, mas ao conceito de que a balança de poder operaria permanentemente para equilibrar um sistema cujo dado fundamental seria a anarquia. Os estudos de caso constantes de *The balance of power in world history* encontram-se repletos de terminologias frequentemente utilizadas em trabalhos de matriz realista: *expansion* (expansão), *balancing* (busca de equilíbrio em relação a possível antagonista),[62] *buckpassing* (transferência de custos para terceiros), *bandwagoning* (alinhamento com a política de outro ator), *boondoggling* (busca de vantagens que acaba em frustração e prejuízo). O dado substantivo a reter, em função da *rationale* desenvolvida até este ponto, é o de que, ao rejeitarem a disjuntiva anarquia/hierarquia, substituindo-a por um contínuo em que ambos os princípios se encontram de certa maneira imbricados, os autores sustentam haver espaço para a convivência de subsistemas regionais em que o contínuo hierarquia/anarquia se apresenta de maneira diversa em relação ao prevalecente no plano global (Kaufman, Little e Wohlforth, 2007:228-246).

---

61. Por sistemas internacionais, os autores querem significar que suas unidades componentes acreditam que as demais influenciam de modo importante seus cálculos estratégicos.

62. Os autores também utilizam os termos *internal balancing* (a busca de aumento do poder material, fundamentalmente militar, com base em recursos domésticos, com o fito de mitigar uma ameaça externa) e *external balancing* (a busca de alianças com outras unidades com o objetivo de contrabalançar o poder de um terceiro Estado ou aliança de Estados), contidos no conceito mais geral de *balancing*.

Cabe notar, igualmente, que uma das razões apresentadas para o questionamento da validade do conceito de balança de poder tem a ver com o fato de que fatores domésticos militam contra a tradução de (supostos) incentivos sistêmicos em ações efetivas voltadas a equilibrar antagonistas. Os problemas de ação coletiva usualmente encontradiços no plano interno (grupos de interesse distintos, com agendas externas por vezes antagônicas) tornam, no mínimo, incerta essa tradução. De outra perspectiva, uma potência rival pode valer-se de métodos como o suborno e a cooptação para influenciar as opções das lideranças de uma potência alvo de suas ambições. Outra possibilidade é a de que crenças relacionadas com o tipo de unidade (*e.g.*, cidade-estado) e à forma de governo (*e.g.*, democracia) mais apropriados à garantia do bem comum impeçam a expansão necessária ao equilíbrio da balança de poder. Torna-se evidente que, embora crítico de um dos pilares fundamentais do realismo, o estudo sinteticamente apresentado corrobora a percepção de que não é possível pensar em uma grande estratégia que esteja desvinculada dos planos doméstico, internacional e da interação entre ambos.

Em livro muito útil à discussão desenvolvida neste ensaio, Randall Schweller procura adensar a agenda intelectual do realismo neoclássico por meio do estudo do que chamou de *underbalancing*, ou seja, a falha da elite dirigente de um Estado em dar resposta adequada a ameaças oriundas do sistema internacional. Para tanto, o autor elabora esquema em que quatro variáveis domésticas são identificadas como cruciais para a determinação da *vontade* e da *capacidade* estatal em adotar medidas para contra-arrestar as ameaças supostas. A forma e a intensidade da reação, que pode variar desde a inércia até a guerra voltada à neutralização do antagonista, seriam determinadas pelo grau de *consenso entre as elites*, *coesão entre as elites* (afetam a vontade de reagir), *vulnerabilidade do governo/regime* e *coesão social* (afetam a capacidade de reagir) (Schweller, 2006:46-68). Esse esquema, perfunctoriamente aludido, constitui significativa contribuição à literatura voltada à análise da dinâmica de formulação da política externa, em geral, e da grande estratégia, em particular. No entanto, algumas premissas do argumento fazem com que ele perca em termos de plausibilidade.

De maneira taquigráfica, Schweller erra ao supor que há um sentido "correto" ou uma reação "adequada" a determinados estímulos oriundos do sistema internacional. A noção de que um Estado precisa responder de uma determinada forma (normalmente no plano militar) a concentrações de poder ou a ameaças pontuais, seja por meio da busca de equilíbrio, seja por meio de alianças, supõe a prevalência de uma estrutura social hobbesiana inalterável, em que a atribuição de prioridade à segurança relega qualquer outro valor a segundo plano.[63] Conforme se pode inferir do trabalho de Kaufman, Little, Wohlforth e associados, a ideia de que um ente coletivo irá necessariamente contrabalançar um acúmulo de poder no sistema não encontra respaldo em grande parte da história da humanidade. Além da dificuldade intrínseca em determinar claramente em que medida um determinado Estado é ameaçador (a não ser nas situações mais extremas, como no caso da Alemanha nazista após a invasão da Tchecoslováquia e da Polônia), há também de levar em conta o fato, apontado por Benjamin Fordham, de que os planos externo e interno não constituem universos estanques (Fordham, 2009). A todo o momento, os estímulos oriundos do sistema são filtrados pelas elites domésticas de acordo com suas distintas percepções, ideologias e interesses. Muitos desses estímulos afetam o equilíbrio político doméstico, fortalecendo alguns grupos em detrimento de outros. O chefe do Executivo precisa levar em conta esse processo de interação permanente, sob pena de perder apoios internos e externos que podem comprometer sua sobrevivência política. As barganhas domésticas e internacionais decorrentes podem levar, e frequentemente levam, à redefinição de objetivos e à seleção de políticas "desviantes" em relação ao que seria o padrão suposto aprioristicamente pelo realismo.[64]

---

63. A crença realista de que o valor mais elevado de qualquer Estado é a sobrevivência, embora correta como assertiva de caráter teórico, não faz sentido quando a sobrevivência do Estado não se encontra ameaçada — ou seja, na maior parte do tempo.
64. Embora a busca de equilíbrio seja aprioristicamente suposta pelo realismo em suas várias versões, os exemplos do que Schweller chamou de *underbalancing* só podem ser conhecidos retrospectivamente, pois são as resultantes negativas da insuficiência da-

Não bastassem outros motivos anteriormente aventados, seria suficiente a aceitação desse princípio para respaldar a tese de que a grande estratégia de qualquer Estado sofrerá necessariamente alterações significativas ao longo do tempo. Ainda que Schweller falhe ao adotar o que Fordham chamou de modelo aditivo, que supõe equivocadamente serem os estímulos do sistema internacional uma correia de transmissão cuja mensagem é perfeitamente inteligível para os decisores no plano doméstico — a não ser pelo fato de que barreiras internas toldam a vontade ou a capacidade de reação do Estado —, a taxonomia proposta por ele para a determinação dos constrangimentos incidentes sobre a política externa representa ferramenta analítica útil. Evidentemente, não se supõe que qualquer Estado poderá responder de forma idêntica na hipótese teórica da prevalência de idênticos condicionantes domésticos e internacionais. A dimensão material do poder (econômico e tecnológico) representa fator restritivo da capacidade de resposta estatal. Conforme o sugerido por Breemer, situações de incerteza aguda sobre o impacto de novos padrões tecnológicos militares podem representar, elas próprias, condicionantes da grande estratégia de uma nação.[65]

Grande estratégia: esboço de conceito operacional

A discussão aludida anteriormente tem a ver com a determinação dos condicionantes fundamentais da grande estratégia. Evidentemente, questão tão intrincada não poderá ser resolvida no contexto deste ensaio teórico. O que se pretende, com base no exposto até o momento,

---

queles que determinam sua identificação. Nos casos em que as consequências desse tipo de comportamento não são negativas, pode-se simplesmente alegar que o Estado agia racionalmente em face de sua desnecessidade.
65. Segundo o autor, esse teria sido o caso dos EUA no final do século XIX, o que explicaria, em parte, a decisão norte-americana de transitar de uma Marinha costeira voltada para a proteção do comércio para uma Marinha oceânica de caráter ofensivo [Breemer, 1999:213-232].

é traçar os contornos inescapáveis da grande estratégia e explicitar o esquema teórico-conceitual adotado neste trabalho. Passando agora à operacionalização do conceito propriamente dito, deve-se reter que a grande estratégia de qualquer Estado envolverá, no mínimo, os seguintes fatores domésticos: políticos, econômicos, ideológicos, institucionais, culturais, geográficos, tecnológicos, papel das lideranças e relações civis-militares. A literatura sobre o tema normalmente não atribui relevância primordial ao último elemento.[66] Este, contudo, possui importância crucial em qualquer contexto, em especial no caso de Estados em que a participação da caserna na política interna e na construção da nacionalidade é relevante — o que pode ser observado de modo muito claro na América Latina.[67] A natureza das relações civis-militares terá implicações na doutrina militar adotada, na qualidade da avaliação estratégica sobre ameaças e oportunidades, na cultura estratégica, na articulação entre as políticas externa e de defesa, no grau de coerência interna da política de defesa e, em última instância, na própria estabilidade do regime. Para tornar a questão ainda mais complexa, à exceção do fator geográfico,[68] todos os demais interagem com o sistema internacional de variadas maneiras e com intensidades distintas.[69]

---

66. A preponderância do paradigma realista com sua ênfase na dimensão material do poder, além do americanocentrismo e do anglocentrismo da maior parte das reflexões sobre grande estratégia, determina a baixa prioridade atribuída a fatores domésticos, como a natureza das relações civis-militares. Note-se que também estas são influenciadas pela inserção internacional de um Estado. Ver Desch (2001).
67. Ver, entre outros, Philip (1985); Stepan (1988); Fitch (1998); Castro e D'Araujo (2000); Centeno (2002).
68. Mesmo a geografia não representa fator perene e imutável, tanto em face da possibilidade de encolhimento ou expansão das fronteiras (construção política por excelência passível de modificações) quanto em razão das distintas percepções sobre o significado das fronteiras.
69. Os fatores institucionais, entre os quais se pode incluir o *design* do sistema político, a maior ou menor capacidade de resposta da burocracia estatal a problemas complexos, *inter alia*, também sofrem a influência do sistema internacional via incentivo à emulação dos exemplos mais bem-sucedidos. No entanto, é razoável esperar que esse processo seja muito mais lento e difícil do que, por exemplo, mudanças políticas dependentes apenas das decisões das lideranças.

A simplificação da realidade característica de qualquer esforço teórico impõe, no entanto, a necessidade de diminuição do número de variáveis independentes e intervenientes para que seja factível abordar as variáveis dependentes com alguma perspectiva de sucesso. A proliferação de variáveis torna demasiadamente complexo o estabelecimento de relações entre elas, forçando o pesquisador a abordá-las de maneira muito genérica. Contudo, quanto mais genérica uma hipótese, mais difícil é sua falsificação. Tendo em vista que o autor não tem a pretensão de gerar inferências causais, mas apenas inferências descritivas sobre a grande estratégia brasileira, a importância deste capítulo reside fundamentalmente na justificação da escolha do conceito de grande estratégia como ferramenta heurística útil, na explicitação dos componentes essenciais da grande estratégia e no esclarecimento dos contornos basilares da teoria de política externa utilizada para ancorar aquela.

Diante do que precede, aceita-se aqui uma versão modificada do realismo neoclássico na linha do proposto por Trubowitz e Fordham, ou seja, de que há interdependência entre os planos doméstico e internacional. Este último, contudo, não se apresenta de modo absolutamente claro aos decisores domésticos, em termos dos incentivos que oferece. Os incentivos serão lidos pelas elites decisoras e seus apoiantes de acordo com uma série de filtros: políticos, ideológicos, institucionais e de interesses. Mais do que isso, a vontade e a capacidade de responder às mensagens percebidas como emanadas do sistema internacional dependerão, entre outros fatores, do consenso entre as elites, da coesão entre as elites, da vulnerabilidade do governo/regime e da coesão social de um determinado Estado — sem falar no *quantum* de poder material disponível para consubstanciar a eventual reação. Apesar de a grande estratégia estar relacionada com a possibilidade de emprego da força, ela não se limita a esta, inexistindo justificativa convincente para supor que o sistema constrange todo e qualquer ator estatal a atribuir prioridade à dimensão de segurança de suas políticas externas.

É preciso acrescentar, com Buzan e Weaver, que as dinâmicas regionais de segurança apresentam maior intensidade para as potências médias e pequenas.[70] Se o plano global é o tabuleiro de atuação primordial de uma superpotência,[71] o plano regional é o *locus* por excelência onde estão contidas as principais preocupações em termos de segurança das potências médias e pequenas. Isso ocorre pelo fato de que as relações de segurança tendem a ser tão mais intensas quanto maior a proximidade geográfica entre os atores envolvidos (Buzan e Weaver, 2003). Por conseguinte, a grande estratégia dessas potências tenderá a levar em conta, de modo importante, o relacionamento com os países vizinhos e com as potências extrarregionais que projetam poder sobre seu entorno.[72]

Outro elemento crucial a ter em conta é que não bastam o recorte analítico de um complexo regional de segurança (CRS) e a definição do seu arranjo de poder. É preciso determinar a estrutura social dos relacionamentos que se desenvolvem entre os Estados que fazem parte do CRS. É nesse sentido que Buzan toma emprestada a taxonomia de Wendt a respeito da cultura da anarquia predominante (kantiana, lockeana ou hobbesiana) (Wendt, 1999), para determinar em grandes linhas aquela estrutura no que diz respeito aos Estados Unidos e às grandes potências (Buzan, 2004). No sentido do mencionado em outra passagem do texto, o mais produtivo seria pensar em distintos níveis de hierarquia prevalecentes no sistema e na legitimidade desse arranjo. Pode supor-se, igualmente, que cada CRS possuirá estrutura social própria, relacionada com a estrutura planetária, mas não necessariamente idêntica àquela. Basta cotejar, por exemplo, o padrão dos relacionamentos interestatais na América do Sul e no Oriente Médio. É razoável supor, portanto, que a grande estratégia das potências médias e pequenas será substanti-

---

70. Isso não quer dizer que questões regionais não possam ganhar projeção global, nem que uma superpotência esteja isenta de considerer a problemática de segurança em sua própria região.
71. O que envolve sua implantação em maior ou menor medida em todas as regiões do globo.
72. Não é possível pensar no complexo de segurança da América Central e do Caribe, por exemplo, sem levar em conta a influência que os Estados Unidos exercem sobre a região.

vamente condicionada pelos riscos e oportunidades emanados de seu entorno regional.

É essencial incluir na moldura analítica anteriormente mencionada o papel das lideranças e das ideologias de que são portadoras. Além desse aspecto, caberia tecer algumas considerações de caráter exploratório sobre a relação entre grande estratégia, projeto de força e doutrina militar. Em um mundo ideal, deveria haver perfeita sintonia entre a forma como um Estado articula políticas públicas visando a maximizar os seus valores nos planos doméstico e internacional (grande estratégia), concebe a estrutura presente e futura de suas forças armadas de modo a apoiar aqueles valores (projeto de força) e emprega o poder militar com o objetivo de manter ou conquistar aquilo que se valoriza (doutrina militar). No mundo real, sabe-se que essa sintonia dificilmente se materializa. Há inúmeros fatores que contribuem para isso. Não se pretende de nenhuma maneira esgotar neste trabalho tema tão complexo e multifacetado. Contudo, cabe mencionar, de modo perfunctório, as principais teorias que procuram abordar a relação entre grande estratégia e doutrina militar — o projeto de forças não aparece como variável dependente nessa literatura,[73] mas pode ser incluído aqui sem que se distorça a essência daquilo que supõem os autores.

Em estudo pioneiro, Barry Posen (1984) ocupou-se das fontes da doutrina militar — entendida como "o modo preferido por um grupo de forças singulares, por uma força específica ou por uma arma dentro da força de conduzir a guerra" — a partir dos casos da França, da Alemanha e da Grã-Bretanha no entreguerras. Para tanto, considerou duas teorias essenciais: o equilíbrio de poder e a teoria das organizações.[74] A primeira sugere que

---

73. Na realidade, um autor como Posen sugere que a doutrina militar pode ser inferida a partir do projeto de força — razão pela qual se preocupa muito mais com a primeira do que com o segundo. No entanto, é problemático supor que haja harmonia perfeita entre um projeto de força — sempre passível de estar sujeito às injunções da política — e a doutrina militar de um país. O autor admite essa dificuldade (Posen, 1984:14).

74. O autor também confronta o poder explicativo das duas teorias mencionadas com a evolução da tecnologia militar e a influência da geografia sobre a grande estratégia e a doutrina militar da nação.

os três tipos básicos de doutrina (defensiva, dissuasória e ofensiva)[75] são função do nível de ameaças emanado do sistema internacional. A segunda permite supor que a rigidez de grandes organizações burocráticas tenderá a inviabilizar a adoção de doutrinas que representem um rompimento com a zona de conforto em que operam. Em outras palavras, as organizações militares, por lidarem com objeto extremamente fluido, a guerra, buscarão minimizar a incerteza por meio de doutrinas ofensivas — que, em tese, permitiriam à organização modelar suas ações, tomar a iniciativa. Ao testar a consistência das duas teorias contra o pano de fundo das doutrinas militares dos três países assinalados, o autor norte-americano conclui que o que melhor explica as opções das forças armadas de um país é o equilíbrio de poder, ou melhor, a percepção de que o equilíbrio de poder prevalescente intensifica ameaças internacionais.

De acordo com Posen, em condições normais, em que não haja percepções de ameaças importantes, a rotina das organizações prevalecerá. Em consequência, tenderá a haver desconexão, em maior ou menor medida, entre a doutrina militar de um Estado e sua grande estratégia. Isso ocorrerá pelo desinteresse das elites políticas civis em escrutinizar as organizações castrenses. Inversamente, em situações em que se registre grave risco de conflito, haverá forte interesse civil em controlar os assuntos militares, inclusive sua doutrina. Nesse contexto, será mais provável obter a adequação da doutrina militar à grande estratégia, bem como a promoção de doutrinas inovadoras. Na perspectiva do autor em tela, a inércia das organizações castrenses e seu insulamento em relação ao escrutínio público somente podem ser rompidos em situações de crise: derrota acachapante no campo de batalha ou aguda percepção de ameaça militar. Nesses contextos, as lideranças civis teriam estímulo político para

---

75. As doutrinas defensiva, dissuasória e ofensiva são sumariamente definidas da seguinte forma por Posen: "Doutrinas ofensivas visam a desarmar o adversário — destruir suas forças armadas. Doutrinas defensivas visam a negar ao adversário o objetivo almejado. Doutrinas dissuasórias visam a punir um agressor — a elevar os seus custos sem referência à diminuição dos seus próprios" (Posen, 1984:14).

impor mudanças significativas na caserna, particularmente na segunda circunstância. No caso de derrota humilhante, haveria a possibilidade de que a própria organização buscasse seu *aggiornamento* como forma de evitar novos desastres no futuro.[76]

O trabalho pioneiro de Posen, contudo, será seriamente questionado por Elizabeth Kier.[77] Em sua análise da doutrina militar francesa no entreguerras, ela sustenta ser indeterminada a influência do sistema internacional sobre a definição da doutrina militar de um Estado. Para a autora, mesmo em situações em que prevalece intensa percepção de ameaças externas, as elites civis tenderão a não intervir na definição da doutrina de suas forças armadas (Kier, 1995:65). Da mesma forma, Marinha, Exército e Aeronáutica não necessariamente optariam por doutrinas ofensivas, estando estas condicionadas pela política doméstica e pela cultura organizacional das forças. Para Kier, o que mais importa aos civis é o equilíbrio de poder doméstico:

> A doutrina militar tem a ver com a sobrevivência do Estado, mas os programas militares também afetam a alocação de poder dentro do Estado. [...] a política militar requer que os tomadores de decisão considerem, em primeiro lugar e acima de tudo, como a distribuição de poder no plano doméstico afeta seus próprios interesses [Kier, 1995:68].

Logo, as elites civis estabelecem limites políticos e materiais à atuação das forças armadas, que reagem a essas limitações de acordo com sua cultura organizacional.[78] É, portanto, fundamental conhecer as percepções dos tomadores de decisões a respeito do papel a ser desempenhado pelos militares

---

76. De maneira muito sintética, essa é a tese defendida por Posen.
77. Agradeço os comentários do professor Octavio Amorim Neto sobre a obra desses autores.
78. Para a autora, cultura organizacional significa: "o conjunto de premissas e valores básicos que moldam compreensões compartilhadas, e as formas e as práticas pelas quais estes significados são expressos, afirmados e comunicados aos membros de uma organização" (Kier, 1995:69-70).

na sociedade. Em outras palavras, para Kier, as relações civis-militares constituem elemento-chave para a compreensão da doutrina militar de uma nação.

Kier aborda fator crucial para a escolha, pelo Exército francês, de doutrina defensiva no entreguerras: a instituição, a partir de 1928, do serviço militar obrigatório de apenas um ano. Para a pesquisadora, não foi a redução do tempo de conscrição que determinou a transição, realizada pela força terrestre gaulesa, de uma doutrina altamente ofensiva para outra defensiva — cujo símbolo é a linha Maginot —, mas a cultura organizacional do Exército:

> Outra organização militar poderia ter respondido diferentemente a uma limitação que, aos olhos do exército francês, os deixava com apenas uma opção. A despeito de evidências originárias do Exército alemão, os oficiais franceses não conseguiam enxergar que exércitos de conscritos fossem bons para nada além de doutrinas defensivas. Na sua visão, apenas anos de serviço poderiam dotar um soldado das habilidades necessárias à guerra ofensiva [Kier, 1995:71-72].

Para Kier, a tese de Posen é refutada pelo exemplo da França do entreguerras, uma vez que inexistiria nesse caso relação entre a percepção de ameaças externas (nazismo cada vez mais agressivo e expansionista) e o maior escrutínio civil sobre a doutrina militar francesa de modo a ajustá-la à grande estratégia daquela nação. Em suma, enquanto a primeira supõe serem fatores domésticos determinantes para a adoção desta ou daquela doutrina, o segundo sustenta a predominância da balança de poder internacional e da percepção de ameaças dela decorrente.[79]

---

[79]. Como realista defensivo, Posen acredita na operação da balança de poder, mas não que dela decorra impulso permanente à expansão. Para ele, o dilema de segurança não é sempre, em qualquer circunstância, intenso. No entanto, o autor supõe que os Estados serão capazes de ler o sentido dos novos equilíbrios de poder em formação. Ou seja, a eventual ausência de reação para contrabalançar uma acumulação de poder importante no sistema dar-se-á não pela incapacidade de perceber seu significado (perigoso), mas pela decisão consciente de transferir os custos da reação a terceiros (Posen, 1984:61-68).

Poder-se-ia mergulhar de modo muito mais profundo nessa temática. Stephen Rosen, por exemplo, enfoca o papel das disputas de poder internas às organizações castrenses como essenciais para a inovação doutrinária, cabendo às lideranças civis fundamentalmente o papel de apoiar os chefes militares inovadores (Rosen, 1991). Jack Snyder, por sua vez, atribui ao tipo de relação civil-militar centralidade na definição do tipo de doutrina militar adotada. Na sua perspectiva, a doutrina militar de cada ramo das forças armadas estará tão mais de acordo com a grande estratégia nacional quanto as políticas adotadas pelas elites civis não ameacem valores fundamentais dessas organizações (Snyder, 1984:205-207). Em qualquer caso, Snyder sustenta ser difícil que as lideranças civis sejam bem-sucedidas em suas tentativas de controlar as doutrinas militares de suas forças armadas. Para ele, as melhores chances residem em uma política de cooperação civil-militar, pois o confronto traria como resultado o entrincheiramento das lideranças castrenses em suas posições. As ideias a respeito das doutrinas seriam fundamentais na medida em que estabeleceriam os limites do "possível", influenciando a percepção dos agentes sobre a viabilidade de alternativas. Assim, os militares tenderão a excluir cursos de ação que vão de encontro a suas crenças e valores (Snyder, 1984: passim).

A complexidade sugerida pela menção ao trabalho de quatro importantes autores serve de alerta para a dificuldade de supor a existência de uma cadeia causal desobstruída entre a grande estratégia, o projeto de forças e a doutrina militar. Deve-se mencionar, ainda, o fato básico de que os meios em que as doutrinas são empregadas (terra, mar e ar) são importantes fatores restritivos da forma como podem contribuir para a defesa, a ofensiva e a dissuasão.

Post scriptum

A complexidade do conceito de grande estratégia dá margem a equívocos conspícuos. Dois deles merecem menção particular, ambos derivados de uma matriz kantista (ou kantiana) que enxerga o mundo como emanação quase exclusiva das ideias produzidas pela mente humana — como se o universo físico, externo ao homem e dele distinto, não determinasse, em grande medida, nossa percepção. Tanto um quanto o outro referem-se à absolutização da capacidade descritiva e preditiva das teorias que embasam a grande estratégia, ou seja, à crença de que essas teorias retratam a realidade tal qual ela efetivamente se apresenta e são capazes de antecipar os movimentos dos homens e mulheres de Estado em sua busca pela concretização de valores caros a uma coletividade ou a uma elite representante de determinada coletividade. Como na totalidade dos casos a realidade não pode ser reduzida à teoria, as discrepências eventualmente detectadas entre uma e outra conduzem a duas atitudes polares: a renovação da crença na teoria por intermédio de novas versões supostamente mais ajustadas aos dados da realidade; e a negação de qualquer valor heurístico às teorias que embasam o conceito (prático) de grande estratégia. Nenhuma das duas atitudes citadas é, em si mesma, aceitável.

De um lado, cabe ter presente que as teorias que procuram deslindar um conceito tão multifacetado como o de grande estratégia jamais poderão pretender ser mais do que uma moldura provisória à espera da sua iminente refutação pela realidade — e nisso não há diferença substantiva em relação a construtos supostamente menos complexos. De outro, abandonar o conceito e se deixar levar por um intuicionismo ateórico de molde quase místico ou anti-intelectualista — confiando apenas no faro político de homens de Estado desprovidos de qualquer noção sistematizada sobre os fenômenos com que têm de lidar — parece tão ou mais ingênuo do que a fé evangélica no poder divinatório das ciências sociais. Logo, caberia reter no espírito que a plena concretização do conceito de grande estratégia é antes de tudo um desiderato necessário, que permite manter o foco dos estadistas na articulação de uma série de ferramentas à sua disposição. A falta de unidade de propósito destas últimas, algo sempre em alguma medida inevitável, tende a traduzir-se em ações fragmentárias e caóticas na ausência de um princípio coesivo. Dessa forma, não se podem nutrir expectativas exageradas sobre a efetividade da grande estratégia, nem muito menos suprimir o conceito sob pena de eliminar a bússola que deverá guiar o homem de Estado na espessa selva internacional.

Em livro recente, Eliot Cohen deixa-se enredar em um dos equívocos anteriormente mencionados. Ao defender a tese, correta diga-se em seu favor, de que o poder militar permanece absolutamente crucial na contemporaneidade, esse estudioso sustenta ser necessário abandonar o conceito de grande estratégia: "a grande estratégia é uma ideia cujo tempo jamais chegará, uma vez que a condição humana não o permite" (Cohen, 2016:204). Ao sublinhar a enorme imprevisibilidade do sistema internacional ao longo do tempo, e a impossibilidade de antecipar e de se preparar adequadamente para as mudanças decorrentes, Cohen infere que a pretensão de controle de várias políticas públicas inerente ao conceito de grande estratégia seria vã e deletéria. Ora, parece ser o caso de indagar se alguma política pública, por mais singela, estaria isenta das consequências do acaso e da incerteza. Evidentemente, trata-se de uma pergunta retórica. Conforme o sugerido, as reais dificuldades de articulação de uma grande estratégia coerente e eficaz de modo nenhum justificam a posição de que seria melhor abandonar-se à administração *ad hoc* dos problemas. Ao fim e ao cabo, Cohen mede a grande estratégia a partir de uma régua idealizada, impossível de ser atingida em qualquer caso. A crítica desse autor possui apenas a aparência de pragmatismo bem informado, tendo em vista que a grande estratégia é muito mais um *desideratum* do que um objetivo claro passível de ser precisamente atingido e quantificado.

Diante dessa realidade, cabe levar em consideração a proposta de Posen no tocante à grande estratégia norte-americana. O autor em tela sugere uma estratégia de "contenção", em que as forças armadas dos EUA concentrar-se-iam em garantir o controle das vias de comunicação (*command of the commons*) — mares, espaço aéreo e espaço exterior (Posen, 2014). Esse controle permitiria o rápido acesso, ou a negação de acesso, a qualquer área crítica do planeta sem que houvesse necessidade de manutenção de grandes contingentes de tropas estacionados permanentemente no exterior. Para tanto, o reforço do poder naval estadunidense seria necessário, ao mesmo tempo que a retirada de forças estacionadas na Europa e, em menor medida, na Ásia obrigaria os aliados de Washington a aumentar o investimento na sua própria defesa. Posen sustenta que alguns objetivos de política externa deveriam ser abandonados, como os relacionados com a transformação de autocracias em democracias. Em contrapartida, os EUA poderiam reduzir seu investimento em defesa a não mais do que 2,5% do PIB — o que estaria de acordo com a necessidade de adequar gastos e ambição aos recursos disponíveis e a outras prioridades do Estado norte-americano, como o aumento da competitividade da economia. Portanto, o princípio da contenção se oporia ao consenso majoritário da comunidade de política externa norte-americana sobre a "hegemonia liberal" como princípio ordenador da grande estratégia do país, já que esta implicaria maiores riscos, custos e ambições sem vantagens aparentes (Posen, 2014:168-170).

A breve menção ao importante trabalho de Posen ilustra o quanto a grande estratégia se relaciona com as mais importantes escolhas sobre o posicionamento dos Estados em relação a um mundo em que prevalecem a incerteza e o risco. Não cabe, assim, descurar da sua centralidade. Como inexiste vácuo de poder, aqueles que não se posicionarem consistentemente no plano internacional, particularmente no que diz respeito aos seus recursos militares, estarão à mercê de terceiros que o fizeram: serão nada mais do que joguetes nas mãos de nações mais inteligentes, sagazes e poderosas.

O sistema internacional de segurança: uma perspectiva brasileira[80]

> *Ce que les philosophes classiques ont enseigné et ce qui demeure vrai, c'est qu'en l'absence de lois les États n'échappent pas au risque de violence et ne peuvent s'en remettre, pour leur sécurité, aux bons sentiments de leurs rivaux.*
>
> RAYMOND ARON (1976:258)

Introdução

Este capítulo tem por objetivo analisar algumas das principais características do sistema internacional de segurança contemporâneo. Não se procederá a uma revisão da literatura sobre o tema, o que seria manifestamente impossível. O objetivo deste ensaio é bem mais modesto: explicitar a perspectiva do autor sobre o sentido das transformações por que passou o relacionamento entre os Estados no plano da segurança no passado recente — o que constitui um pré-requisito para o enquadramento da grande estratégia brasileira. Para tanto, apenas os aspectos evolutivos mais relevantes para os propósitos deste estudo serão abordados. São eles: 1) o impacto das armas nucleares sobre a conflitividade internacional e a natureza da guerra; 2) a emergência do sistema ONU e suas implicações para a restrição das guerras interestatais; 3) o fim da Guerra Fria e seus impactos sobre o sistema internacional de segurança; 4) o processo de integração sul-americana e a transformação da circunstância estratégica do Brasil; 5) a globalização e a emergência de

---

[80]. Versão modificada de capítulo originalmente constante da minha tese de doutoramento defendida em 2014. A seção *post scriptum*, inédita, foi adicionada em 2017.

sociedades pós-heroicas; 6) o futuro da guerra como fenômeno social. Na seção *post scriptum*, o autor utiliza as inferências derivadas da abordagem dos seis itens elencados como baliza para a aferição da coerência da grande estratégia do país.[81]

Armas nucleares e o paradigma clausewitziano

A mais óbvia e impactante transformação do sistema internacional de segurança desde a época do barão do Rio Branco foi provocada pela invenção das armas nucleares e de seus vetores de entrega. O imenso poder destrutivo desse tipo de artefato, acoplado ao desenvolvimento de mísseis capazes de transportá-lo a distâncias intercontinentais em questão de minutos, prometia produzir uma radical cesura em relação ao paradigma clausewitziano prevalecente até o final da Segunda Guerra Mundial.[82] O advento do terror nuclear, sintetizado na doutrina MAD (*mutual assured destruction*), e a intensa rivalidade entre os campos capitalista e socialista durante a Guerra Fria colocavam em perspectiva a anulação do *dictum* de Clausewitz de que a guerra era a continuação da política por outros meios. A crise dos mísseis de Cuba, em 1962, poria o mundo diante de iminente confrontação entre as duas superpotências oponentes, o que poderia levar a uma escalada de consequências imprevisíveis cujo limite lógico seria a extinção da vida no planeta. Em face da possibilidade palpável de enfrentamento entre contendores dotados de inúmeras bombas nucleares e termonucleares, nada mais natural do que o questionamento da suposição de racionalidade inerente à teoria da guerra desenvolvida pelo general prussiano. Afinal, a aniquilação da espécie humana não serviria a nenhum objetivo político claramente identificável.

---

81. Uma reflexão sobre a grande estratégia brasileira pode ser encontrada em: Amorim (2016).
82. Essa tese foi desenvolvida por um número muito grande de analistas. Um exemplo desse tipo de *rationale* pode ser encontrado em Shepard (1990:85-99).

Independentemente de estrategistas como Gray negarem às armas nucleares estatuto ontológico diferenciado em relação àquele atribuído ao armamento dito convencional (Gray, 2006a:276-279) — implicitamente admitindo como legítimo seu emprego em situações extremas —, faz-se necessário salientar aspecto da realidade empírica que torna a tese do anacronismo do paradigma clausewitziano muito menos persuasiva: o interdito nuclear. Schelling demonstrou como o *taboo* que se formou em torno do uso militar, e mesmo civil, da energia atômica vem sendo mantido e reforçado ao longo de mais de seis décadas após as tragédias de Hiroshima e Nagasaki. Alguns dos inúmeros exemplos desse fato podem ser encontrados na opção soviética de abster-se de utilizar armamento nuclear contra a insurgência afegã ao longo de 10 anos de ocupação daquele país e nos conflitos do Yom Kippur e das Malvinas, que puseram em confronto Estados nucleares e não nucleares — embora o envolvimento das superpotências rivais na guerra entre egípcios, sírios e israelenses tornasse muito mais perigoso o recurso a esse tipo de artefato por Tel Aviv (Schelling, 2008). Em qualquer circunstância, o interdito nuclear vem sendo respeitado desde o seu surgimento em 1945. Assim, a crença generalizada de que as armas nucleares não podem ser utilizadas no campo de batalha, mesmo em suas versões miniaturizadas e de capacidade destrutiva restrita, mantém a lógica clausewitziana de pé.

Depois do advento do Tratado de Não Proliferação Nuclear (TNP), em 1968, pode-se dizer que o *taboo* relacionado à utilização de artefatos nucleares em combate vem se reforçando pelo interesse dos Estados nuclearmente armados em manter a estratificação do poder mundial entre *haves* e *have-nots*, impedindo que a tecnologia necessária à produção de armas atômicas seja difundida. A abdicação da posse desse tipo de armamento pela esmagadora maioria dos Estados nacionais confirma a resiliência do regime de não proliferação. No entanto, como sugere Sagan, nada garante que o TNP se mantenha íntegro no futuro, na medida em que os Estados detentores da "bomba" vêm dando passos extremamente tímidos no sentido da promessa de eliminação desse tipo de arma, consignada no artigo VI do Tratado. O importante a reter é que existe vinculação dialética entre a integridade do regime, o desarmamento nuclear e a não utilização de armamento atômico por parte das potências nucleares (Sagan, 1996-1997:54-86). De maneira nada paradoxal, o emprego dessa categoria extrema de armamento, em particular contra um Estado não nuclearmente armado, significaria duríssimo golpe no TNP, pois tornaria ainda mais gritante a infidelidade dos *haves* ao *taboo* que torna a posse de artefatos bélicos baseados em material físsil dispensável para muitos países.[83]

Vale assinalar que, enquanto for mantido o interdito acima referido, as potências nucleares preservarão seus arsenais mais por questões de prestígio do que propriamente como instrumentos de dissuasão — por coincidência, ou não, todos os membros permanentes do Conselho de Segurança das Nações Unidas (CSNU) detêm armas nucleares. Em qualquer circunstância, a dimensão dissuasória não pode ser tomada como irrelevante, haja vista a especificidade de cada realidade nacional e regional.[84] É preciso assinalar que inexiste consenso sobre os efeitos da proliferação nuclear sobre a estabilidade do sistema internacional de segurança (Horowitz, 2009:237). Essa questão, evidentemente, não poderá ser desenvolvida neste trabalho. Faz-se necessário, contudo, mencionar de maneira perfunctória que a difusão limitada das armas nucleares tem falhado em produzir o corte epistemológico sustentado por alguns analistas. Se é certo que o poder destrutivo e o valor simbólico dos artefatos militares baseados em urânio enriquecido produziram novidade histórica de grande monta, também parece claro que esses fatos não anularam o papel da racionalidade política na condução da guerra e tampouco levaram a uma

---

83. Pode-se dizer que, todas as vezes que as potências nuclearmente armadas anunciam a modernização de seus arsenais e publicam doutrinas estratégicas em que não descartam a possibilidade de *first-strike* ou de utilização contra Estados não nucleares, a credibilidade do TNP é erodida. Isso acontece pois esse tipo de medida vai de encontro à manutenção do *taboo* nuclear.

84. Há claramente variação entre a importância atribuída à dissuasão gerada pelas armas nucleares em cada caso específico. A díade Estados Unidos e Coreia do Norte é distinta da díade Estados Unidos e França no que respeita à percepção relativa da importância da dissuasão nuclear de parte a parte.

significativa redução da conflitividade entre grupos humanos. Há razões para crer que os Estados detentores de armamento nuclear ampliam sua influência no plano global, ao contrário do que afirmava certo cosmopolitismo capitulacionista tão em voga no Brasil dos anos 1990:

> As armas nucleares não têm efeito significativo sobre disputas convencionais quando o ímpeto proliferador é levado em conta. Ao invés disso, os proliferadores prosperam ao se tornarem diplomaticamente influentes. Assim, as armas nucleares aparentam importar mais para a determinação de quem obtém o quê no mundo do que para definir quem enfrentará quem [Gartzke e Jo, 2009:211].

Nações Unidas e conflitividade global

Na esteira do genocídio e da mortandade em escala apocalíptica ensejada pela Segunda Guerra Mundial, é preciso abordar o significado da instituição da ONU para a limitação das guerras interestatais. Desenvolvimento paralelo ao das armas nucleares, as Nações Unidas representaram a mais ousada tentativa jamais concebida de regular e restringir o emprego da força no relacionamento entre os Estados. Do ponto de vista das questões de paz e guerra, estabeleceu-se uma clara estratificação dos países no seio do CSNU por meio da diferenciação entre os cinco membros permanentes com direito a veto e os 10 não permanentes sem esse direito.[85] Seria ocioso recapitular a inoperância do Conselho durante a Guerra Fria, gerada pela oposição entre Estados Unidos e União Soviética. Há de se considerar, no entanto, em que medida o aparato legal representado pela atribuição ao CSNU da capacidade de legitimar ou condenar internacionalmente as intervenções armadas levadas a cabo pelos Estados teve impacto sobre a ocorrência de conflitos entre eles. Essa é uma questão-chave para que seja possível aquilatar em que

---

85. O ministro Antonio Patriota (1998) analisa de modo abrangente as ambiguidades do sistema de segurança coletiva onusiano.

medida uma organização como a ONU tem sido capaz de regular (leia-se conter) a ocorrência de guerras entre seus membros.

A questão anteriormente aludida é uma das mais complexas em função das dificuldades inerentes à tarefa de desemaranhar as influências recíprocas de vários processos concomitantes, como a criação da ONU e das armas nucleares. Como é possível determinar com razoável precisão a influência que a ações do CSNU — elas mesmas extremamente variáveis caso a caso — tiveram ao longo do tempo sobre um fenômeno tão complexo como a conflitividade internacional? Inexiste consenso sobre o assunto. Pode-se afirmar, a despeito do que precede, que a manutenção do interdito nuclear desde 1945 e a ausência, no passado recente, de guerras interestatais de proporções semelhantes às de 1914 e 1939 não foram significativamente influenciadas pela existência do sistema de segurança coletiva onusiano (Roberts e Zaum, 2008:31-35). Esse sistema padece de gravíssimas distorções, entre as quais se destaca o notável *deficit* de legitimidade relacionado com a sua restrita composição e com a sua seletividade. Como se pode apreender do trabalho de Roberts e Zaum, seria mais apropriado chamar o CSNU de base do sistema de segurança "seletiva" e não do sistema de segurança coletiva (Roberts e Zaum, 2008: passim). Isso pois as ações do Conselho em prol da paz estão inescapavelmente associadas aos interesses divergentes de seus membros, em particular dos cinco que possuem direito a veto (P-5). Sobre esse tema, o diplomata britânico Peter Marshall propôs a inclusão de um novo artigo final, o de número 112, na Carta das Nações Unidas, que rezaria: "Nada na presente Carta deve permitir que se alimente a ilusão de que o poder não mais gera consequências" (Roberts e Zaum, 2008:19).

O fenômeno das operações de paz (PKO) da ONU, que ganhou *momentum* com o fim da bipolaridade, é a mais perfeita expressão do acerto da proposta de Marshall.[86] Ao contrário do que procura fazer crer a retórica, invariavelmente fundamentada nos mais elevados valores da humanidade,

---

86. Uma abrangente reflexão brasileira sobre o assunto pode ser encontrada em Ramalho (2010).

adotada pelos governos que compõem as Nações Unidas, a seletividade das PKO, o poder de pressão desproporcional dos P-5, o recurso a *proxies*, as distorções da natureza dos mandatos durante sua fase de implementação (em que se destaca a necessidade de haver "responsabilidade *ao* proteger" e não somente "responsabilidade *de* proteger"),[87] a relutância de muitos Estados em fornecer meios humanos e materiais para operações que não lhes dizem respeito diretamente, entre muitas outras mazelas, matizam a efetividade das PKO como instrumentos de mitigação dos conflitos interestatais (declinantes no passado recente), intraestatais e extraestatais.[88] Seria equivocado, contudo, descrer completamente da capacidade de a ONU contribuir para os esforços de manutenção da paz em situações pontuais. O sistema de segurança coletiva construído em torno da ONU não poderia, em qualquer circunstância, ser melhor do que a resultante dos mínimos denominadores comuns inerentes a uma organização onde prevalecem enormes assimetrias de poder e visões de mundo antagônicas entre seus quase 200 membros. Roberts e Zaum resumem assim o impacto sistêmico das Nações Unidas:

> a era desde 1945 testemunhou — ao lado da nova instituição das Nações Unidas e da diplomacia multilateral que ela incorpora — a continuação de todas as instituições clássicas do sistema internacional: grandes potências, alianças, esferas de influência, equilíbrios de poder e diplomacia bilateral. Mesmo a mais questionável das instituições internacionais, a guerra e as ameaças de guerra, continua a ter algum lugar nas relações dos Estados [Roberts e Zaum, 2008:24].

---

87. O avanço do conceito de "responsabilidade ao proteger" foi iniciativa da gestão do ministro das Relações Exteriores Antonio Patriota, como condensado no *concept paper* apresentado pela embaixadora Maria Luiza Viotti, representante permanente do Brasil junto à ONU, em 11 de novembro de 2011. O documento pode ser acessado em: <www.un.int/brazil/speech/Concept-Paper-%20RwP.pdf>.

88. Conflitos interestatais referem-se aos que envolvem dois ou mais Estados diretamente, conflitos intraestatais são aqueles que se verificam dentro de um mesmo Estado (normalmente guerras civis) e conflitos extraestatais são aqueles que envolvem a participação de um ou mais Estados em guerra civil dentro de um Estado específico — esses conflitos também são conhecidos como guerras civis internacionalizadas.

O fim da Guerra Fria e a ilusória mudança estrutural da guerra

Conforme o já aludido neste capítulo, o fim da Guerra Fria produziu efeitos de largo espectro sobre a dinâmica do relacionamento interestatal. Interessa assinalar apenas aqueles que mais claramente tiveram incidência sobre a problemática da segurança internacional. Uma das consequências mais conspícuas do fim do conflito bipolar foi a consolidação da hegemonia norte-americana, fortemente lastreada em maciços investimentos em defesa. A diminuição da conflitividade interestatal que se verifica desde então veio acompanhada pelo aumento da violência intra e extraestatal (Proença Jr., 2010:67). Esse fenômeno, que de modo algum pode justificar a suposição, profundamente ingênua e equivocada, de que os conflitos entre Estados são coisa do passado (Proença Jr., 2010:67-68), veio acompanhado de vasta literatura sobre a suposta mudança estrutural da natureza da guerra. Entre as muitas vertentes desse tipo de pensamento, encontram-se as teses das guerras de "quarta geração" (4GW) ou da "guerra entre o povo".[89] Ambas, variações sobre o tema da guerra revolucionária ou de guerrilha, vicejaram no ambiente de desorientação intelectual que acompanhou a fragmentação do paradigma bipolar. Vale reproduzir uma das definições sobre o que seria 4GW: "forma moderna de insurgência [...] [cujo] [...] preceito fundamental é que a vontade política superior [...] pode derrotar um maior poder econômico e militar" (Hammes, 2005:1). Echevarria, que se ocupou de pensar a consistência conceitual das 4GW, é cirúrgico em seu diagnóstico sobre a indigência dessa tese:

> não há razão para reinventar a roda no que se refere às insurgências — super ou de outro tipo — e a seus vários parentescos. Grande número de trabalhos muito bons foram feitos, especialmente no passado recente, sobre esse tópico,

---

89. Sobre as guerras de quarta geração, ver Echevarria II (2005) e Rocha Paiva (2010); sobre a guerra entre o povo, ver Smith (2008).

que incluíram os efeitos que a globalização e as tecnologias da informação tiveram, estão tendo e provavelmente terão sobre esse tipo de movimento. Não precisamos de um outro rótulo, nem tampouco de sua lógica de sustentação incoerente, para obscurecer o que muitos tornaram claro. [...] Sua lógica é muito estreita e irremediavelmente equivocada. Em qualquer caso, a roda que eles têm reinventado jamais girará [Echevarria II, 2005:16-17].

O fulcro de platitudes "novedosas" como a reproduzida na definição de Hammes sobre 4GW encontra-se na suposição de que o fim da Guerra Fria teria tornado as guerras interestatais menos relevantes (seriam as operações militares dos EUA contra o Iraque em 1990 e 2003 fatos de somenos importância?) *vis-à-vis* de movimentos como os representados por grupos guerrilheiros, terroristas, narcotraficantes, bandos armados, piratas *et caterva*. Nesse sentido, segue o argumento, as forças armadas de todo o mundo deveriam transformar sua organização calcada na guerra industrial — visando ao enfrentamento de exércitos regulares — em outra muito mais flexível, em que predominasse a capacidade de contrainsurgência. Como as causas dos movimentos insurrecionais ou ilícitos são, em geral, profundas, apenas a ação repressiva das instituições castrenses seria insuficiente para debelá-los: "para vencer grupos subnacionais altamente virulentos, os Estados deveriam transformar suas Forças Armadas em um misto de gendarmerias, forças de paz e agências de desenvolvimento [...]" (Jobim, 2010a:17). Em suma, do foco no combate regular passar-se-ia ao de *nation-building* — em que a repressão por meio do instrumento militar seria apenas um dos itens de um cardápio variado de ações do Estado ou das organizações internacionais que agem em seu nome.[90]

---

90. Mazarr é um dos que chama a atenção para o erro fundamental que a transformação das Forças Armadas norte-americanas em unidades especializadas em contrainsurgência e *nation-building* poderia representar para os Estados Unidos. Entre seus argumentos, vale destacar alguns: a) se as FFAA não forem capazes de sustentar a dissuasão de ameaças convencionais, simplesmente não há substituto que possa assumir essa função em caso de necessidade; b) os conflitos ditos assimétricos não devem ser securitizados, pois a sua solução não passa fundamentalmente pelo campo de batalha: quando muito, as FFAA

Ora, o tipo de organização proposta pelos adeptos da tese da obsolescência da guerra industrial implica desenfatizar as estruturas militares voltadas ao combate entre exércitos regulares, concentrando as forças armadas no polo mais fraco do contínuo de capacitações bélicas.[91] Se essa transformação organizacional pode fazer sentido para alguns pequenos países do ocidente da Europa protegidos pela Aliança Atlântica, que de todo modo não poderiam ter forças convencionais importantes, resta meridianamente claro que esse não é o caso de um grande Estado como o Brasil. A tese da prevalência das 4GW, que conduziria à ênfase na dimensão constabular[92] da ação do aparelho repressivo estatal, por meio de operações interagências voltadas para *nation-building*, possui uma dimensão especialmente nefasta quando aplicada à realidade brasileira: açular as correntes existentes no Exército que enxergam a instituição como uma espécie de guardiã da República, o que se reflete em um viés

---

podem prover a segurança inicial necessária para que a estabilização ocorra com base em uma plêiade de ações essencialmente civis; c) os conflitos ditos assimétricos (o terrorismo inclusive) simplesmente não têm a dimensão e a gravidade das guerras convencionais; d) os custos de oportunidade de direcionar esforços para a especialização de tropas em contrainsurgência são muito elevados, pois uma hora de dedicação ao assunto significa uma hora a menos de dedicação ao combate convencional; e) politicamente, a utilização das FFAA em circunstâncias em que a aplicação do poder militar não tem como trazer resultados decisivos, desmoraliza as forças e serve para encobrir o fato essencial de que determinados problemas não têm solução na esfera militar. Ver Mazarr (2008:33-53).

91. Simplificadamente, podem-se dividir as capacidades militares em três categorias que formam um contínuo, cada uma delas correspondente a um tipo-ideal de conflito: alta intensidade (demandando o máximo de capacidades, incluindo a capacitação para o combate nuclear, em uma guerra total), média intensidade (demandando capacidades de combate convencional suficientes para a condução de uma guerra interestatal de objetivos limitados), baixa intensidade (demandando capacitações de combate irregular em um contexto de guerra de contrainsurgência ou assemelhada). Evidentemente, a posse de capacitações inerentes a um conflito de alta intensidade não impede que uma determinada força seja capaz de atuar também em conflitos de média e baixa intensidade. No entanto, o mesmo não é válido para uma força que tenha capacidade de atuar em conflitos de baixa intensidade. Ou seja, quem pode mais pode, ao menos teoricamente, menos. Contudo, quem pode menos jamais poderá mais.

92. O termo constabular é um anglicismo derivado de *constabulary*, que se refere a ações de um corpo policial organizado em bases militares, como tropa.

de intervenção em assuntos domésticos em detrimento do preparo militar *stricto sensu*.[93] Em idêntico sentido, situa-se conceitualmente a ideia de que ao término do conflito bipolar teria correspondido o surgimento de "novas ameaças" à segurança internacional — narcotráfico, terrorismo, proliferação de armas de destruição em massa, destruição ambiental, catástrofes naturais, migrações massivas, *rogue states* etc.[94] Nessa chave, teria havido uma clara translação do eixo de conflitos do quadrante leste-oeste para o norte-sul.

A visão estadunidense sobre o papel a ser desempenhado pelas forças armadas latino-americanas nesse contexto traduziu-se na tentativa de infundir o conceito de "segurança cooperativa" junto às corporações militares da região:

> Estas [as FFAA do Caribe e das Américas Central e do Sul] passariam a ser utilizadas não para suas funções clássicas de defesa contra ameaças externas, mas para a prevenção de conflitos intra-hemisféricos e de natureza interna, assistência em casos de desastres naturais, operações de paz realizadas pelas Nações Unidas, além do combate ao narcotráfico, à destruição do meio ambiente e aos chamados crimes transfronteiriços — garimpo ilegal, contrabando, ação de bandos armados, etc. A adoção deste novo conceito poderia, no entender dos EUA, promover uma maior integração entre sociedade e forças armadas — o que tenderia a aumentar o comprometimento destas com a manutenção da democracia. Pode-se ainda argumentar que a diminuição dos gastos militares devido à menor necessidade de contingente e de equipamentos sofisticados, decorrentes das normas de emprego da força sob a égide da segurança cooperativa, possibilitaria maior investimento em áreas sociais carentes de recursos [Alsina Jr., Assis e Novello, 1997:7].

---

93. Oliveira reflete sobre a prioridade atribuída pelo Exército à intervenção em assuntos domésticos *vis-à-vis* das questões de defesa propriamente ditas. Ver Oliveira (2005:353-360).
94. Sobre o assunto, ver Alsina Jr., Assis e Novello (1997).

É chocante constatar que a barganha implícita sugerida por Washington — "Vocês, latinos, transformem suas forças armadas em gendarmerias, impedindo a entrada de drogas, imigrantes e contrabando no meu território e eu, Estados Unidos, decidirei, estritamente de acordo com os meus interesses nacionais, se é o caso de protegê-los militarmente de uma improvável contingência no plano da defesa" — parece ter sido, na prática, aceita por sucessivos governos brasileiros, a despeito de sua monstruosa iniquidade e de suas consequências potencialmente desastrosas para o país.[95] Pode-se dizer, sem qualquer risco de exagero, que, se do ponto de vista econômico o Brasil se desindustrializa,[96] do ponto de vista militar ele se "desmilitariza" (no sentido mais profundo

---

95. O processo de aceitação prática dessa "barganha", embora o discurso ainda mantenha um ligeiro verniz de resistência, vem desde meados da década de 1990 — momento em que o sucateamento das Forças Armadas constituiu o principal vetor de "implementação" das diretivas de Washington. É bem verdade que o Brasil padecia de significativas vulnerabilidades que tornavam difícil a atribuição de recursos significativos para a materialização de uma política de defesa robusta: crise fiscal, superinflação (até 1994), alto endividamento externo, engessamento do Estado, *inter alia*. Essa conjuntura, contudo, não isenta as autoridades brasileiras de então da responsabilidade pelo imobilismo da política de defesa efetivamente implementada. Mais recentemente, a atribuição formal do poder de polícia, na faixa de fronteira, à Marinha, ao Exército e à Aeronáutica representou passo decisivo no sentido da "gendarmerização" das Forças Armadas brasileiras. O envolvimento a cada dia maior dos três ramos das forças em tarefas completamente estranhas à preparação para a guerra (defesa *stricto sensu*) atesta a calamitosa incorporação prática dos ditames subjacentes ao conceito de segurança cooperativa sustentado pelos Estados Unidos para os países da América Latina. Em abono da verdade, esse processo não ocorre de maneira necessariamente deliberada, estando mais relacionado com a incapacidade de o Estado brasileiro formular e implantar uma política de defesa fundamentada em bases conceituais sólidas. Para esse estado de coisas sinistro, muito contribuiu o absoluto abandono a que foi relegada pela elite civil a reforma de instituições de ensino militar deletérias e incorrigíveis como a ESG. Corroborando a evolução heteróclita de nossas instituições públicas, o contínuo processo de diluição do caráter militar das Forças Armadas brasileiras — processo esse mais avançado no caso do Exército do que no da Marinha e da Aeronáutica — vem acompanhado de iniciativas pontuais de reforço de suas capacidades combatentes, como se pode verificar pelo avanço do projeto do submarino de propulsão nuclear.
96. Uma boa e sintética discussão sobre a desindustrialização brasileira pode ser encontrada em: Oreiro e Feijó (2010:219-232).

e negativo do termo): suas instituições castrenses veem-se a cada dia menos aparelhadas e incentivadas a exercer papel ativo no campo da defesa nacional, ao passo que cresce em proporção geométrica o emprego das forças de mar, terra e ar em tarefas de caráter policial, parapolicial, assistencialista, técnico e de defesa civil.[97]

A integração sul-americana e as Forças Armadas brasileiras

O processo de integração sul-americana, que se desenvolve em período quase paralelo ao término da confrontação entre os blocos capitalista e comunista, foi, ao mesmo tempo, causa e consequência da transformação da circunstância estratégica brasileira. A partir da criação do Mercosul, obra de engenharia política suscitada pela aproximação entre Brasil e Argentina na década de 1980, as hipóteses de conflito regional com que trabalhavam as Forças Armadas perderam grande parte da sua plausibilidade. A *débâcle* do socialismo real e a redemocratização do país, consubstanciada na eleição direta do primeiro presidente depois de três décadas, também obrigou à revisão do papel dos militares no combate ao chamado "inimigo interno". A conjunção desses fatores obrigou o Exército, instituição mais identificada com o regime instalado em 1964, a

---

97. O emprego em tarefas policiais *stricto sensu* pode ser exemplificado por meio da ocupação pelo Exército dos complexos do Alemão e da Penha, no Rio de Janeiro, por 19 meses consecutivos. O emprego em tarefas parapoliciais dá-se em operações como as da série Ágata, voltadas à vigilância de fronteiras e ao combate aos crimes transnacionais. Já o emprego em funções assistencialistas ocorre de maneira pulverizada, por meio das Ações Cívico-Sociais (Aciso) levadas a cabo em todo o país, da distribuição de cestas básicas a populações carentes, da distribuição de água aos flagelados da seca etc. As tarefas de caráter técnico podem ser exemplificadas pelo emprego sistemático da engenharia do Exército em substituição às empresas de engenharia civil em obras de interesse do Estado. As tarefas relacionadas com defesa civil, um novo campo aberto pela irresponsabilidade dos governantes ao desvirtuamento das Forças Armadas, são aquelas que envolvem apoio logístico, ações de resgate, assistência médica e mesmo atividades de combate a incêndios em situações de calamidades.

rever seu aparato conceitual. É justamente nesse sentido que a defesa da Amazônia foi elevada, de modo mais retórico do que concreto, à condição de prioridade estratégica da força terrestre.

Desgraçadamente, as condições fisiográficas da região amazônica, acopladas à penúria material do Exército, reforçam a ideia de que o combate naquela parte do país deve ser "assimétrico", ou seja, deve envolver a atuação de tropas regulares "irregulares" — capazes de enfrentar um inimigo mais poderoso valendo-se de táticas de guerrilha do tipo *hit and run*. Essa postura empresta apoio indireto a teses do tipo 4GW, crescentemente difundidas na força terrestre sob o pretexto ilusório de que constituiriam a última palavra em termos de guerra moderna,[98] uma vez que o combate *como* guerrilha é a contraparte do combate *à* guerrilha.[99] Há ainda duas considerações fundamentais a fazer sobre o tema. A primeira é que exércitos convencionais historicamente atuam como guerrilha apenas depois de derrotados no campo de batalha. O Exército Brasileiro inova ao, de antemão, considerar-se incapaz de resistir no plano convencional — o que implica derrotismo surpreendente, fomentador da inação quanto à busca de meios para o combate convencional na Amazônia.[100] Outro aspecto

---

98. A primeira revista do Centro de Doutrina do Exército Brasileiro apresenta vários artigos de oficiais em que se repete o mantra derivado do conceito de *war amongst the people*, formulado pelo general inglês Rupert Smith. Esse conceito nada mais é do que uma versão requentada de antigas teses sobre o combate a forças insurgentes. Para lograr tal objetivo, segundo Smith, seria necessário abandonar o paradigma da guerra industrial — pois os conflitos não mais se dariam no plano interestatal. Essa visão é simplesmente equivocada, pois considera um fotograma momentâneo como representativo de um filme de longo prazo. Ver, por exemplo, Miranda (2013:64-77).

99. Saint-Pierre reflete sobre o que chama de estratégia da "resistência dissuasória", pela qual um país fraco tentaria dissuadir inimigo mais poderoso por meio da ameaça de uma resistência prolongada e desgastante — em que táticas de guerrilha seriam adotadas contra as tropas invasoras. Esse é exatamente o caso da estratégia do Exército Brasileiro na Amazônia. Tanto no combate à guerrilha quanto no combate como guerrilha, a conquista da lealdade das populações locais apresenta-se como elemento crucial. Ver Saint-Pierre (2010:45-47).

100. Para ficar apenas em alguns exemplos, seria imprescindível que o Exército contasse com comunicações e imagiamento satelitais, mísseis antiaéreos, mísseis antinavio, lanchas rápidas blindadas com camuflagem multiespectral, número muito maior de helicópteros, inclusive de combate etc.

central refere-se à constatação de que a grande maioria dos eventuais alvos compensadores naquela região são núcleos urbanos![101] Logo, a capacidade de combate na selva, tão valorizada por nossos soldados, não deveria ser mais do que uma atividade-meio cujo fim é o combate em localidade.

Em qualquer circunstância, faz-se necessário assinalar que o desenvolvimento, ainda que errático, da integração regional sul-americana retirou, do ponto de vista discursivo, a plausibilidade de cenários de confrontação entre o Brasil e os países do entorno. A criação do Conselho de Defesa Sul-Americano (CDS) da União de Nações Sul-Americanas (Unasul), no final de 2008, constituiu marco importante dos esforços em prol do aprofundamento das relações no plano da defesa entre os Estados da região.[102] Os projetos relacionados com a integração da base industrial de defesa da América do Sul, por exemplo, oferecem um novo campo para o fomento da confiança mútua e para a redução da dependência de fornecedores de material bélico externos ao espaço geográfico sul-americano. Há de considerar, na linha do que vai anteriormente, uma relevante inovação do discurso brasileiro sobre a postura estratégica do país. Diante da constatação de que não mais se apresentava crível cenário de guerra entre o Brasil e algum de seus vizinhos, a partir de 2009, os ministros Nelson Jobim e Celso Amorim passaram a defender a tese de que, dentro da América do Sul, a política nacional seria de *cooperação*[103] e fora de *dissuasão* (Jobim, 2010b; Amorim, 2012). Essa construção discursiva reveste-se de grande importância, pois permite compatibilizar os interesses brasileiros em aprofundar a integração no plano regional — o que retira das Forças Armadas o foco na preparação para um conflito con-

---

101. São as poucas dezenas de núcleos urbanos na Amazônia que possuem interesse eventual para um inimigo que pretendesse matizar a soberania brasileira naquela região. São nas cidades que se encontram os centros de decisão, os portos, os entrepostos comerciais e os principais aeroportos a partir dos quais se poderia projetar poder sobre pontos distantes do território.
102. Sobre a criação do Conselho de Defesa Sul-Americano, ver Gama (2010).
103. Sobre a dialética cooperação *versus* dissuasão na América do Sul e seus liames com as relações civis-militares, ver Soares (2008:160-180).

vencional no entorno — e robustecer suas capacidades militares — agora voltadas a ameaças extrarregionais muito mais exigentes, particularmente à proteção dos recursos naturais de que a nação dispõe tanto na Amazônia verde quanto na azul.[104]

A deterioração política, econômica e institucional observada na Venezuela, bem como o agravamento da problemática do tráfico de drogas em países vizinhos, faz com seja necessário encarar com cautela a impossibilidade de ocorrência de conflitos entre o Brasil e os países do entorno. A recente paralisia dos mecanismos criados em torno da Unasul também matiza a possibilidade de que a integração sul-americana na área de defesa venha a ser significativamente aprofundada. Essas realidades, contudo, não mudam a necessidade premente de que o Brasil construa um aparato dissuasório robusto e com capacidade de projeção de poder na região e na África Ocidental.

Mundo pós-heroico?

Um dos argumentos utilizados pelos defensores da existência de mudança estrutural da natureza da guerra é o de que a globalização traria em seu bojo a emergência de sociedades pós-heroicas no Ocidente, nas quais haveria intolerância às baixas decorrentes de conflitos bélicos e indiferença (ou até mesmo desprezo) em relação às virtudes guerreiras. Luttwak, de maneira iconoclasta, chega a afirmar que as grandes potências não mais poderiam ser consideradas como tais, pois a relutância em aceitar a morte de militares inerente às intervenções armadas reduziria excessivamente sua latitude de atuação, equiparando-as às pequenas potências (Luttwak, 1999:127-139). O autor em tela estabelece relação direta entre a diminuição das taxas de natalidade nas sociedades afluentes e o aumento da repulsa às consequências

---

104. Amazônia verde é aquela que corresponde à Amazônia legal. A Amazônia azul corresponde às águas jurisdicionais brasileiras e constitui um neologismo difundido pela Marinha com o objetivo de chamar a atenção para a importância do mar para o país.

lógicas da guerra. Segundo ele, a economia emocional das famílias de apenas dois filhos seria completamente distinta das famílias com grande prole do passado — que, não raro, experimentaram a perda de crianças recém-nascidas. Por esse motivo, as nações afluentes teriam optado pelo emprego maciço de tecnologias que permitem o combate à distância (*stand-off*), reduzindo os riscos para seus soldados. A "revolução nos assuntos militares" (RAM) estaria, ainda de acordo com Luttwak, relacionada com a tentativa dos governos dos países ricos de superar os constrangimentos impostos pela emergência das sociedades pós-heroicas (Luttwak, 1999:137-139).

No entanto, a RAM, entendida "como períodos de inovação em que as forças armadas desenvolvem conceitos novos envolvendo mudanças na doutrina, tática, procedimentos e tecnologia [...]" (Murray e Knox, 2001:179), de modo nenhum pode ser considerada uma bala de prata capaz de eliminar a incerteza que toda e qualquer guerra comporta. Da mesma forma, as considerações de Luttwak, formuladas antes dos ataques norte-americanos ao Afeganistão (2001) e ao Iraque (2003), parecem um pouco exageradas no que se refere à intolerância das sociedades afluentes às baixas em combate.[105] Note-se que o autor estadunidense escrevia em momento de apogeu (1999) da crença nas capacidades do poder aéreo como forma de projetar poder, castigar o adversário e gerar número mínimo de baixas. A própria experiência dos EUA, nas guerras iniciadas em 2001 e 2003, demonstrou o caráter insubstituível das tropas de infantaria para a obtenção de determinadas resultantes políticas, como a estabilização de territórios ocupados. Note-se que o advento dos exércitos total-

---

105. Entre 2003 e 2012, 4.486 soldados norte-americanos morreram no Iraque, enquanto, entre março de 2003 e novembro de 2011, 32.223 foram feridos em combate. Embora esses números sejam modestos se se leva em conta a dimensão do morticínio da Primeira e da Segunda Guerras Mundiais, eles são infinitamente maiores do que os que decorreram da operação *Desert Storm*, que forçou a retirada das tropas de Saddam Hussein do Kuwait em 1990-1991. Há que se considerar, ainda, as baixas simultâneas sofridas pelas forças norte-americanas no Afeganistão. Elas foram da ordem de 2.200 mortes, ocorridas entre 2001 e o presente. O teatro afegão produziu, entre outubro de 2001 e setembro de 2012, 17.674 feridos. Essas informações foram obtidas no site: <www.icasualties.org/Iraq/index.aspx>. Acesso em: 17 abr. 2013.

mente profissionais, formados apenas por voluntários, embora não elimine a aversão à guerra, diminui o impacto social das baixas em combate — pois o soldado opta pela caserna sabendo do risco que corre em caso de conflito, o que se reflete também na tendência à menor mobilização coletiva contra a continuidade da guerra.[106] Há de se considerar, de igual maneira, a possibilidade de os governos serem bem-sucedidos em seus esforços no sentido de manipular a opinião pública em favor das empresas guerreiras — como no caso, hoje clássico, da administração George W. Bush e de seu projeto de derrubada do regime de Saddam Hussein.

Se é certo que a tese das sociedades pós-heroicas contemporâneas encontra respaldo na realidade europeia e, em menor medida, norte-americana, também parece claro que ela não pode ser generalizada para além de determinados limites. Sheehan, em belo livro sobre a transformação do Estado europeu de um complexo institucional em que a guerra detinha papel-chave para outro em que a dimensão civil possui clara precedência (Sheehan, 2009), não poderia prever a profunda crise atravessada pela União Europeia e suas consequências — em que a violência intraestatal desencadeada pelos percalços econômicos pode vir a modificar completamente o panorama futuro de uma região tida por muitos como *a shinning city upon a hill*.[107] Em qualquer circunstância, Creveld chama a atenção para a permanência de uma pode-

---

106. Vasquez supõe que as forças armadas totalmente voluntárias de algumas democracias geram menor mobilização política contra as baixas em combate, pois tenderiam a ser compostas por elementos oriundos de extratos sociais com menor poder de vocalização do que seria o caso em democracias dotadas de exércitos de conscritos. A suposição do autor norte-americano é de que o sistema de conscrição supõe a presença nas fileiras militares de indivíduos oriundos das elites nacionais — o que, certamente, não se aplica ao caso brasileiro. Essa presença geraria maior mobilização contra o prolongamento de conflitos geradores de elevado número de mortos nas fileiras castrenses. Em qualquer circunstância, o autor coloca em questão a tese de que as nações democráticas dotadas de forças profissionais teriam grande aversão a baixas em combate. Ver Vasquez (2005:849-873).
107. No contexto atual de profunda crise econômico-financeira, chama a atenção o crescimento na Europa de movimentos e partidos extremistas cujo esteio retórico é o do nacionalismo xenófobo. As consequências de longo prazo desse processo são imprevisíveis, mas, a despeito de sua resultante futura, não é mais possível afirmar que o velho continente se encontra pacificado do ponto de vista da segurança interna.

rosa cultura da guerra disseminada por todo o mundo, a despeito da difusão, particularmente na academia e em determinados meios políticos ocidentais, de fortíssima rejeição a tudo o que ela representa. No caso norte-americano, o intelectual israelense relembra a todos que: "O ponto de partida é que a cada vez que os Estados Unidos foram à guerra desde 1945 — na Coreia, no Vietnã, no Golfo, na Bósnia, no Afeganistão e novamente no Golfo — a opinião pública foi, ao menos inicialmente, muito favorável" (Creveld, 2008:272).

O trabalho de Martin van Creveld tem méritos inegáveis como a abrangência, a profundidade e a coragem moral de investir contra o pensamento politicamente correto. No entanto, ele peca em vários aspectos. Sua rejeição do pressuposto clausewitziano da guerra como fenômeno em que a racionalidade política desempenha papel central, em favor da cultura como fator explicativo, é profundamente equivocada. Para que esse conceito se sustente, faz-se imprescindível distinguir, de modo radical, cultura e política, algo que não faz sentido para além do plano analítico. Sabe-se que há relação dialética entre as duas em qualquer grupo humano. Da mesma forma, sua concepção da política como uma espécie de exercício de racionalidade instrumental perfeita, em que os decisores agiriam exclusivamente como maximizadores de utilidade, força o argumento para permitir que realce a prevalência da cultura e de seus elementos não racionais na explicação do fenômeno bélico. Daí deriva sua tese de que os conflitos contemporâneos seriam não trinitários, ou seja, de que não mais restaria de pé a notável trindade clausewitziana (ódio primordial, aleatoriedade e racionalidade política) nos choques violentos de volições do presente — "pós-modernos", "não trinitários", "assimétricos", "de quarta geração".

Para Creveld, aqueles seriam marcados pela ação cada vez mais intensa de grupos subnacionais cujas motivações encontrar-se-iam muito além da racionalidade política como a conhecemos.[108] Diante disso, não

---

108. É bem verdade que, coerente com a sua tese a respeito da guerra não trinitária, Creveld não isenta as nações do Ocidente de optarem pela guerra ou de conduzi-la de acordo com as suas próprias culturas — por definição, nem sempre estritamente racionais. O aumento do perfil do terrorismo islâmico é outro fator central para a insegurança observada em muitos países europeus.

espanta que o autor israelense condene o que Coker identificou como a decadência do *ethos* militar nas nações afluentes do Ocidente (Coker, 2013: passim). Uma vez que as armas nucleares, em sua opinião, teriam determinado a inviabilidade da guerra como instrumento de resolução de disputas entre as grandes potências, caberia revalorizar a cultura da guerra nos países desenvolvidos como forma de sustentar as capacidades militares indispensáveis ao combate aos atores subnacionais que colocariam em perigo essas nações. Como sugere Gray, esse tipo de argumento tem como eixo a ideia de que os conflitos interestatais perderam relevância, entre outros motivos, pela suposição de que o próprio Estado estaria em vias de ser suplantado como protagonista das relações internacionais (Gray, 2006a:142). Deve-se ressaltar, na mesma linha, que, apesar da sofisticação do autor israelense, a sua *rationale* tem o indisfarçável sabor etnocêntrico das proposições do tipo *west and the rest*, contido em trabalhos como o de Samuel Huntington (Huntington, 1996). De todo modo, Creveld acerta ao alertar para a desumanização da guerra possibilitada pelo emprego da alta tecnologia e da falsa promessa que ela representa em termos de uma utópica sanitização dos conflitos entre grupos humanos (Singer, 2009:431).

Algumas palavras sobre o futuro da guerra

Os elementos anteriormente aludidos nos levam a refletir sobre o futuro da guerra como fenômeno social. Esse tema, por sua própria natureza, não pode ser abordado sem que se recorra à especulação. Se considerarmos a possibilidade de que a história evolua de maneira não linear, torna-se ainda mais difícil fazer previsões. Em qualquer caso, parece improvável que o atual cenário de baixa conflitividade interestatal perdure eternamente. A ascensão da China à condição de primeira potência econômica do planeta no médio prazo, aliada ao fato de que a Ásia constitui uma das regiões mais tensas do mundo — em que convivem três grandes potências e uma potência emergente, sem falar na forte presença militar dos EUA na Coreia do Sul e no Japão —, sugere uma série de indagações. A mais conspícua delas refere-se à viabilidade de o Império do Centro conquistar a hegemonia na Ásia de maneira pacífica, dada a existência de diferendos territoriais ou relacionados com a delimitação do mar territorial, com Índia, Taiwan, Japão (ilhas Senkaku ou Diaoyu), Vietnã e Filipinas (ilhas Spratly). No presente, a liderança chinesa tem muito clara a necessidade de priorizar o desenvolvimento econômico em relação ao poderio militar, o que não impediu Pequim de elevar os investimentos em defesa, em termos absolutos, a patamares apenas inferiores aos dos Estados Unidos (Perlez, 2012b).

Sendo um país extremamente dependente de fontes externas de suprimento de energia, matérias-primas e proteínas, bem como em face da questão de Taiwan e da implantação estadunidense no entorno estratégico em que está inserido, é muito provável que a China desenvolva, no médio prazo, uma marinha de águas azuis com projeção global para garantir a estabilidade de suas rotas de comércio marítimo.[109] A transição de uma força naval de águas verdes para uma de águas azuis já começou. Nan demonstra como, desde os anos 1980, a Marinha do Exército de Libertação Popular (Melp) passou de uma estratégia de combate litorâneo para a defesa dos "mares próximos" e desta para a defesa dos "mares afastados" (Nan, 2009:144-169). No contexto da estratégia atualmente em fase de implementação, a Melp deverá operar a uma distância de até mil milhas náuticas (1.852 km) do litoral. Para tanto, o primeiro porta-aviões daquele país foi incorporado em 2012 e há informações de que outros dois serão construídos em breve.[110] Os planejadores navais

---

109. Para uma reflexão brasileira sobre a formação de blocos regionais e sua relação com os temas de segurança, ver Flôres Jr. (2010).
110. O *Liaoning* é uma versão chinesa do porta-aviões soviético da classe *Admiral Kuznetsov*, de cerca de 60 mil toneladas de deslocamento. O casco do navio foi comprado da Ucrânia, onde a belonave se encontrava em construção (paralisada). O *Liaoning* representa um laboratório para que a Melp aprenda a construir e operar esse tipo de plataforma. Tudo indica que o próximo porta-aviões chinês incorporará o aprendizado obtido na reforma do antigo *Varyag* soviético.

chineses têm clara consciência de que seu país é vulnerável a ataques ou bloqueios marítimos em função do contexto estratégico asiático e da geografia que impõe a necessidade de lidar com dois arcos de ilhas (Japão-Taiwan-Filipinas e Marianas do Norte-Guam-Palau)[111] e pontos de estrangulamento (estreito de Málaca e canal de Suez).[112] Essa realidade encontra-se enquadrada pela percepção de que os EUA trabalham ativamente em favor do cerco e da contenção da China, em conjunto com a Índia e o Japão (Garver, 2010:238-261).

O tabuleiro estratégico da Ásia é apenas um dos mais prováveis cenários de gravíssimos conflitos entre Estados nas próximas décadas. Uma série de desenvolvimentos pode vir a mudar o panorama da guerra em um futuro não muito distante. Certamente, contribuirá para uma renovada atenção à seriedade de conflitos potenciais entre grandes Estados (Irã × Israel, Índia × Paquistão, China × Índia, China × Japão, China × EUA, Ucrânia × Rússia *inter alia*) a constatação evidente — que começa a ser incorporada pelo *establishment* de defesa norte-americano — de que a ameaça do terrorismo dito catastrófico vem sendo eficazmente controlada.[113] Ademais, é forçoso admitir que, do ponto de vista material, morrem a cada ano no mundo muito mais pessoas de gripe ou de acidentes de trânsito do que vítimas de atentados terroristas. De acordo com o departamento de Estado norte-americano, em 2011, os cerca de 10 mil atentados terroristas levados a cabo no planeta resultaram em 12.533

---

111. Tanto as ilhas Marianas do Norte quanto Guam e Palau possuem vínculos singulares com os EUA, sendo, do ponto de vista objetivo, protetorados de Washington.
112. Pequim vem desenvolvendo uma política conhecida como *string of pearls* (colar de pérolas), pela qual busca se associar com países banhados pelo oceano Índico com o objetivo de aumentar sua influência sobre os respectivos governos e obter pontos de apoio para a Melp. Como era de se esperar, tal política vem causando apreensão em Nova Délhi (Pant, 2010).
113. Vale ler o artigo de Diniz (2010), em que o pesquisador dá conta de como seria materialmente difícil a qualquer grupo subnacional adquirir armas de destruição em massa e seus vetores de entrega. Mesmo a posse de armas químicas e biológicas, mais facilmente transportáveis, representa desafio não trivial a grupos terroristas.

óbitos.[114] A despeito de episódios pontuais de maior impacto midiático, está claro que a "guerra ao terror" declarada pela administração George W. Bush não é mais uma bandeira que possa ser sustentada indefinidamente como referência para o planejamento de defesa dos EUA — que aponta para uma relativa diminuição da prioridade dos teatros europeu e médio-oriental em favor de maior foco na Ásia e no Pacífico (*Asia Pivot*) (Perlez, 2012a).

A própria indigência intelectual (ou, na melhor das hipóteses, inocuidade) da tese da 4GW sugere seu abandono tão logo fique claro que não serão as boas intenções, a aversão social à guerra, a teoria da paz democrática, a interdependência econômica ou as armas nucleares suficientes para recolocar o gênio dentro da garrafa. Como sustenta Gray, nada indica que a dinâmica da guerra — entendida como choque violento de volições com o objetivo de dobrar a vontade do oponente — será fundamentalmente alterada no século XXI (Gray, 2006a:396-397). Medite-se um instante sobre as possíveis consequências da maturidade das tecnologias relacionadas com as armas de energia direta e espaciais.[115] Não é preciso proceder a elucubrações descabeladas para imaginar que esses instrumentos bélicos podem, no médio prazo, degradar sensivelmente ou mesmo nulificar o potencial ofensivo das armas nucleares.[116] Vale notar

---

114. NATIONAL COUNTERTERRORISM CENTER. *Annex of statistical information office of the coordinator for Counterterrorism. Country reports on terrorism 2011*. Disponível em: <www.state.gov/j/ct/rls/crt/2011/195555.htm>. Acesso em: 20 abr. 2013.

115. Para duas visões brasileiras sobre as armas de energia direta e espaciais, ver: Almeida, Oliveira e Muta (2010); Nicácio Silva (2010).

116. Esse era o objetivo manifesto da Strategic Defense Initiative (SDI) da era Reagan, conhecida popularmente como projeto "Guerra nas Estrelas". A capacidade de defesa antimíssil por meio de um sistema estruturado em camadas, em que armas de energia direta e cinética seriam colocadas no espaço para destruir mísseis balísticos intercontinentais em sua fase inicial de impulsão (*boost phase*), teria como finalidade última tornar os EUA invulneráveis a um ataque das forças estratégicas da União Soviética. Sabe-se que as dificuldades técnicas do projeto, lançado em 1983, seu custo astronômico e as mudanças por que passou o sistema internacional tornaram impossível a implementação da SDI. No entanto, passados 30 anos, muitas das tecnologias naquele momento exóticas hoje já são viáveis. Uma dessas tecnologias, que ainda dá seus primeiros passos do ponto de vista militar, é justamente a das armas de energia direta (laser).

que os EUA continuam investindo na construção de "escudos antimíssil" (*ballistic missile defenses*), versões mais modestas do projeto *Star Wars* da era Reagan.[117] Da mesma forma, prosseguem as pesquisas visando a proteger os ativos espaciais norte-americanos (como a constelação GPS e os satélites de vigilância e de comunicações), negar o uso do espaço ao inimigo (por meio de lasers, minas espaciais, armas antissatélite, interferência eletromagnética, barreiras não destrutivas, ataques a centros de controle em terra etc.) e construir sistemas espaciais ofensivos (lasers baseados no espaço, varetas de penetração etc.) que poderiam atacar objetivos em qualquer parte do planeta em questão de minutos — entre os quais mísseis balísticos em sua *boost phase* (Deblois, 2004:50-84). Se isso vier a se tornar realidade, estaria *ipso facto* derrubado o principal fator explicativo, no entender de Creveld, para que a conflitividade interestatal tenha diminuído desde 1945.

Adicionalmente, deve-se ter em conta que os conflitos do presente e do futuro serão travados não mais em três dimensões como no caso da Segunda Guerra Mundial. Agora, são cinco as dimensões a serem consideradas pelos planejadores de defesa: naval, terrestre, aérea, espacial e cibernética. Como sustenta Gray, as duas últimas em nada alteram a lógica da guerra, apenas sua gramática (Gray, 2006a: passim). Na verdade, uma espécie de conflito virtual de baixa intensidade vem sendo travado no *cyberspace* todos os dias e inclui a ação de *hackers*, a inoculação de vírus em sistemas de informática, o ataque a redes de computadores voltados à sua infiltração/derrubada e à inutilização/destruição de infraestruturas industriais como no caso do *worm* Stuxnet — que parece ter sido concebido por Estados nacionais, em função da complexidade das suas características e *modus operandi*.[118] A utilização de armas cibernéticas como o Stuxnet comporta riscos inclusive para aqueles que o empregam, o que reforça a percepção de que o espaço cibernético se apresenta como

---

117. Sobre a lógica da SDI, ver Payne e Gray (1984:820-842).
118. Para uma narrativa sobre a descoberta do Stuxnet, ver: <http://spectrum.ieee.org/telecom/security/the-real-story-of-stuxnet>.

um mundo de sombras em que o real e o virtual se interpenetram. Farwell e Rohozinski, por exemplo, elencam os desafios para que se defina o que representaria agressão a um país no *cyberspace*, tendo em conta as múltiplas possibilidades de encobrir a identidade dos agressores por meio da utilização de *botnets* (rede de computadores zumbis, que podem estar localizados em diversos países, por *malwares* que coordenam ataques), terceirização por meio de redes criminosas, utilização de códigos *off-the-shelf* para dificultar o estabelecimento de padrões de identificação etc. (Farwell e Rohozinski, 2011:26-27).

A possibilidade de que sociedades altamente dependentes de tecnologias da informação venham a ser objeto de ataques virtuais devastadores não pode ser tomada como delírio paranoico.[119] Há fortes indicações de que a Rússia utilizou meios cibernéticos como multiplicadores de força em seu conflito com a Geórgia e de que a China realiza rotineiramente ataques por meio de terceiros a bancos de dados norte-americanos com o intuito de apoderar-se de segredos tecnológicos e industriais.[120] Esse tipo de ameaça, levada a cabo por Estados, sugere a hipótese de que ações ofensivas realizadas no espaço virtual tenham resposta militar no mundo real.[121] Goldstein, por exemplo, é dos que considera o *cyberspace* um dos teatros em que se poderia processar a escalada de crises entre os EUA e a China (Goldstein, 2013:67). Cabe notar que o Brasil, nação em desenvolvimento dotada de considerável parque de sistemas informáticos, encontra-se ainda mais vulnerável a ataques ou à espionagem cibernéticos

---

119. É sugestivo que um quadro moderado do partido democrata, Leon Panetta, tenha alertado para a possibilidade de que os EUA venham a sofrer um "Pearl Harbor" virtual em função de suas vulnerabilidades a ataques vindos do espaço cibernético. Sobre o assunto, ver "CIA Director Leon Panetta Warns of Possible Cyber-Pearl Harbor", disponível em: <http://abcnews.go.com/News/cia-director-leon-panetta-warns-cyber-pearl-harbor/story?id=12888905#.UXWuuisjoVk>. Acesso em: 21 abr. 2013.
120. Disponível em: <http://abcnews.go.com/News/cia-director-leon-panetta-warns--cyber-pearl-harbor/story?id=12888905#.UXWuuisjoVk>. Acesso em: 21 abr. 2013. p. 26.
121. EUA preveem resposta militar a ataques de *hackers*. *Valor Econômico*, 31 maio 2011. Disponível em: <www.defesanet.com.br/cyberwar/noticia/1226/Cyberwar---EUA-preveem-resposta-militar-a-ataque-de-hackers>. Acesso em: 23 abr. 2013.

do que as grandes potências.[122] Calcula-se que o país seja o quarto mais afetado do planeta do ponto de vista desse tipo de ataque (Silva, 2013).

Deve-se ter em conta, ainda, a "revolução robótica", de que trata Singer, e suas implicações (Singer, 2009). De modo semelhante ao emprego militar do espaço sideral, a utilização de robôs nos campos de batalha ainda se encontra em seus primórdios. No entanto, o desenvolvimento nessa área vem se processando de modo muito acelerado. A notoriedade alcançada pelos veículos aéreos não tripulados (Vants), em especial em sua versão de combate, é apenas uma das facetas da robotização das atividades castrenses.[123] As forças armadas dos EUA, por exemplo, vêm investindo pesadamente nesse tipo de plataforma como meio de diminuir o risco incorrido por suas tropas humanas. Isso pois os EUA já possuem em suas fileiras um verdadeiro exército de robôs: em 2004, o Pentágono contava com 150 unidades no teatro iraquiano, em 2008 esse número ultrapassava os 5 mil (Singer, 2009:32). Evidentemente, o emprego massivo desse tipo de plataforma suscita questões éticas, políticas e militares de grande transcendência. Basta sugerir três indagações evidentes: a capacidade de eliminar o inimigo a milhares de quilômetros de distância, mediante um simples aperto de botão, é eticamente defensável quando se considera a desumanização que o ato em si sugere, uma vez que não há indivíduos no terreno para julgar se o suposto inimigo não seria na realidade um civil inocente no lugar errado? As virtualidades desse tipo de tecnologia não conduzirão a uma banalização da violência, agora compreendida como um (ilusório) ato asséptico isento de riscos para um dos lados da contenda? Na hipótese de "simetria" de

---

122. As revelações de Edward Snowden sobre as atividades de inteligência da National Security Agency norte-americana no Brasil, envolvendo espionagem da própria Presidência da República e de indústrias nacionais, demonstra o quanto o país se encontra despreparado para enfrentar esse tipo de ameaça.
123. Os Vants, empregados em missões de reconhecimento, inteligência, vigilância, designação de alvos, ataque, guerra eletrônica, *inter alia*, possuem contrapartes navais e terrestres. Assim, os robôs não somente proliferam nas forças aéreas como também nas marinhas e nos exércitos (Singer, 2009:32-39).

capacidades, como serão as guerras do futuro envolvendo centenas se não milhares de robôs de parte a parte?[124]

Além da dimensão tecnológica, e do impacto que pode vir a ter sobre as tendências à maior ou menor conflitividade no sistema internacional, devem-se considerar outros elementos potencialmente perturbadores do *status quo* atual.[125] Um dos fatores mais evidentes é o da degradação ambiental do planeta e seus efeitos sobre o clima, o regime de chuvas, a elevação do nível dos oceanos, a produção de alimentos e o fornecimento de água potável (Rebelo, 2010). Essas questões estão interligadas e são potencialmente explosivas, particularmente em um contexto de significativo crescimento da população mundial. Butts demonstra como a escassez de água potável pode intensificar conflitos entre Estados pela administração das bacias fluviais em regiões onde o regime hídrico é problemático (Butts, 1997:65-83). O trabalho de Theisen, Holtermann e Buhaug (2011-2012:79-106), a seu turno, não encontra relação entre o fenômeno da seca na África e a ocorrência de conflitos na região entre 1960 e 2004. No entanto, esses autores alertam para os riscos de que a securitização das questões climáticas possa levar à sua militarização, uma vez que várias lideranças mundiais já se manifestaram sobre o tema em termos de ameaças à segurança internacional (Theisen, Holtermann e Buhaug, 2011-2012:105-106).

A transformação da problemática ambiental em um *leitmotiv* do discurso de segurança das grandes potências pode vir a representar grave inconveniente para nações como a brasileira, militarmente débil e visada por certos movimentos sociais globais como predadora de ecossistemas, perseguidora de indígenas e violadora dos direitos humanos. A despeito da enorme hipocrisia dessas organizações, não resta dúvida de que as debilidades do Estado no Brasil expõem o país a esse tipo de alegação. Em qualquer circunstância, é lícito enfatizar que as questões relacionadas com

---

124. Essa é uma questão especulativa no presente, mas certamente não no futuro. A disseminação desse tipo de tecnologia pode ter consequências muito sérias para a gramática da guerra no porvir.

125. Uma visão brasileira sobre o assunto pode ser encontrada em Alsina Jr. (2009:137-138).

o meio ambiente possuem clara interface com a exploração de recursos naturais. A conexão entre os dois temas dá-se pela óbvia possibilidade de que restrições de caráter socioambiental venham a ser instrumentalizadas por terceiros para condicionar decisões brasileiras sobre a utilização econômica de seu patrimônio. A maior ou menor plausibilidade de um cenário de pressões coercitivas contra o Brasil dependerá da magnitude dos interesses em jogo, do grau de fungibilidade do poder militar no sistema internacional[126] e da capacidade de dissuasão do país.

Post scriptum

A decisão britânica de deixar a União Europeia (Brexit) e a ascensão de Donald J. Trump à presidência dos EUA aumentaram o nível de incerteza sobre o futuro do sistema internacional de segurança. Em princípio, esses acontecimentos indiciam um revés do globalismo e uma maior introversão da principal potência global, que pretende repartir mais equitativamente os custos de manutenção da Aliança Atlântica e de proteção dos países pró-ocidentais do Leste asiático. O Brexit, por sua vez, torna ainda mais duvidosa a efetivação da perpetuamente adiada "Europa da defesa". Sem a presença da principal potência militar europeia, Alemanha e França terão de arcar sozinhas com o ônus de materializar uma força autônoma em relação à Otan — algo pouco provável em um contexto de dificuldades econômicas (França) e foco em questões mais prementes como o combate doméstico ao terrorismo islâmico. As relações pouco claras entre o governo Trump e a Rússia de Putin adicionam incerteza a um quadro já bastante turvo, particularmente da perspectiva dos países do Leste europeu que se sentem ameaçados por Moscou — em especial depois da anexação da Crimeia pelos russos. A China, que ensaiou liderar a defesa do globalismo na esteira das dúvidas advindas de Washington,

---

126. Sobre a fungibilidade do poder militar, ver Alsina Jr. (2009)

permanece empenhada na construção das bases econômica e militar necessárias à sua expansão global. Embora façam parte do eixo antiocidental liderado pela Rússia, os chineses continuam a adotar um perfil moderado que torne menos ameaçador aos olhos de outros países o rápido crescimento dos seus ativos de poder.

Não obstante, pode-se sustentar que os vetores essenciais de incerteza não mudaram fundamentalmente nos últimos anos, mas que a ascensão de um "outsider" à suprema magistratura da maior potência mundial adiciona outra camada de imprevisibilidade a um cenário em si mesmo muito complexo. De todo modo, a disposição demonstrada pela administração Trump de aniquilar o Estado Islâmico, caso venha a ter sucesso, deve ser vista como um desenvolvimento relevante. Vale ressaltar que a questão do terrorismo islâmico adquire, a cada dia, feições mais sérias em todo o mundo, mas sobretudo na Europa. Ainda que o terrorismo *per se* não cause destruição de grande monta — quando comparado a outras formas de morticínio como guerras, catástrofes naturais, epidemias etc. —, seu impacto psicológico sobre as populações afetadas é de enorme magnitude. Em consequência, os Estados que abrigam grupos terroristas veem-se compelidos a robustecer seus aparatos de inteligência, restringir as garantias constitucionais à privacidade de seus cidadãos, empregar as forças de segurança ostensivamente como elemento dissuasório, manter a população permanentemente alerta contra ameaças compreendidas como iminentes, *inter alia*. Em consequência, o avanço das instituições de segurança implica, em maior ou menor medida, um retrocesso correspondente nas liberdades públicas. Essa realidade possui, ao menos, três implicações nefastas: 1) permite que autoridades inescrupulosas manipulem o medo disseminado entre a população para fins políticos potencialmente deletérios; 2) tensiona as relações entre cristãos e muçulmanos nos países ocidentais com expressivas minorias maometanas, o que gera incentivos no sentido do fortalecimento de segmentos políticos favoráveis à adoção de medidas duras em relação às populações muçulmanas identificadas com o apoio ao terrorismo; e 3) substancia a retórica de setores mais radicais do islamismo, geralmente incentivados ou aceitos por amplas parcelas da intelectualidade ocidental, prostrada diante do discurso relativista política e intelectualmente fraudulento sobre a "diversidade" e a "tolerância", de que o Ocidente seria o verdadeiro ente autoritário e repressor ("islamofóbico").

No médio e longo prazos, é o caso de indagar o que acontecerá com as democracias europeias quando o número de cidadãos islâmicos nesses países superar o número de cristãos. A eleição de líderes muçulmanos aos mais altos cargos da administração francesa, por exemplo, poderia implicar a decretação da Sharia ou a proibição da produção e do consumo de vinho no país? As elites gaulesas tradicionais aceitarão essa eventualidade de forma pacífica? Como seria a gestão do arsenal nuclear francês em um governo de maioria maometana? Essas são questões em aberto, mas que apontam para a crescente entropia europeia. Se essa tendência se consolidar, recairá unicamente sobre os Estados Unidos, ele próprio cindido por importantes dissensões internas, o encargo de sustentar o que se conhece genericamente como a civilização judaico-cristã. Ao Brasil, destroçado por uma crise de profundidade impossível de ser minimizada, caberá definir que tipo de inserção internacional perseguirá nesse contexto. Não sendo provável que venha a ser protagonista no campo da segurança internacional, ao menos nos próximos 20 anos, restará escolher entre três alternativas fundamentais: 1) manter-se equidistante em relação aos principais eixos de poder mundial; 2) bandear-se para o eixo antiocidental liderado por Rússia e China; ou 3) reaproximar-se dos EUA na condição de ator coadjutório na sustentação da primazia do mundo ocidental.

É preciso notar que, independentemente de uma tão difícil quanto inadiável recuperação da economia, a extensão do descalabro vivenciado no plano da segurança pública, consubstanciado em 60 mil assassinatos a cada ano (número mais alto do que o total de fatalidades dos EUA ao longo de todo o período de envolvimento no Vietnã), aponta a magnitude das tendências à introversão do Brasil. Muito provavelmente, o agigantamento do tráfico de drogas e armas no país, capitaneado por organizações criminosas de escala regional, como o Primeiro Comando da Capital (PCC), significará pressão ainda maior no sentido do emprego das Forças Armadas em operações de GLO. A única possibilidade de reversão desse quadro residiria em dois movimentos simultâneos: uma reforma em regra das estruturas de segurança pública e a criação de uma guarda nacional desenhada especificamente para intervir em crises agudas em que as polícias estaduais e federal fossem ultrapassadas em suas capacidades — o que permitiria ao Exército Brasileiro concentrar-se em suas atividades exclusivas, ou seja, a defesa da pátria e o apoio à política externa. A incompetência e a inércia aparentemente invencíveis das autoridades, em nível nacional e estadual, no tratamento desse assunto de importância transcendente, sugerem ser improvável que haja qualquer evolução positiva nessa seara. Nesse contexto, não seria exagerado supor que as relações do Brasil com os países produtores de droga do entorno venham a se deteriorar pelo fato de essas nações serem incapazes de controlar o trânsito de narcóticos e de armas em direção ao país.

Não havendo uma estratégia consistente de combate ao poder cada vez mais ostensivo das organizações criminosas brasileiras, estará escancarada a caixa de Pandora. Algumas hipóteses sobre os males que dali sairão podem ser elencadas: crescente corrupção policial; contaminação cada vez maior da política partidária pelo narcotráfico; perda de soberania do Estado sobre parcelas significativas do território (áreas de fronteira, presídios, comunidades urbanas dominadas por facções armadas, áreas de produção ou de transbordo de narcóticos); crescimento ainda maior da violência urbana; consolidação da imagem externa do Brasil como país violento e corrupto; desafio aberto ao poder do Estado em circunstâncias particulares (como no Rio de Janeiro, em 2010); disseminação de milícias armadas etc. Esses desdobramentos prováveis não somente consumirão cada vez mais energia da diplomacia brasileira como também criarão pressão política insuportável no sentido da militarização do combate ao crime. Inexistindo uma guarda nacional vinculada ao Ministério da Justiça, o Ministério da Defesa será transformado, na prática, em Ministério da Segurança — colocando em plano absolutamente subalterno os projetos militares que visem a garantir um mínimo de capacidade dissuasória ao Brasil. Nesse cenário, o emprego das Forças Armadas em apoio à política externa será errático, pontual e desprovido de maior relevo. A provável demolição de Marinha, Exército e Aeronáutica — em vista do desvio de função e do garrote orçamentário — será fator ainda maior de introversão e de nulificação de qualquer esforço voltado à garantia da integridade territorial brasileira contra ameaças externas e de aumento do perfil estratégico nacional.

No cenário acima traçado, a grande estratégia do país continuará a ser caótica e totalmente incapaz de reunir sinergicamente os ativos de poder nacionais em torno de um projeto viável de inserção soberana no mundo. Ao que tudo indica, o Brasil permanecerá sendo um ator menor no plano da segurança internacional, munido de retórica diplomática totalmente desconectada de capacidades materiais correspondentes. O tão almejado assento permanente no CSNU, mantidas as condições atuais, será apenas mais um sonho de uma noite de verão.

O caráter da guerra contemporânea e o Brasil[127]

> A melhor estratégia consiste em *ser sempre muito forte* [...].
>
> CARL VON CLAUSEWITZ (1996:219)

Introdução

Em um país devastado pelo analfabetismo funcional, e adepto ferrenho de toda sorte de ilusionismo desarmamentista, abordar a discussão contemporânea da guerra, assim como suas implicações para a grande estratégia brasileira, deve soar estranho. Na verdade, tal bizarria não está longe, analogicamente, da metáfora que retrata um burro diante de um castelo como expressão da impossibilidade de determinados indivíduos (para muito além dos asininos) acederem ao conhecimento sobre o meio em que estão inseridos. Como somos todos brasileiros e não desistimos nunca de repetir os mesmos erros, creio estar perdoado por incomodar os leitores com temática tão esdrúxula.

Não é de hoje que o país ostenta o galardão de mero receptor das correntes teóricas produzidas nos grandes centros. Com raras e honrosas exceções, não somos geradores de ideias: apenas as recebemos e deglutimos com maior ou menor indisposição gástrica. Em qualquer circunstância, a *intelligentsia* verde e amarela ainda está por descobrir a pedra filosofal que permitirá aos descendentes de Macunaíma forjar ideias perfeitamente adaptadas ao solo pátrio sem a necessidade prévia de construção de aca-

---

127. Ensaio inédito redigido entre 2016 e 2017.

demia robusta — voltada ao enfadonho estudo do real e não à excitante formulação de chavões revolucionários.

As pobres vítimas que chegaram até aqui indagarão se estariam diante de um estudo furiosamente iconoclasta. Infelizmente, a resposta é negativa. O autor não possui talento para tanto e apenas pretendeu introduzir um assunto por demais relevante, característica que, em terras tão hostis ao conhecimento, por certo redundará no infalível silêncio que se segue a qualquer reflexão séria no Brasil. Estas palavras iniciais representam também um alerta: o ensaio levado a cabo não é um texto de autoajuda, nem tampouco tem a intenção de ser inscrito em um concurso de popularidade. O que se pretende é buscar a verdade a respeito de um tema particularmente sensível para a inserção internacional do país e o futuro das Forças Armadas.

Algumas palavras sobre o estudo da guerra

Por representar aspecto decisivo da vida coletiva desde os primórdios da humanidade, a guerra[128] continua a ser objeto de enorme atenção por parte da academia das principais potências contemporâneas (Gat, 2006). A despeito de todas as tentativas de confinar Marte a uma nota de rodapé da história, o deus romano insiste em se transmutar, tal qual Proteus, em distintas e inusitadas formas — relegando à irrelevância todos aqueles que se arrogam capazes de decretar sua morte. De acordo com um estudioso: "nós nunca vamos ver o fim da guerra até que esta tenha esgotado suas possibilidades evolutivas" (Coker, 2015:143).[129] Essa constante, observada desde as batalhas travadas entre grupos de caçadores-coletores há mais

---

128. O termo genérico "guerra" refere-se a enfrentamentos entre Estados ou entre Estados e entidades subnacionais em que há utilização da violência, com registro de mil mortes ou mais por ano. Esse é o conceito mais aceito na literatura.
129. Tendo em conta que as possibilidades evolutivas da guerra são, em tese, infinitas, as implicações do pensamento de Coker tornam-se evidentes.

de 10 mil anos (LeBlanc, 2003), é o elemento crucial que fundamenta a reflexão dos dois maiores autores do pensamento estratégico: Sun Tzu e Carl von Clausewitz (Creveld, 2015).

Seria ocioso enfatizar a enorme complexidade envolvida no fenômeno bélico e as múltiplas abordagens a partir das quais é possível estudá-lo. No entanto, é importante notar a diversidade daquilo que veio a ser conhecido como International Security Studies (ISS) (Buzan e Hansen, 2009). A discussão acadêmica sobre a coerência dos ISS não nos interessa aqui, assim como parece secundária, para os fins deste ensaio, uma tentativa de classificação precisa deste texto nos escaninhos das disciplinas acadêmicas. Apesar disso, o autor pretende transitar entre a ciência política, as relações internacionais e os estudos estratégicos. A abordagem teórica utilizada será o realismo neoclássico, com ênfase nos interesses do Estado brasileiro supostos por este autor.

Embora exemplos esporádicos sobre a história da guerra anteriores à era moderna possam ser utilizados, o foco deste estudo estará concentrado nos últimos 200 anos — razão pela qual a principal referência sobre a teoria da guerra será a de Carl von Clausewitz e o escopo temporal prioritário do trabalho recairá sobre o pós-Guerra Fria.

Negação da guerra: afirmação da estupidez

No mundo contemporâneo, tem sido recorrente a reiteração de narrativa sobre o caráter intrinsecamente malévolo da guerra, assim como sobre sua futilidade. Nada de novo há nesse discurso, que pode ser identificado como uma das diversas ressurgências dos ideais iluministas em favor da paz universal. A senda da proscrição jurídica e moral da guerra já foi trilhada muitas vezes, sempre sem sucesso. Howard, ao discutir a problemática relação entre o pensamento liberal (no sentido inglês) e a guerra, dirá o seguinte sobre as possibilidades concretas de um sistema de segurança coletiva impedir a ocorrência de conflitos:

criar um genuíno sistema mundial de segurança coletiva tem sido o objetivo de homens de Estado liberais por todo este século [XX]. Mas um tal sistema exige um grau de confiança mútua, uma homogeneidade de valores e uma coincidência de interesses percebidos que não existiram mesmo em uma sociedade (internacional) limitada como a Europa do entreguerras. Nós estamos muito longe de criá-lo no mundo culturalmente heterogêneo que habitamos hoje [Howard, 2008:117].

A despeito das sensatas palavras de Michael Howard, é relevante, para os fins deste trabalho, discutir a tese hodierna encapsulada na fórmula repetida *ad nauseam* pelos apoiadores da eliminação da guerra do universo da política: "Não há solução militar para o conflito".[130] Essa manifestação retórica insere-se perfeitamente no rol das tentativas fracassadas de limitação da guerra anteriormente aludidas. Nas palavras de um conceituado autor:

> o desgosto pela guerra é um fato compreensível, até mesmo louvável, do nosso tempo. Ele é também [...] potencialmente perigoso se o desgosto se metamorfosear em rejeição aberta. [...] A guerra funciona. Reconhecidamente, ela não funciona sempre como o pretendido, com as consequências que foram projetadas, mas essa é uma razão para recorrer ao uso da força apenas com extremo cuidado, não para rejeitar a opção inteiramente [Gray, 2009:18].

A frase retórica enunciada carrega dois conceitos implícitos: 1) a guerra não resolve, antes agrava, os conflitos entre grupos humanos; e 2) há disjunção radical entre a política entendida em sentido *lato*, única capaz de resolver os conflitos (por meios persuasivos), e o emprego do poder militar — encarado como um ato irracional que nega a própria política

---

130. Hodiernamente, essa fórmula transformou-se em um chavão fartamente empregado, sobretudo por países em desenvolvimento, no contexto das discussões do Conselho de Segurança da ONU sobre temas de paz e segurança. Ela é também utilizada, embora de maneira geralmente seletiva, pelos P-5.

no momento em que entra em cena.[131] Ambos os conceitos representam simplificações grosseiras e insustentáveis. Tanto na primeira quanto na segunda hipótese, desconsidera-se o caráter agônico da opção pela guerra, tendo por régua e compasso uma visão idealizada da *praxis* política, que recusa a realidade das circunstâncias em que as opções disponíveis aos homens de Estado situam-se entre o desastre absoluto e o mal menor.

Não há provas de que a guerra sempre, e em qualquer circunstância, resulte em um agravamento dos conflitos. Seria o mundo um lugar melhor para se viver caso a Alemanha nazista não encontrasse oposição por parte da França e da Grã-Bretanha após a invasão da Polônia? Seria o mundo um lugar melhor para se viver se os EUA não adotassem uma política de contenção do expansionismo comunista a partir do final da Segunda Grande Guerra? É evidente que um exercício tão complexo e sujeito ao acaso como a guerra pode resultar em consequências não previstas e verdadeiramente catastróficas — como no caso da intervenção norte-americana no Iraque a partir de 2003 (Gray, 2009:38-39). No entanto, isso não significa admitir que a guerra nunca gere resultantes positivas para os vencedores ou para o sistema internacional como um todo: basta recordar, por exemplo, que os Estados Unidos, e mesmo o Brasil, se beneficiaram significativamente da Segunda Guerra Mundial (Lochery, 2014).

O fato de o fenômeno envolver violência, morte, destruição, além de ser altamente volátil, não implica que o recurso a ele seja um mal intolerável. Tudo dependerá do contexto em que as gravosas decisões em favor da opção bélica forem tomadas. A teoria da guerra justa, por exemplo, delimita os parâmetros que estão na base de decisão moralmente aceitável no sentido do emprego da força: causa justa, autoridade legítima, intenção acertada, proporcionalidade, probabilidade de sucesso, e último

---

131. Uma interpretação benigna da frase poderia supor que o indivíduo responsável por sua proclamação teria em mente a ideia de que os custos da solução militar seriam de tal maneira elevados que sua implementação se tornaria proibitiva. Logo, a solução militar não seria impossível, mas suas consequências a tornariam por demais custosas. Em consequência, a "solução militar" seria inviável.

recurso (Gray, 2009:16). Ninguém negará que as soluções incruentas são, por definição, preferíveis ao *ultima ratio regis*. Essa admissão, contudo, está longe de significar que a guerra seja invariavelmente um exercício perverso *a priori*.

De outra perspectiva, a disjunção radical entre política e guerra, na contramão do *dictum* clausewitziano, é um dos *topoi* mais popularmente difundidos — e não somente em círculos iletrados. Embora esse equívoco tenha implicações profundas, que o autor procurará explorar mais à frente, caberia fazer alguns comentários iniciais sobre o tema. Uma consequência prática dessa disjunção é a caracterização da guerra como ocorrência irracional, que representaria o fracasso irretorquível da política. Em decorrência, aqueles que apelam à guerra não podem, por definição, fazer parte do universo civilizado. Nessa chave interpretativa, ao barbarismo dos que optam pelas vias guerreiras devem corresponder ações repressivas igualmente bárbaras — pois o inimigo incivilizado não pode estar no mesmo plano moral dos agentes que procuram reestabelecer a preponderância da política desbastada de sua inextricável faceta coercitiva (Bell, 2008).

A tragédia da guerra civil síria serve como ilustração de outro elemento paradoxal decorrente do desprezo pelo legado do general-filósofo prussiano. Se o uso do instrumento bélico e a política constituem universos totalmente distintos, e mesmo contraditórios, como a ONU, criada para livrar o mundo do flagelo da guerra, poderia impedir a continuação do massacre de centenas de milhares de vidas inocentes naquele país do Oriente Médio?[132] Continuar tentando, indefinidamente, enquanto milhares de seres humanos são trucidados?

A condenação moral e a desumanização dos atores em contenda representam fatores de agravamento, e não de mitigação, da crise vivida pela Síria. O caso é emblemático de um duplo problema. Em primeiro lugar, ao estigmatizar o uso da força militar como continuação legítima

---

132. Esta passagem do texto foi redigida em setembro de 2016 e teve por base o fracasso de todas as tentativas de cessar-fogo até o momento.

da política por outros meios, os anticlausewitzianos solapam o argumento em prol da intervenção da comunidade internacional visando a estancar o morticínio naquele país. Em segundo lugar, a deslegitimação do poder militar, tido por essa perspectiva como corpo estranho à política, torna menos crível que a ameaça de intervenção externa venha a afetar positivamente o comportamento dos contendores no sentido do apaziguamento. Desprovido de sua dimensão coercitiva, o poder dos agentes externos ao conflito se esvai — tornando mais reduzida sua capacidade de influência sobre o processo, em razão da limitação das ações ao plano exclusivamente persuasivo.[133]

A despeito dessas breves considerações, há que se considerar a possibilidade de que, em situações específicas, efetivamente não haja solução militar para um conflito. Em tese, o emprego do poder militar pode ter um custo tão elevado que sua utilização se torne proibitiva. Esse típico argumento liberal, difundido por trabalhos como *A grande ilusão* (1910) de Norman Angell, foi desmontado pela história de maneira acachapante — como as consequências da crise de Sarajevo viriam a demonstrar. A debilitação da tese, contudo, não significa que, em circunstâncias determinadas, ela não encontre ressonância no mundo real. Vale sublinhar que a dificuldade das predições heroicas sobre o fenômeno bélico é reconhecida até mesmo por alguns dos seus proponentes. Mueller (2009), que sustenta haver uma notável redução da incidência das guerras desde 1945, não sabe localizar de modo preciso os fatores que estariam na base dessa suposta tendência.

Excluída a hipótese de guerra nuclear em larga escala, a mensuração dos custos e da eficácia da guerra como instrumento político — entendido tanto como fator de apaziguamento quanto meio de dobrar o oponente à

---

133. O autor está ciente de que um dos fatores principais para a manutenção do impasse sírio é a falta de acordo entre os membros permanentes (P-5) do Conselho de Segurança das Nações Unidas sobre como conduzir uma intervenção internacional naquela nação — em face dos interesses conflitantes existentes entre eles. Esse fato, contudo, não solapa o sentido do exemplo empregado — uma vez que os próprios P-5 vêm adotando ocasionalmente a retórica de que não haveria solução militar para a crise síria.

nossa vontade — não pode se dar de modo prévio, a não ser de maneira probabilística. A história das guerras está repleta de avaliações equivocadas sobre o emprego do poder militar. Em outras palavras, é impossível saber de antemão — a não ser de modo estimativo — se a opção pelo emprego da força gerará os efeitos políticos almejados. Isso por motivos fartamente explorados por Clausewitz, como a natureza interativa da guerra (o duelo das vontades em contenda), a volatilidade da trindade paradoxal inerente a qualquer enfrentamento bélico (paixões,[134] acaso e probabilidade, razão), a fricção que resulta das ações dos vários atores, a importância relativa do conflito para cada uma das partes, *inter alia*.

Em consequência, a própria condução da guerra, entendida como processo, levará à modificação dos objetivos previamente estabelecidos pelos decisores políticos — uma vez que a realidade no terreno quase nunca corresponderá ao cenário ideal traçado *a priori* pelos beligerantes. Nas palavras de um analista: "O conhecimento preciso necessário para antecipar os efeitos da interação é inalcançável. A imprevisibilidade na guerra devido a essa [...] forma de acaso é assim inevitável" (Beyerchen, 1992-1993:80).

Esses comentários preliminares sugerem que a negação da guerra como instrumento político — ou pior, a negação do fenômeno *tout court* — não é uma demonstração de sabedoria, mas antes de estupidez. Pouco importam as motivações que levam muitos agentes políticos a adotar esse tipo de postura, entre as quais poder-se-ia citar: ignorância, falta de perspectiva histórica, autoatribuição de superioridade moral e impotência militar. Cabe sublinhar que a limitação da guerra, desiderato de todas as pessoas sãs, não pode ser alcançada por meio de exortações vazias. Ao contrário, somente a compreensão da sua natureza pode gerar os rudimentos cognitivos imprescindíveis à administração responsável dos negócios do Estado no que tange a uma das suas facetas mais salientes ao longo de toda a história humana.

---

134. Clausewitz refere-se à "violência original do seu elemento", ao "ódio" e à "animosidade" (Clausewitz, 1996:30).

Continuidade e mudança no caráter da guerra

Para que seja factível entender o cenário estratégico global, é necessário delimitar as linhas de continuidade e mudança relativas à guerra na contemporaneidade. Faz-se indispensável abordar, ainda que de modo não exaustivo, os conceitos que embasam as obras dos principais autores dedicados ao estudo da estratégia. Esta, compreendida de modo amplo, não se limita ao sentido clausewitziano estrito, ou seja: "a utilização do recontro para atingir a finalidade da guerra" (Clausewitz, 1996:171). A estratégia contemporânea incorpora-se ao próprio conceito de política — notadamente de política externa — na medida em que abrange uma ampla gama de dimensões dos negócios estatais. Também articulada como grande estratégia, estratégia nacional, ou estratégia maior (*major strategy*), define-se por envolver o emprego de fatores político-diplomáticos, econômicos e militares em prol da defesa de valores e interesses de um grupo humano particular, identificado com um Estado (Trubowitz, 2011; Brands, 2014).[135]

O pós-Guerra Fria representa uma descontinuidade relevante em relação às concepções estratégicas prevalecentes desde o final da Segunda Guerra Mundial. Embora Raymond Aron tenha defendido a validade do paradigma clausewitziano, mesmo diante da novidade histórica representada pelo potencial destrutivo das armas nucleares (Aron, 1976), a preponderância do conceito de dissuasão durante a Guerra Fria, consubstanciada na doutrina de destruição mútua assegurada (MAD), colocou em xeque a teoria da guerra do general prussiano, encarada como anacrônica por muitos analistas. Ainda assim, diversas guerras ocorridas na periferia do sistema internacional foram levadas a cabo com o apoio das duas superpotências rivais, sem falar na guerra da Coreia — que opôs diretamente tropas norte-americanas, sob a égide da ONU, aos "voluntários" da China comunista apoiada por Moscou.

---

135. Embora seja possível pensar na grande estratégia de grupos subestatais insurgentes ou terroristas, como o Estado Islâmico, o conceito é usualmente relacionado com os grupos humanos organizados em unidades estatais.

A queda do Muro de Berlim e a dissolução da União Soviética reestabeleceriam o prestígio de Clausewitz nas academias militares do Ocidente, particularmente diante da incorporação norte-americana das doutrinas Weinberger e Powell (Strachan, 2013:78), surgidas da intenção de evitar a repetição do fracasso do Vietnã, não por meio do aprimoramento da capacidade de contrainsurgência do U.S. Army, mas pela rejeição do engajamento em conflitos que não envolvam interesse vital dos Estados Unidos. Nos casos em que haja interesse vital em jogo, as duas doutrinas recomendam que as Forças Armadas norte-americanas utilizem poder de fogo avassalador em prol de objetivo político claramente definido — preferencialmente em um contexto de guerra regular (Strachan, 2013:117).

Curiosamente, apesar de o pós-Guerra Fria ter assistido à difusão de inúmeros estudos sobre o suposto fim das "grandes guerras" (Mueller, 2009), que teria como contraparte a proliferação de guerras limitadas e das guerrilhas,[136] o conflito que inauguraria a proclamada Nova Ordem Mundial seria a Guerra do Golfo (1990-1991) — uma clássica guerra convencional entre Estados, em terreno propício à exploração pelos EUA da sua superioridade tecnológica. Essa circunstância parece ter sido relevante no sentido de estimular duas teses, não necessariamente convergentes, sobre o futuro da guerra:

1) finda a Guerra Fria e reduzida a probabilidade de holocausto nuclear, e dada a superioridade tecnológica dos EUA, possíveis antagonistas (tanto estatais quanto subestatais) não teriam alternativa a não ser apelar ao combate irregular[137] contra a superpotência e os seus aliados — in-

---

136. A palavra "guerrilha" deriva do espanhol e significa "guerra pequena". O termo ganhou projeção quase universal a partir da Guerra Peninsular (1807-1814), que envolveu França, Espanha, Portugal e Reino Unido. A prática da guerrilha, contudo, antecederia a guerra regular (Laqueur, 1998:XVII).

137. As definições de combate convencional e irregular são imprecisas, pois há áreas de sobreposição entre os conceitos. O combate convencional é usualmente descrito como envolvendo as forças armadas de Estados-nacionais em conflito. O combate irregular é normalmente associado ao emprego de táticas de guerrilha e do terrorismo — podendo envolver a participação de combatentes civis e militares.

clusive por meio de ações terroristas, que poderiam envolver o uso de armas de destruição em massa (WMD);

2) o sucesso das Forças Armadas dos EUA em neutralizar, com um número mínimo de baixas, o significativo exército de Saddam Hussein apontaria para a possibilidade de que a tecnologia avançada viesse a eliminar aquilo que Clausewitz denominou incerteza derivada das "brumas" da guerra (Clausewitz, 1996:51). A chamada revolução nos assuntos militares (RAM) seria o veículo dessa mudança qualitativa.

Com o benefício da sabedoria retrospectiva, é forçoso sublinhar o equívoco dessas avaliações apressadas e profundamente ignorantes sobre a natureza da guerra. Dez anos depois da Guerra do Golfo, os atentados de 11 de setembro de 2001 obrigariam os EUA a confrontar o que se convencionou chamar de ameaças assimétricas (Courmont e Ribnikar, 2002).[138] Esses brutais atentados terroristas, incluídos no rol desse tipo de ameaça, representaram fatores determinantes para a legitimação da "guerra global ao terrorismo" levada a cabo pelo governo de George W. Bush.

As invasões do Afeganistão e do Iraque constituíram desdobramentos dessa pitoresca guerra a um universal abstrato, o terrorismo, que não pode, por definição, ser derrotado por meios militares.[139] De todo modo, as intervenções norte-americanas nos dois países supracitados obrigaram o U.S. Army a retornar ao domínio o qual gostaria de nunca mais ter de revisitar depois da experiência do Vietnã: a contrainsurgência. Os atoleiros em que se transformaram essas intervenções reforçariam a tese liderada por Martin van Creveld de que o fim da Guerra Fria te-

---

138. O próprio conceito de simetria parece insustentável, uma vez que nenhum oponente é perfeitamente simétrico ao seu antagonista. Esse fato está na base de muitas das guerras levadas a cabo ao longo da história, uma vez que a avaliação errônea das capacidades do oponente pode levar à decisão de levar a cabo um conflito bélico para o qual não se está adequadamente preparado. Ou seja, a ilusão da simetria pode incentivar o emprego da força bélica contra um adversário mais forte ou mais capaz de utilizar de maneira consequente seus ativos militares. Logo, todas as guerras são mais ou menos assimétricas.

139. Por se tratar de um método, ainda que deplorável, de luta política, o terrorismo não pode ser derrotado no plano estritamente militar — mas sim no plano político.

ria representado um corte epistemológico no que tange à natureza do fenômeno bélico.[140]

Creveld vem defendendo, desde o início dos anos 1990, que as guerras intraestatais desencadeadas pelo término da bipolaridade seriam "não trinitárias", o que significa que não corresponderiam à trindade paradoxal clausewitziana, identificada erroneamente pelo autor israelense como povo, forças armadas e governo (Gray, 2012:253). Isso em função do papel preponderante dos atores não estatais, peças centrais da narrativa sobre as "novas guerras". Esses atores — terroristas, insurgentes, guerrilheiros, narcotraficantes, contrabandistas etc. — não poderiam ser encaixados no esquema trinitário pelo fato de não constituírem forças regulares, nem tampouco agirem de acordo com os ditames da razão de Estado.

A errônea interpretação de Creveld deriva de uma confusão entre o que se conhece como a trindade primária (paixões; acaso, probabilidade e gênio do condutor das tropas; e racionalidade) e sua contraparte secundária (povo, exército e governo). Esta última não substitui a primeira, que corresponde à inter-relação de elementos racionais, não racionais e irracionais inerente à guerra. A trindade secundária possui caráter exemplificativo, não esgotando o conjunto de atores e instituições atuantes durante o conflito bélico. Logo, pode-se argumentar de maneira consistente que a teoria da guerra de Clausewitz é capaz de abarcar também os conflitos ditos de baixa intensidade, intraestatais ou assimétricos (Kinross, 2004).

O general inglês Rupert Smith, em livro que contou com ampla benevolência da imprensa anglo-saxã, chega a afirmar que o fim das grandes guerras estaria próximo. Isso pois, a partir do término da Guerra Fria, os conflitos dar-se-iam predominantemente dentro dos Estados.[141] A guerra ocorreria entre o povo (*amongst the people*) e não mais entre Estados dotados de forças armadas preparadas para a guerra "interestatal industrial" (Smith, 2008:5). Serrano, por sua vez, critica a visão paroquial

---

140. O livro mais emblemático de Creveld nesse sentido é: *The transformation of war: the most radical reinterpretation of armed conflict since Clausewitz* (1991).
141. Uma visão sintética e divergente pode ser encontrada em Proença Jr. (2010).

de Smith, ao recordar que um país desenvolvido dotado de armamento nuclear, como a Grã-Bretanha, poderia se dar ao luxo de constituir um exército voltado prioritariamente para tarefas de contrainsurgência (Serrano, 2014:12). Esse, evidentemente, não seria o caso da imensa maioria dos países em desenvolvimento como o Brasil, que precisa garantir nível mínimo de dissuasão convencional — justamente por não deter armas nucleares (Serrano, 2014:12-13).

A tese da mudança estrutural da natureza da guerra — natureza essa que John Keegan, *contra* Clausewitz, afirma sequer existir (Keegan, 1995:9) — incentivaria a aparição de toda sorte de rótulos "novedosos" sobre o fenômeno na contemporaneidade. Fundamentados quase sempre nas noções de que o Estado westfaliano estaria em decadência, e de que os conflitos no pós-Guerra Fria se desenvolveriam no plano subestatal, os defensores dessas ideias urgem os Estados a adaptarem suas estruturas de defesa ao novo paradigma. Este, não raro, envolveria o emprego, particularmente pela superpotência remanescente, de tecnologias avançadas tidas como capazes de eliminar as "brumas" da guerra mencionadas pelo general prussiano.

Stephen Biddle, ao abordar as capacidades militares que explicariam a vitória ou a derrota, argumenta que os defensores da RAM se equivocam ao conferirem papel decisivo aos atributos materiais relacionados com a guerra, com destaque para a tecnologia militar. Do ponto de vista desse autor, não há relação direta e necessária entre a posse de armamentos sofisticados e o sucesso nos conflitos (Biddle, 2004:202). Sobre esse ponto, afirma que a experiência histórica dos últimos 100 anos indicaria que a percepção de aceleração exponencial da mudança tecnológica é uma constante — o que em nada diferenciaria o presente do passado não muito distante (Biddle, 2004:198).

Colin Gray também fará parte dos estrategistas que não enxergam nos desdobramentos posteriores à queda do Muro de Berlim qualquer cesura significativa em relação ao cânone clausewitziano sobre a natureza da guerra (Gray, 2006a). A guerra, seja entre unidades estatais ou subestatais, continuaria a ser o que sempre foi: um duelo de volições fundamentado em *medo*, *honra* e *interesse* — as três constantes identificadas por Tucídides (Gray, 2006a).[142] Independentemente da falta de perspectiva histórica das narrativas que veem na maior propensão de ocorrência de guerras intraestatais, registrada nos últimos 25 anos, algo realmente novo, o fenômeno bélico, regular ou irregular, manterá sua essência. Gray recorda os ensinamentos de Clausewitz: a gramática da guerra específica será sempre distinta, mas a lógica da guerra genericamente considerada é sempre a mesma (Gray, 2006a:84).

Nessas condições, há que se encarar com extrema cautela a validade da profusão de rótulos criados para identificar as mudanças que o fim do conflito bipolar e a percepção da ocorrência de uma revolução nos assuntos militares teriam dado ensejo. Gray chama a atenção para o fato de que:

> A comunidade de defesa americana é especialmente propensa à captura pelo último slogan, pela nova versão sonante de uma ideia antiga, que [...] separa aqueles verdadeiramente peritos dos seus pares inferiores desprovidos do jargão. "Estratégias competitivas", "transformação militar", "guerra centrada em redes", "operações baseadas em efeitos", "guerras de 4ª geração" e o resto, não importa o quão novo e excitante possam parecer, são todos meras borbulhas de mérito variado sobre [...] a natureza permanente e essencial da guerra [Gray, 2006a:380-381].

Vale refletir brevemente sobre a tese de que a guerra do presente seria de 4ª geração (4GW). Um dos seus principais apologistas, William S. Lind, advoga que a guerra atravessou quatro etapas desde o fim da Idade Média. A primeira refere-se ao período que vai do Tratado de Westfália (1648) até cerca de 1860, caracterizado pelo lento declínio da importância da cavalaria em relação à infantaria — o atributo definidor seria o emprego em *massa* das tropas. A segunda corresponderia ao intervalo de tempo que vai de 1860 a 1918 (fim da Primeira Guerra Mundial). Nessa quadra, o aumento significativo do poder de fogo das armas individuais

---

142. Em livro de 2006, Gray atualiza a trindade de Tucídides e substitui a *honra* por *cultura* — conceito mais abrangente que englobaria a primeira (Gray, 2006a:394).

e coletivas forçou a dispersão da infantaria, apoiada por artilharia cada vez mais poderosa e letal — o atributo definidor seria o poder de *fogo*.[143]

A terceira etapa, ou geração, localizar-se-ia no período que vai do final da Primeira Guerra Mundial até a queda da União Soviética. A combinação de fogo e movimento corporificada no conceito de *blitzkrieg* seria a faceta mais saliente desse momento. A mobilidade, o alcance e a flexibilidade do emprego coordenado de blindados e aviação permitiriam romper o impasse observado durante a maior parte da Primeira Guerra Mundial — o atributo definidor seria a *manobra*. A quarta etapa iniciar-se-ia a partir do fim da bipolaridade e teria por base o desenvolvimento de uma nova forma de insurgência,[144] que se valeria das tecnologias e das estruturas sociais hodiernas para atingir seus objetivos em um contexto de enfraquecimento e fragmentação estatal — o atributo definidor seria a *insurgência* (Lind, 2004:13-14).

Vale notar que as teses sobre as guerras de 4ª geração e as guerras não trinitárias abordam a questão a partir de perspectivas inicialmente distintas, mas que acabam convergindo (Echevarria II, 2005:5-6). O próprio Martin van Creveld admitiria:

> elas têm algumas coisas em comum. Ambas supõem, ou talvez se possa dizer, estão baseadas na esperança, que a dissuasão continuará a prevalecer e que a guerra nuclear não será desatada. Ambas partem da ideia de que a guerra convencional de larga escala entre grandes potências entrou em fase agonizante. Ambas [...] supõem que o futuro consistirá de guerras de 4ª geração, ou não trinitárias, em que os exércitos convencionais, com seu armamento pesado, serão mais ou menos inúteis [Creveld, 2015:122-123].

---

143. Lind afirma que a segunda geração corresponderia à forma preferida de atuação do U.S. Army. Este acreditaria que a guerra é "putting steel on target" (Lind, 2004:12).
144. Outro teórico, Thomas X. Hammes, localiza o início da 4ª geração já no pós-Segunda Guerra — notadamente nas insurgências observadas nas guerras de descolonização, da Indochina etc. O pós-Guerra Fria, de acordo com essa interpretação, teria apenas acelerado o ritmo da mudança de paradigma (Khan, 2010:4).

Ao abordar o assunto, Antulio Echevarria demole a tese das 4GW. O autor aponta as consequências potencialmente catastróficas para o Exército norte-americano da incorporação doutrinária de conceitos fundamentados em bases frágeis ou equivocadas (Echevarria II, 2005:2). Nisso é acompanhado por Gentile, que, ao criticar a ênfase conferida pelos EUA à contrainsurgência, na esteira das guerras do Iraque e do Afeganistão, recorda a influência perniciosa que a narrativa oficial a respeito do sucesso britânico no combate às forças irregulares na Malásia (1948-1960) exerceu sobre a interpretação do fracasso norte-americano no Vietnã. Em consequência, reforçou-se a tese de que bastaria a emulação, por parte dos Estados Unidos, do triunfo da Grã-Bretanha para que a intervenção na Indochina viesse a ser bem-sucedida (Gentile, 2013:12-13). De acordo com essa perspectiva, os atoleiros em que o Exército norte-americano se meteu, nos anos 2000, poderiam ser interpretados como erros exclusivamente militares — ocultando os equívocos políticos que estiveram na base das intervenções realizadas sob o argumento do combate ao terrorismo (Gentile, 2013:30).

A noção de que a insurgência contemporânea representaria novidade, em função da sua capacidade acrescida de desgastar os exércitos convencionais e produzir danos nas sociedades interconectadas, tem por base uma profunda miopia histórica: nada há de novo em um fenômeno qualitativamente idêntico à guerra irregular do passado.[145] A alegação de que as insurgências do presente teriam caráter conspicuamente político, em contraposição às guerras interestatais do século XX, geradoras de morticínio indiscriminado e, portanto, supostamente não político, constitui apenas um atestado flagrante da ignorância dos seus formuladores sobre a natureza da guerra há muito explicitada por Clausewitz (Echevarria II, 2005:7).

---

145. Muito em voga depois dos atentados de 11 de setembro de 2001, a teoria de que grupos terroristas poderiam se apoderar de armas de destruição em massa (ADMs) não foi comprovada na prática. Em realidade, há dificuldades objetivas que tornam bastante improvável o cenário em que organizações terroristas sejam capazes de empregar ADMs. Sobre o assunto, ver Diniz (2010).

Nesse contexto, Khan recorda que o emprego do terrorismo, entendido como instrumento poderoso nas mãos da insurgência vislumbrada pelos teóricos da 4GW, foi diversas vezes frustrado pela ação decidida dos Estados nacionais. As campanhas da Grã-Bretanha contra o terrorismo na Irlanda do Norte representariam exemplo conspícuo (Khan, 2010:25).[146] O autor também sustenta que as maiores conquistas decorrentes da utilização do terrorismo como ferramenta política ocorreram em Estados frágeis do Terceiro Mundo, e não em países desenvolvidos dotados de estruturas estatais fortes (Khan, 2010:25). Portanto, também não pararia em pé a noção de que o terror de novo tipo representa um corte epistemológico em relação à teoria da guerra de Clausewitz — ameaçando a posição cimeira dos Estados nacionais na hierarquia do poder mundial.

Echevarria aponta a arbitrariedade das gerações de guerras identificadas pelos epígonos da 4GW (2005:10), ao mesmo tempo que discute a ideia de que os dias de hoje conheceriam guerras não trinitárias em razão do grande envolvimento de atores não estatais nos conflitos. Nesse sentido, o ex-militar estadunidense salienta que não existem guerras não trinitárias, pelo simples fato de Clausewitz jamais ter estabelecido correspondência dogmática entre a trindade principal e a secundária. Esta (povo, exército e governo) poderia adquirir variadas formas ao longo da história. Assim, a complexa interação entre elementos racionais, não racionais e irracionais — característica de *qualquer* guerra — aplica-se de modo universal — independentemente da classificação de um conflito em regular ou irregular (Echevarria II, 2005:7). Em todas as guerras estarão presentes *hostilidade, incerteza* e *propósito*,[147] o que garante à trindade clausewitziana seu estatuto trans-histórico.[148]

---

146. Porch (2013:249), no entanto, recorda a brutalidade dos métodos empregados pelos britânicos na Irlanda do Norte — além de levantar dúvidas sobre a eficácia dos resultados estratégicos derivados das táticas antiterroristas utilizadas.
147. Conceitos entendidos como uma tradução possível da trindade clausewitziana: paixões, acaso e probabilidade, e razão.
148. Echevarria chega ao ponto de negar a validade mesma do conceito de guerras trinitárias, uma vez que as forças identificadas por Clausewitz como integrantes da trindade

Outro aspecto problemático tem a ver com os atributos definidores de cada geração de guerras. *Massa*, *fogo* e *manobra* são meios de combate utilizados para obter a vitória em conflitos bélicos, podendo estar presentes tanto nas guerras regulares quanto nas irregulares.[149] Além disso, são normalmente empregados de modo concomitante — o que ressalta o caráter severamente simplificador da tese ora analisada. O atributo definidor da 4GW é a *insurgência* ou uma nova *superinsurgência*. No entanto, a insurgência é uma antiquíssima forma de guerra e não um meio de combate *per se*. Sobre essa confusão, Echevarria afirma o seguinte:

> eles [os defensores da 4GW] estabelecem uma falsa comparação por meio da qual desejam que nós cheguemos à conclusão de que a maior parte das guerras da era moderna, que alegam terem sido caracterizadas pelo poder de fogo ou pela manobra, estiveram estreitamente focadas no poder militar e, diferentemente das superinsurgências da era da informação, raramente envolveram a integração do poder político, econômico e social [Echevarria II, 2005:15].

Na linha do sugerido por Gray, a tese da 4GW representa muito mais uma moda passageira do que um programa de pesquisa consistente ou inovador. Suas premissas são egregiamente falhas, ao passo que suas interpretações do fenômeno bélico carecem de consistência. Ao contrário do que a tese supõe, vale ressaltar: o Estado continuará a ser o principal ator do sistema internacional no futuro previsível; a nova insurgência não suplantará o poder estatal; os conflitos do presente não são qualitativamente distintos dos registrados no passado; a tecnologia

---

são universais. Sendo universais, elas perderiam a propriedade de discriminação dos fenômenos — o que, por extensão, invalidaria o conceito simétrico de guerras não trinitárias.

149. Nas guerras irregulares a *massa*, o poder de *fogo* e a *manobra* manifestam-se de maneira atenuada em relação às guerras regulares — visto que os grupos irregulares costumam dividir-se em pequenas frações dispersas. Ainda assim, grupos irregulares podem apelar à concentração de forças (relativamente ao seu objetivo), além de utilizar o fogo e a manobra, para obterem vitórias táticas ou estratégicas.

contemporânea e a maior interconectividade por ela proporcionada geram novos desafios no plano da gramática da guerra, mas não alternam a sua lógica.

Erosão do poder do Estado-nação na contemporaneidade?

A discussão sobre a erosão do poder estatal no mundo contemporâneo foi um dos temas prediletos de toda uma plêiade de autores dedicados ao estudo da globalização (Held et al., 1999). A abrupta queda do socialismo real e da União Soviética, não prevista pela imensa maioria dos analistas, foi acompanhada de triunfalismo, cuja mais vistosa tradução se encontra na ideia do fim da história popularizada por Fukuyama. A impressionante vitória militar imposta pela coalizão liderada pelos EUA ao Iraque de Saddam Hussein reforçaria a percepção de que a Nova Ordem Mundial representava desenvolvimento inexorável — propulsionado pela noção de que a democracia liberal capitalista seria a onda do futuro. Governos do centro e da periferia do sistema, indistintamente, e com raras exceções, embarcaram no que se poderia chamar de esforço de adaptação ao quadro engendrado pelo fim da Guerra Fria.

Os Estados Unidos, líder do bloco Ocidental, assumia o papel de única superpotência remanescente. A operação Tempestade no Deserto, que conheceu a estreia de armamentos notáveis, como o bombardeiro *stealth* F-117, foi considerada demonstração do poder militar incontrastável de Washington. Em consequência, os inimigos dos EUA seriam obrigados a valer-se de táticas de guerra irregular para contra-arrestar a superioridade tecnológica e o poder de fogo das Forças Armadas norte-americanas. Em paralelo, o relaxamento dos alinhamentos derivados da bipolaridade possibilitaria a eclosão de uma série de conflitos até então sufocados pela rivalidade entre os blocos capitalista e comunista.

As guerras de sucessão da antiga Iugoslávia, a fragmentação da Somália, o genocídio em Ruanda, as guerras na Chechênia e no Kosovo, todas elas registradas nos anos 1990, matizariam o triunfalismo do início da década. Ainda assim, um sem-número de trabalhos acadêmicos, fortemente influenciados pelo contexto imediato de então, sustentaria estar em curso um acelerado processo de erosão do poder do Estado. Historiadores militares como Martin van Creveld chegariam ao ponto de afirmar o seguinte, ao tratarem do declínio das guerras interestatais:

> conforme o século XX se aproximava do final, a guerra interestatal aparentava bater em retirada. O direito de fazer a guerra, longe de ser parte essencial da soberania, tinha sido suprimido, exceto quando fosse levado a cabo em autodefesa estrita; mesmo quando os Estados guerreavam em estrita autodefesa (e precisamente por essa razão), não lhes era mais permitido beneficiar-se por meio de mudança territorial em seu favor. Assim, esse tipo de guerra perdeu sua atratividade fundamental [Creveld, 1999:353-354].

Para Creveld, as armas nucleares representariam fatores cruciais para a diminuição da incidência de guerras interestatais de larga escala desde sua introdução, em 1945. A manutenção dessas armas, derivada de sua eficácia dissuasória, e não da eficácia do seu emprego efetivo (tido como contraproducente), teria impacto sobre a deslegitimação da guerra interestatal, dada a solidez do direito internacional no pós-Segunda Guerra (Creveld, 1999:353). Em vista do papel central que a guerra teria desempenhado na formação dos Estados nacionais europeus, não surpreende que a tese de Creveld sobre a inviabilidade crescente dos conflitos de grandes proporções desaguasse na conclusão de que a própria forma estatal estaria em vias de debilitação. Acossado por forças transnacionais/supranacionais (grandes empresas, ONGs, organizações internacionais, grupos terroristas, criminalidade organizada global etc.), de um lado, e pelas exigências acrescidas dos seus próprios súditos, de outro, o Estado não mais teria condições de dar conta de tamanhos desafios:

> Como outras organizações assumissem as funções do Estado que se retrai, elas sem dúvida procurarão preencher seu papel em muitos desses domínios (forças armadas, polícia, justiça etc.). Diferentemente dos membros atuais da

comunidade internacional, todos soberanos, muitos Estados provavelmente serão incapazes de exercer controle exclusivo sobre um dado território. Ao invés, eles serão forçados a compartilhar aquele controle com outras organizações [Creveld, 1999:418].

Ao tratar dos quatro fatores usualmente tidos como propulsores de uma nova governança global — globalização econômica, novos meios de comunicação e economia associada (baseada na internet), declínio do Estado do bem-estar social e crise ambiental —, Hirst salienta que os Estados continuam a ter papel cimeiro no plano internacional. A seu juízo, os Estados de nenhuma forma encontram-se em declínio. Antes, as principais potências são elas mesmas as maiores beneficiárias do sistema tal qual ele se apresenta organizado hodiernamente: "A ameaça real não vem do declínio do Estado, mas da ossificação do sistema e da perpetuação de vantagens exclusivas de algumas potências" (Hirst, 2001:136).

Nos anos 2000, os atentados de 11 de Setembro, a permanência de inúmeros conflitos domésticos na África,[150] a recalcitrância das insurgências que se seguiram às intervenções norte-americanas no Afeganistão e no Iraque, entre outras ocorrências, emprestariam credibilidade aos defensores da noção de que a guerra interestatal caminharia para se tornar uma nota de rodapé na história da humanidade. Independentemente da percepção sobre a capacidade estatal de governar os seus próprios territórios, a maior parte dos analistas continuou a acreditar que o pós-Guerra Fria seria marcado por guerras intraestatais e pela prevalência do terrorismo como principal ameaça ao Ocidente (Goldeier e McFail, 1992).

A despeito do impacto midiático do terrorismo islâmico, particularmente nos EUA e na Europa, a década atual assistiu a uma série de desenvolvimentos que colocariam em dúvida a narrativa sobre o caráter supostamente inelutável dos conflitos irregulares como definidores do

---

150. Quase todos eles com participação direta ou indireta de outros Estados africanos e de potências extracontinentais.

panorama estratégico global. Alguns desenvolvimentos estiveram na raiz dessa ainda tímida inflexão. Entre eles, caberia citar: a ascensão chinesa, a tragédia síria, as tensões no Oriente Médio e no mar do sul da China, a intervenção russa na Ucrânia (que resultou na anexação da Crimeia). Esta última, em particular, desencadeou debate sobre a possibilidade de Kiev vir a fazer parte da Organização do Tratado do Atlântico Norte (Otan) como membro pleno. Mais ainda: reacendeu o temor dos países da Europa Oriental quanto às intenções de Moscou, forçando Bruxelas (leia-se Washington) a desdobrar novas unidades militares no leste do velho continente (Rawlinson e MacAskill, 2016).

Cabe notar, no entanto, que as tensões entre o Ocidente e a Rússia não são a única preocupação no que diz respeito a um possível retorno da guerra interestatal ao centro do que Gray classificou como a "grande narrativa estratégica" (Gray, 2012:259-260).[151] Autores como Coker, por exemplo, exploram cenários de confrontação em que os EUA e a China poderiam ver-se inadvertidamente enredados. Uma hipótese envolve a possibilidade de que a convivência entre a U. S. Navy e a Marinha do Exército de Libertação Nacional da China gere tensões regionais crescentes, que saiam eventualmente de controle (Coker, 2015:149-154). Outros estudiosos acreditam que refregas levadas a cabo no espaço cibernético possam se transferir para o mundo real, transformando-se em ataques cinéticos efetivos (Gompert e Libicki, 2014).

A despeito do que vai anteriormente, a percepção de que as guerras interestatais podem voltar ao centro das preocupações internacionais não representa o único fator de questionamento da validade das teses sobre a decrepitude do Estado e a prevalência dos conflitos irregulares. O desenvolvimento do conceito de guerras híbridas é, em si mesmo,

---

151. Gray utiliza a expressão *master strategic narrative*, o que, em tradução literal, significaria "narrativa estratégica mestre". O autor preferiu o termo "grande narrativa estratégica". Em qualquer caso, Colin Gray está se referindo à narrativa sobre as disputas estratégicas entre as grandes potências, tradicionalmente associadas à imagem de guerras interestatais de grande porte.

um indício de que o pêndulo estratégico começa a se movimentar novamente. A noção de guerra híbrida é relevante na medida em que retrata de maneira mais fidedigna a realidade dos conflitos. Ao fim e ao cabo, a tese é muito simples: no futuro, assim como ocorreu no passado, as guerras não serão apenas irregulares ou regulares. Elas incorporarão elementos de ambas: seja de maneira simultânea, seja de maneira sucessiva (Murray e Mansoor, 2012). Há que se rejeitar, contudo, a vertente de pensamento que encara a guerra híbrida como uma espécie de versão hodierna da guerra irregular — em que os elementos de guerra convencional são incorporados apenas como parte subordinada que justifica o uso do adjetivo "híbrida".[152]

O que os melhores teóricos das guerras híbridas tentam demonstrar é que os entrechoques violentos entre grupos humanos raramente obedeceram aos escaninhos de conceitos claramente delineados. Tanto na Segunda Guerra Mundial quanto nas guerras napoleônicas — prototípicas de conflitos genericamente compreendidos como regulares e interestatais — os combates travados tiveram características diversamente assemelhadas ao que se convencionou chamar de guerras regulares e irregulares. A utilização de forças especiais russas na retaguarda alemã durante a Operação Barbarossa, assim como as ações de guerrilha das tropas anglo--luso-espanholas durante a Guerra Peninsular, são exemplos conspícuos dessa realidade.[153] A despeito do que precede, Colin Gray (2012:284-285) salienta que o conceito de guerra híbrida pode dar origem à confusão,

---

152. Exemplo dessa vertente, que confunde na prática as guerras híbridas com as irregulares, pode ser encontrado em: Habermayer (2011). O artigo em tela, escrito por um oficial do Exército austríaco, adota perspectiva muito comum nas reflexões originárias de cidadãos de pequenos países do mundo desenvolvido, qual seja, a de pensar as guerras híbridas como intervenções multinacionais em países caóticos do Terceiro Mundo. Esse grau de paroquialismo não está presente no livro de Murray e Mansoor, que aborda a guerra híbrida como conceito representativo do que de fato ocorreu ao longo da história em vários conflitos encarados inicialmente como convencionais.
153. O próprio uso do termo "guerrilha" surge a partir da guerra Peninsular — embora as táticas hoje conhecidas como definidoras da guerrilha nada tenham de peculiares a esse conflito. Elas são, na realidade, tão antigas quanto a própria guerra.

pois ele abarca todas as modalidades de conflitos classificados como guerras regulares e irregulares.[154]

Os elementos brevemente sumariados nesta seção sugerem um quadro muito menos claro do que supõem os teóricos da transformação qualitativa do sistema internacional. Se é certo que a noção de soberania não pode ser considerada absoluta — suposto, aliás, que jamais conheceu materialidade além do domínio da retórica —, e que o Estado tem de conviver com uma série de instituições sub e supranacionais com pretensões à autonomia e à legitimidade, os atores mais importantes das relações internacionais continuam a ser os Estados. Logo, mesmo por vias indiretas (*e.g.*, guerras por procuração), os últimos continuarão a ser os principais agentes dos desenvolvimentos estratégicos em escala global.

Racionalidade e irracionalidade no fenômeno bélico

A relação entre poder estatal e racionalidade constitui um dos pilares dos argumentos usualmente utilizados pelos defensores e detratores da mudança estrutural do caráter da guerra. Não obstante, a fragmentação ou o fortalecimento dos Estados nacionais passaria a ser inócuo, do ponto de vista dos seus resultados, se o nexo entre propósito e racionalidade for comprovadamente espúrio. Mesmo em hipotético cenário de robustecimento das capacidades estatais, a impossibilidade de instrumentalização racional dos atos de violência negaria a validade do edifício clausewitziano. A proliferação de demonstrações de barbarismo, praticados durante as guerras, sobretudo por forças irregulares, sem intenção política aparente, sugeriria a presença de forças irracionais no centro do fenômeno bélico.[155]

---

154. Gray prefere, portanto, manter a distinção entre guerras regulares e irregulares em vez de utilizar o conceito mais genérico de guerra híbrida.
155. Exemplos de forças supostamente irracionais atuantes durante as guerras poderiam ser encontrados em atos bárbaros, tais como: assassinatos de crianças inocentes, tortura, mutilação de cadáveres, esquartejamentos, estupros coletivos (inclusive de menores), emprego de armas socialmente reprovadas (como minas terrestres em cachos e lasers cegantes) etc.

Tema tão intrincado não será explorado aqui a não ser de modo perfunctório. Foi sugerido, pelo autor, que o núcleo essencial da teoria da guerra de Clausewitz reside na trindade paradoxal. Esta, por sua vez, contempla a convivência simultânea de elementos racionais, não racionais e irracionais — inerentes a qualquer conflito bélico. É esse núcleo fundamental que garante a perenidade do arcabouço teórico do general prussiano, ao mesmo tempo que permite sua aplicação às guerras regulares e irregulares. Cabe, no entanto, explorar em que medida a racionalidade e a política estariam vinculadas.

Bassford argumenta que o conhecido *dictum* clausewitziano de que a "a guerra não é somente um ato político, mas um verdadeiro instrumento político, uma continuação das relações políticas, uma realização destas por outros meios" (Clausewitz, 1996:27) é objeto de toda sorte de interpretações equivocadas. Ao usar o termo *politik*, que, em alemão, assim como em português, significa tanto política em sentido lato quanto política pública (*policy*), Clausewitz nada diz sobre a relação entre guerra e razão. Se a última acepção supõe algum grau, ainda que apenas formal, de racionalidade, a primeira apresenta-se como algo distinto: "Política [...] é simplesmente o processo — compreendendo uma mistura rudimentar de elementos racionais, irracionais e não racionais como acaso e 'fricção' — por meio do qual o poder é distribuído dentro de uma dada sociedade" (Bassford, 1994:326).

A política não tem relação necessária com a racionalidade instrumental, estando sujeita a uma série de condicionantes potencialmente contraditórios: *hubris* do poder, percepções equivocadas, avaliações imprecisas, clamores populares, lideranças ineptas, *inter alia*. Isso sem falar nas ações do antagonista que visam frustrar os nossos objetivos. Nesse contexto, as metas a serem alcançadas não podem permanecer fixas, a não ser no mais extremo dos casos: a luta pela sobrevivência em uma guerra de objetivos ilimitados em que o inimigo busca nossa aniquilação. A não ser nesse caso raro, em que a contenda pela existência adquire caráter irredutível, aquilo que se busca obter ou preservar por meio da guerra será modificado pela dinâmica concreta do duelo de forças contrapostas.

A racionalidade humana, com todas as suas falhas e limitações inevitáveis, estará sujeita, na guerra, à influência de elementos não racionais e irracionais. Essas circunstâncias conformam um sistema não linear e instável: "O problema consiste, portanto, em manter a teoria no meio dessas três tendências, como que em suspensão entre três centros de atração [*magnetos*]"[156] (Clausewitz, 1996:30). Nas palavras de um analista: "ele [Clausewitz] percebeu e articulou a natureza da guerra como um fenômeno consumidor de energia envolvendo fatores competitivos e interativos, [...] que revela uma mistura confusa de ordem e imprevisibilidade" (Beyerchen, 1992:70). Daí derivaria o caráter camaleônico dos conflitos bélicos.

Ao observar a história das guerras, e de ter sido ele próprio testemunha em primeira mão das guerras napoleônicas, o general prussiano percebe que a guerra absoluta (fenômeno ideal livre de qualquer injunção concreta) raramente se assemelha à guerra real. A escalada aos extremos inerente à primeira encontra, no plano empírico, fatores de limitação. Ademais da fricção, o elemento definidor, no plano da realidade, da moderação da guerra absoluta é a política. Esta, conforme o sugerido anteriormente, determina a finalidade e a intensidade dos atos de força, que não são mais do que meios. No entanto, na guerra existe uma relação dialética entre meios e fins. A interação entre eles frequentemente modifica os últimos em função dos primeiros (Beyerchen, 1992:85).

Quanto menor o preço do que se exige da outra parte, maiores as chances de que se venha a obtê-lo — desde que o antagonista valore pouco aquilo que poderá perder. Nesse contexto, a racionalidade política, entendida como tradução efetiva de uma vontade em materialidade por meio do uso da violência, torna-se mais claramente reconhecível. Ocorre que a guerra, como processo e fenômeno social, não resulta necessariamente em vitória definitiva de um dos contendores — ainda quando este obtém seus objetivos circunstanciais. Inserida na história, a vitória será

---

156. Grifo meu. A tradução para a língua inglesa efetuada por Howard e Paret (1976) utiliza a palavra "magnetos" em vez de "centros de atração". Ver Beyerchen (1992:69).

sempre transitória, nunca final (Bassford, 1994:330). Isso em função da possibilidade de que os equilíbrios políticos gerados pela guerra venham a ser rompidos no futuro, levando à recidiva do emprego da violência em um novo contexto histórico.

Essa indeterminação, típica de um objeto não linear e complexo como o ora estudado, torna mais difícil ao observador perceber os vínculos entre racionalidade, política e resultantes do conflito bélico. Há também que considerar a aura catártica e espetaculosa que aquele encerra. Certamente, é mais intuitivo deplorar a morte e a destruição derivadas de uma guerra, e criticar sua real ou suposta irracionalidade, do que exigir políticas públicas eficientes que poupem a vida de centenas de milhares de vítimas de doenças contagiosas. Esse exemplo serve ao propósito de colocar em relevo a precariedade das faculdades humanas e a dificuldade de traduzi-las, na guerra, em resultados claramente identificados com uma lógica de racionalidade instrumental (adequação de meios a fins).

Se a guerra é a continuação da política por outros meios, e se a política é a administração do poder, a razão da guerra é a razão do poder. Logo, *mutatis mutandis*, compreende-se por que Clausewitz, um patriota realista vivendo em um período de grandes conflitos bélicos, afirmaria não haver lugar para utopias humanitárias no contexto da disputa de poder entre as nações:

> O fato de a matança ser um espetáculo horripilante deve nos fazer tomar a guerra seriamente, mas não fornece uma desculpa para gradualmente embotarmos nossas espadas em nome da humanidade. Cedo ou tarde, alguém, i.e., algum revolucionário ou invasor alienígena, virá com sua espada afiada e cortará nossos braços [Clausewitz apud Bassford, 1994:332].

O alerta referido expressa de maneira contundente como o poder em última instância necessita ser mantido pela força das armas. A justiça ou a injustiça das guerras e de suas motivações mais profundas constituem matérias que não poderão ser abordadas aqui. Contudo, cabe salientar que, na hipótese bastante provável da continuidade histórica das disputas de poder, a guerra permanecerá inscrita no universo de possibilidades das comunidades humanas (Proença Jr., 2010). As autoridades públicas que abandonem o estudo do fenômeno bélico ao campo das teratologias irracionais estarão prestando um enorme desserviço à humanidade que, não raro, proclamam defender — por retirarem, inconscientemente, as focinheiras que restringem as presas selvagens dos cães da guerra. Nessas condições, a racionalidade, com todas as suas limitações, continuará a ser o principal vetor capaz de conferir algum sentido à guerra, circunscrevendo sua destrutividade.

Guerra como expressão política *versus* guerra como expressão cultural

A discussão sobre a racionalidade da guerra possui conexão com outro equívoco muito difundido pelos empreendedores intelectuais do presente — e suas verdadeiras taras pela glória efêmera, normalmente associada à tola refutação de Clausewitz. Esse equívoco reside na tese da guerra como expressão cultural, que englobaria ou negaria a expressão política. Keegan e Creveld são os mais conhecidos defensores do primado da cultura sobre a política na guerra. Ocorre que esses autores não se preocupam em precisar exatamente o que o conceito significa, o que, diga-se *en passant*, seria uma tarefa inglória.

O significado de cultura não é consensual, mas vale citar a definição de um autor do século XIX: "Cultura [...] é aquele todo complexo que inclui conhecimento, crença, arte, moral, direito, costume e qualquer outra capacidade e hábito adquirido pelo homem como um membro da sociedade" (Tylor apud White, 1959:227). De acordo com White (1959:231), a cultura envolveria o estudo de coisas e atos dependentes dos símbolos aceitos em um determinado contexto social. Mesmo de acordo com a última definição, o universo abrangido pela cultura apresenta-se como praticamente ilimitado. Se é certo que a antropologia se dedica fundamentalmente ao estudo de culturas particulares, ainda assim seu escopo é extremamente amplo.

Nessas condições, a assertiva de que a política seria dependente da cultura representa, ao mesmo tempo, um truísmo e uma falsificação. Truísmo na medida em que uma dada sociedade conceberá a primeira em função da segunda — o que, de modo algum, implica aceitar a anulação das personalidades individuais ou negar o caráter dinâmico e multifacetado da cultura. Falsificação em face da evidente autonomia relativa da política, que precisa se haver com as disputas de poder em nível sistêmico.[157] Estas não obedecem a códigos culturais discretos, mas a injunções concretas que têm a ver com o poder relativo (real ou imaginário) das partes em disputa.

Deve-se ter em vista que a esmagadora maioria dos estudos acadêmicos sobre a guerra contemporânea que chegam ao "outro Ocidente" (Merquior, 1990) tem origem no eixo euro-atlântico. Confrontados com o fim da União Soviética, estribados em milhares de ogivas nucleares e desafiados por múltiplos atores da periferia do sistema mundial, intelectuais das nações do Ocidente desenvolvido lançaram um novo olhar sobre a cultura dessas tribos bárbaras. A noção de que as ameaças estariam concentradas no campo da guerra irregular produziu uma intensa vaga orientalista, cujo objetivo prático era o de fornecer insumos conceituais visando a conquista de corações e mentes das populações dos países em que as tropas euro-americanas se encontravam desdobradas. Um exemplo conspícuo desses desenvolvimentos pode ser encontrado na publicação do manual *FM 3-24: Counterinsurgency* (2006) do Exército norte-americano:

> Por toda a conversa de "cultura" [...] o historiador Edward Luttwak [...] conclui ser o FM 3-24 tanto culturalmente ingênuo quanto historicamente seletivo, ao ponto de se tornar um engodo deliberado. [...] FM 3-24 não oferece uma estratégia para o sucesso, apenas um compêndio de práticas,

---

157. A nulificação do poder pela parcialidade da cultura é uma fórmula para o desastre. De nada servem os códigos culturais discretos se as sociedades que lhes dão origem carecerem dos meios materiais necessários para sustentar, se necessário pela força, os seus modos de vida.

procedimentos e táticas que desconsideram o fato de que as insurgências são fenômenos políticos [Porch, 2013:302-303].

A virada cultural nos estudos sobre a guerra também se encontra condicionada pelo aumento da ocorrência de operações de manutenção da paz (OMPs) da ONU no pós-Guerra Fria. Finda a paralisia do Conselho de Segurança, as OMPs passaram a ser crescentemente utilizadas, pelos cinco membros permanentes, como uma forma de estabilizar conflitos periféricos, em que não houvesse interesse de engajamento direto das grandes potências. Embora as forças de paz não tenham funções precípuas de combate, a lógica desenvolvimentista onusiana, que sustenta a necessidade de que aquelas contribuam para a consolidação da paz (*peacebuilding*), acaba por aproximá-las das operações de contrainsurgência: ambas têm a pretensão, quase sempre ilusória, de conquistar a aquiescência e a boa vontade das populações anfitriãs. Logo, o conhecimento das culturas locais passa a ser elemento relevante para as tropas desdobradas em OMPs.

Porter (2007:48) cita outros fatores cruciais para o adensamento dos estudos estratégicos baseados em insumos culturalistas: o fracasso das intervenções norte-americanas no exterior; o debate sobre a possibilidade de mudanças fundamentais no caráter da guerra e a obsolescência dos paradigmas tradicionais; e a reação ao universalismo da administração George W. Bush e sua tentativa de transformação do mundo à imagem e semelhança dos EUA. É nesse contexto que John Keegan chega a afirmar que a guerra nada teria a ver com a política. A seu ver, a cultura seria o fator definidor da atividade guerreira, baseada, em última instância, em atavismos tribais (Keegan, 1995: passim). Em consequência, a racionalidade suposta por Clausewitz na condução do conflito bélico seria uma ilusão. Para Keegan, a guerra é a continuação da cultura por outros meios. Como tal, o historiador britânico cria uma dicotomia totalmente artificial entre "o modo de guerrear ocidental" e sua contraparte oriental. Enquanto o primeiro teria sido o responsável pelas maiores carnificinas registradas pela humanidade, a segunda se diferenciaria por uma apreensão mais sutil e sofisticada da guerra: "A guerra oriental, se podemos assim identificá-la e denominá-la como algo diferente e separado do modo de guerrear europeu, caracteriza-se por traços peculiares, principalmente evasão, retardamento e obliquidade" (Keegan, 1995:401).

Evidentemente, essa divisão não corresponde à realidade, uma vez que a própria cultura, sendo multifacética, oferece oportunidades para que os decisores políticos a explorem de acordo com suas percepções particulares ou conveniências circunstanciais. Ou seja, uma mesma cultura estratégica[158] pode justificar posturas diametralmente opostas quanto ao emprego da violência na guerra:

> Os governantes chineses frequentemente apelaram a essa suposta tradição de prudente conciliação e compromisso alegando que estavam em sintonia com a sabedoria ancestral. Mas esta eles alegremente abandonaram quando enxergaram oportunidades para partir para a ofensiva. Os imperadores Ming assim fizeram com grande frequência em enfrentamentos externos contra vietnamitas, coreanos, uigures, mongóis e tibetanos [Porter, 2007:51].

Faz-se igualmente imprescindível citar um aspecto que mitiga de modo substancial a importância relativa das culturas estratégicas específicas. Esse aspecto é a disparidade de forças entre as partes em contenda. Quando a disparidade se apresenta de maneira nítida, não resta ao lado mais fraco outra coisa a fazer a não ser adotar táticas de guerra irregular capazes de diminuir sua desvantagem militar. Portanto, mais do que as particularidades das culturas estratégicas, é o universalismo do poder o elemento mais relevante para o desenlace de um conflito bélico. Cabe à cultura estratégica influenciar aspectos relevantes embora não decisivos: a preferência por determinados tipos de manobra, pela ofensiva ou pelo contra-ataque, pelo entrechoque frontal ou pelo envolvimento etc.

---

158. A cultura estratégica é a transposição para o domínio da preparação e condução da guerra dos traços característicos da cultura de um povo genericamente considerado.

Se Keegan distorce as relações entre cultura e política, superestimando as diferenças entre as distintas culturas estratégicas e sublinhando os elementos aleatórios inerentes a elas, Creveld sustenta ser a cultura um fator permanente de irracionalidade na guerra. Ainda que se valha de uma pletora de exemplos históricos, desde a antiguidade até os dias de hoje, o historiador israelense parece enfatizar a cultura em sentido amplo. Para ele, existe uma cultura da guerra ancestral que continua pujante na contemporaneidade, mesmo no contexto das chamadas sociedades pós-heroicas da Europa (Sheehan, 2009). A fascinação do homem pela experiência da guerra seria uma constante atávica: "Enquanto a função ostensiva da cultura da guerra é fazer os homens desejosos, até mesmo ansiosos, de mirarem a face da morte, ela somente pode realizar esse intento se for compreendida não como um meio voltado a um fim, mas como um fim em si mesma" (Creveld, 2008:412).

A cultura da guerra entendida como um fim em si representa a capitulação diante do irracionalismo e do conformismo quanto à inevitabilidade da violência descontrolada (elemento constitutivo da guerra ideal clausewitziana):

> Parcialmente por causa do absoluto terror em que se desdobra, parcialmente pelo fato de envolver choque com um inimigo que tem seu próprio livre arbítrio, e cujas ações são frequentemente imprevisíveis, a guerra tem uma tendência inerente a degenerar em desordem violenta incontrolável [Creveld, 2008:412].

O determinismo cultural subjacente a essa perspectiva parece inserido na agenda de combate aos novos bárbaros que vem caracterizando as pesquisas de Creveld desde sua reinterpretação profundamente equivocada sobre a suposta ascensão das guerras não trinitárias (Creveld, 1991).

A superestimação do papel da cultura na determinação do fenômeno bélico tem origem em modas intelectuais passageiras e suspeitas do ponto de vista de suas condicionantes políticas. Porter (2007:56) salienta que aquela é apenas "um elemento que interage com outros, tais como circunstâncias materiais, desequilíbrios de poder e indivíduos". Colin Gray tem opinião semelhante, embora sublinhe a importância da compreensão da cultura para a consecução de estratégias mais sofisticadas. Estas, contudo, de modo nenhum garantiriam o atingimento dos objetivos traçados pelos estrategistas: "Os culturalmente ignorantes podem ganhar e ganham guerras. Da mesma forma, os culturalmente educados não necessariamente serão vitoriosos como recompensa por sua perícia antropológica" (Gray, 2006b:15). Apesar dos vários *caveats* sugeridos pelo autor anglo-americano quanto às armadilhas que o culto à cultura estratégica implica, ele falha em oferecer exemplos claros que justifiquem sua apreciação pela importância do conceito — subdividido por ele, sem maiores explicações, em cultura estratégica, pública e militar ou organizacional (Gray, 2006b:10).

Em abono da verdade, Gray admite as dificuldades de operacionalização do conceito de cultura estratégica. Este seria muito mais uma influência relevante do que uma ferramenta determinante. Em outras palavras, o conhecimento sobre a própria cultura estratégica e a do inimigo poderia representar diferencial útil, mas jamais decisivo se considerado isoladamente (Gray, 2006b:19). Nesse sentido, vale ressaltar os mitos criados pela recalcitrância intrínseca ao construto aqui discutido, que estariam no centro das distinções hiperbólicas entre culturas estratégicas particulares (russa, alemã, estadunidense, francesa, inglesa, japonesa etc.). Echevarria vai direto ao cerne da mitologia construída em torno da cultura estratégica:

> um sem-número de variáveis pode compor a cultura estratégica: geografia, clima, recursos naturais, organização, tradições, práticas históricas, estruturas políticas, ideologia, mitos, símbolos, mudança geracional e tecnologia. [...] definições abrangentes e variáveis sem limites tornam impossível determinar o que é a cultura estratégica [Echevarria II, 2014:34].

Baseado nessa premissa, o coronel norte-americano questionará, com fundamento em estudos de caso históricos, a pertinência em se falar de uma "forma americana de guerra". Em especial, o foco de sua pesquisa recaiu sobre três ficções[159] sobre a cultura estratégica estadunidense, a saber: 1) os EUA encarariam ingenuamente as guerras como cruzadas, em que se deveria lutar até o fim pelo objetivo colimado — colocando em segundo plano as ideias de negociação e compromisso; 2) o "tecnocentrismo" dominaria a estratégia dos EUA na guerra, significando a priorização de soluções tecnológicas para problemas políticos e militares complexos; 3) os norte-americanos seriam particularmente sensíveis a um grande número de baixas, o que afetaria adversamente as opções estratégicas e os métodos operacionais das Forças Armadas dos EUA (Echevarria II, 2014:39).

De acordo com a pesquisa realizada, Echevarria afirma serem falsas as três ficções sobre a forma americana de guerrear. Na realidade, o autor identifica um quadro nebuloso, em que, ao fim e ao cabo, não é possível determinar constantes ao longo da história das guerras em que os EUA tomaram parte. A implicação mais evidente dessa constatação é a impropriedade de se falar em uma cultura estratégica norte-americana perene (Echevarria II, 2014:174-176).[160] A variabilidade encontrada indicaria o quanto a cultura estratégica seria condicionada por contextos discretos que, pela sua natureza, colocam em causa a utilidade do conceito como bala de prata capaz de oferecer ao estrategista um guia seguro para a vitória.

Cabe considerar o fato de a guerra ser uma atividade imitativa por excelência (Resende-Santos, 2007). A emulação dos exemplos bem-sucedidos ocorre, entre outros fatores, em função da necessidade de minimizar os riscos inerentes à alta volatilidade desse tipo de empreendimento humano. Em consequência, as instituições militares tendem a convergir em torno do modelo tido como mais eficiente em um dado momento histórico (*e.g.*, Marinha britânica no século XIX, Exército alemão depois da Guerra Franco-Prussiana, força aérea estadunidense a partir da Se-

---

159. Ficção no sentido etimológico de invenção, fabricação.
160. Echevarria afirma que uma constante da "forma norte-americana de batalha" seria a busca permanente pela vitória no engajamento em nível tático. Ora, a busca da vitória em batalhas em nada diferencia o Exército dos EUA de seus congêneres de outros países.

gunda Guerra Mundial). Essa circunstância, em que o desenvolvimento tecnológico desempenha papel de grande relevo, constitui outro fator de mitigação da influência da cultura estratégica. O isomorfismo inerente à busca de redução da incerteza tende a modular a diferenciação entre culturas estratégicas particulares.

Finalmente, na linha de Gray, a baixa capacidade de tradução da cultura estratégica em ações objetivas não torna a última inválida de *per si*. Aquela pode ter importância relevante no sentido da composição de um quadro geral sobre o *modus operandi* de forças amigas e inimigas. Antes de representar panaceia, o estudo da cultura pode oferecer *insights* importantes sobre as opções estratégicas de nações e grupos subnacionais. Essa discussão encontra-se relacionada com as teses sobre a prevalência das guerras irregulares como o padrão a ser reproduzido nos conflitos do futuro. Sobre isso, valeria considerar a suposta disjuntiva entre o que se convencionou chamar de guerras regulares e irregulares — tendo por princípio a estimação das características mais salientes do fenômeno bélico na contemporaneidade.

Guerra regular *versus* guerra irregular

As considerações anteriormente expostas indicam a avassaladora tendência de os estudos sobre a guerra serem dominados pelos contextos temporais em que foram formulados. A isso, somam-se dois outros elementos de suma relevância: a busca de resolução de problemas[161] e a intenção de influenciar os rumos das opções estratégicas adotadas pelas lideranças políticas.[162] Essa recordação apresenta-se como crucial para que não se

---

161. Recordar que muitos dos estudiosos de estratégia são militares ou ex-militares. A profissão das armas é caracterizada, antes de mais nada, pela demanda de resolução de problemas práticos imediatos.
162. Essa intencionalidade, convergente com a ideia de resolução de problemas, é comum tanto a militares quanto a acadêmicos.

perca de vista o significado político das obras que se ocupam da temática da guerra. O caráter rapidamente perecível de muitas dessas construções acadêmicas deve fazer o analista redobrar sua atenção — mantendo-se alerta em relação às modas passageiras e às continuidades relevantes.

A guerra global ao terrorismo (GWoT) suscitada pelos atentados do 11 de Setembro catapultou o emprego do terror ao centro das narrativas sobre o futuro da guerra. Seria ocioso e enfadonho tentar historiar as obras produzidas sobre o assunto desde então. Os atentados às Torres Gêmeas e ao Pentágono representaram oportunidade ímpar para uma vaga de estudos que pretendiam determinar o "novo" caráter da guerra a partir de então. Vale notar que dois elementos fundamentais da suposta inovação corporificada pelos ataques terroristas nos EUA nada tinham de novos: o suicídio dos perpetradores e a utilização de meios aéreos. Ataques suicidas com homens-bomba foram registrados no final do século XIX, tendo sido empregados com sucesso pelo Hezbollah no Líbano (1983). Da mesma forma, os ataques de kamikazes japoneses na Segunda Guerra Mundial valeram-se de aviões para golpear o inimigo (Horowitz, 2010:174).

Politicamente, o 11 de Setembro serviu à mobilização da sociedade norte-americana para uma guerra de duração ilimitada, oferecendo à administração George W. Bush a oportunidade de derrocar pela força das armas os Estados párias que serviam de santuário para grupos terroristas. A intervenção no Afeganistão seria saudada, em seu início, como exemplo de eficácia, derivada do emprego simultâneo de poder aéreo associado à presença de forças especiais no terreno. Estas, além de designarem alvos para a aviação, atuaram em conjunto com tropas hostis ao regime do Talibã. A imagem de soldados norte-americanos cavalgando junto a elementos da Aliança do Norte, portando sofisticados equipamentos de comunicação via satélite, foi percebida como expressão de uma nova forma de guerrear. Na mesma linha, o emprego de *drones* armados, controlados a partir do quartel-general da CIA na Virgínia, emprestou credibilidade à descrição da guerra contemporânea como um exercício virtual (Kilcullen, 2013:172).

Shaw critica a virtualidade gerada pelo que designou de guerra de transferência de risco. A seu ver, o emprego de *drones* ou de munições lançadas à distância (*stand-off*), voltados à sanitização das guerras, cria dilemas éticos evidentes. Ao contrário do que sustenta a teoria da guerra justa, a guerra de transferência de risco minimiza as fatalidades incidentes sobre as tropas dos Estados ocidentais avançados — dotados de supremacia tecnológica —, ao mesmo tempo que aumenta as baixas incidentes sobre as populações civis dos Estados sujeitos às operações militares. Como esse tipo de operação é virtual apenas para os operadores dos *drones*, as populações locais sofrem as consequências dos erros de identificação de alvos e dos efeitos indesejados do armamento utilizado.[163] Nesse contexto, a legitimidade das armas ditas cirúrgicas, ancorada na sua capacidade de discriminação de alvos civis e militares, é solapada pelos danos inevitáveis causados à população civil (Shaw, 2005).

Em qualquer circunstância, o pesadelo que se seguiu à rápida derrubada do Talibã, acoplado ao pântano do Iraque, esvaziaria as narrativas que se fundavam em variadas formas de determinismo tecnológico. A derrota política sofrida pelas Forças de Defesa de Israel durante sua malograda intervenção no Líbano, em 2006, subtrairia ainda mais consistência às teses sobre a RAM (Murray, 2011:289-290). A importância das mudanças tecnológicas não deixaria de condicionar o debate estratégico, em vista da constatação de que a guerra hodierna se trava em cinco dimensões: naval, terrestre, aérea, espacial e cibernética (Gray, 2006a:123-124). A ênfase dos estudos sobre o tema centrou-se na prevalência da guerra irregular, magnificada em seus efeitos pela interconectividade proporcionada pelos modernos meios de comunicação.

O alto perfil midiático adquirido pelo terrorismo islâmico desde o 11 de Setembro, e a baixa incidência de guerras interestatais no pós-Guerra Fria, contribuiu para a percepção de que os conflitos contemporâneos se concentrariam no plano irregular. Afinal, o terror é uma técnica voltada

---

163. Mesmo um míssil de pequeno porte como o *Hellfire*, lançado de drones e helicópteros, pode atingir o alvo e ainda assim matar pessoas próximas inocentes.

à conquista de objetivos políticos normalmente utilizada por grupos dotados de recursos militares mais restritos do que os dos seus antagonistas.[164] Não podendo optar pelo combate regular, hipótese em que seriam obliterados, esses grupos apelam a táticas de guerrilha e ao terrorismo como forma de compensar sua desvantagem material.

Cabe notar, contudo, que as insurgências enfrentadas pelas tropas ocidentais no Afeganistão e no Iraque não são de tipos idênticos. No primeiro caso, trata-se de movimento de guerrilha rural em um Estado fragmentado, extremamente pobre e dotado de geografia favorável ao desenvolvimento de ações irregulares. No segundo, a insurgência transcorre em um Estado de nível intermediário de desenvolvimento, dotado de núcleos urbanos significativos e cuja geografia não favorece a guerrilha rural. O Iraque, portanto, assistiu ao florescimento do que se convencionou chamar de guerrilha urbana. Laqueur não endossa o conceito, afirmando ser o termo "guerrilha urbana" um eufemismo para "terrorismo urbano" (1976:403). É com base nessa premissa que o autor afirmará o seguinte:

> Uma guerra bem-sucedida de guerrilha urbana é apenas possível se a força do establishment tiver se deteriorado ao ponto de grupos armados poderem circular livremente na cidade. Tal estado de coisas ocorreu somente em ocasiões muito raras e nunca perdurou por muito tempo, levando em poucos dias à vitória dos insurgentes ou dos governantes. [...] O terrorismo urbano pode solapar um governo fraco, ou até atuar como catalizador de uma insurgência geral, mas não é um instrumento para a tomada do poder [Laqueur, 1976:403-404].

Seja como for, o australiano David Kilcullen, ex-consultor do general David Petraeus para temas de contrainsurgência, propõe que os conflitos do presente e do futuro serão essencialmente irregulares — podendo também vir a envolver tropas regulares. O cenário vislumbrado por ele é o de

---

164. O terror também pode ser utilizado por Estados, particularmente no contexto de ações de sabotagem levadas a cabo por forças especiais na retaguarda do inimigo.

grandes cidades costeiras, quase sempre em países do Terceiro Mundo, em que toda sorte de grupos potencialmente nefandos competiria com os Estados pelo controle das populações. Nesse mundo distópico, enormes contingentes populacionais viveriam em megafavelas, utilizariam meios de comunicação avançados e ver-se-iam constrangidos pela violência de grupos de criminosos capazes de impor sua vontade em um terreno desfavorável ao emprego do poder militar convencional (Kilcullen, 2013:268-289).

Kilcullen imagina que o emprego dos ativos militares dos Estados desenvolvidos se dará prioritariamente contra uma gama de entidades subestatais: narcotraficantes, terroristas, guerrilheiros, sequestradores, contrabandistas, grupos de vigilantes etc. Para tornar o quadro ainda menos claro, os Estados poderão entrar em alianças táticas com esses elementos, valendo-se do seu conhecimento do terreno e mesmo da sua capacidade bélica. Situações hipotéticas de emprego teriam a ver com a repressão de células terroristas homiziadas em conurbações caóticas de países em desenvolvimento, intervenções humanitárias, exfiltração de nacionais em situações de catástrofes naturais e de crise, operações de manutenção e de imposição da paz, guerras interestatais,[165] *inter alia* (Kilcullen, 2013:264-268).

Embora o ex-militar australiano privilegie a contrainsurgência como a atividade mais provável a ser desempenhada pelos exércitos de países avançados, ele não descarta a permanência das guerras entre Estados. Essa admissão aproxima-o dos propugnadores da guerra híbrida. No entanto, sua ênfase no controle competitivo dos corações e mentes das populações-alvo não deixa margem à dúvida sobre sua lealdade ao paradigma "coindinista":

> o fato de um conflito começar convencional não significa que ele vá permanecer dessa forma (pense no Iraque), e diversos cenários — incluindo os casos mais ou menos hipotéticos de guerra com China, Coreia do Norte ou Irã — envolvem terreno urbanizado, cidades costeiras e espaço marítimo litorâneo

---

165. Embora o autor cite essa possibilidade, ele não confere ênfase a essa hipótese.

restrito. [...] em função das redes crescentemente densas de conectividade entre cidades e populações através do planeta, operações expedicionárias [...] podem suscitar ataques retaliatórios em território pátrio — muito provavelmente [...] em grandes cidades [Kilcullen, 2013:267].

Douglas Porch não terá condescendência com os teóricos da contrainsurgência contemporânea como Kilcullen. Na sua visão, estes representariam nada mais do que uma atualização da velha tradição colonialista encarnada em burocracias como o Bureau Arab (francês) e o Indian Political Service (britânico) (Porch, 2013:329). De todo modo, o orientalismo subjacente a essas perspectivas não torna equivocada a compreensão de que o processo de urbanização e a concentração populacional próxima ao litoral são dados que têm de ser levados em conta pelos estrategistas do presente. A distinção fundamental entre estudiosos como Kilcullen e Porch reside em outro lugar. Enquanto o primeiro toma as intervenções externas em terras bárbaras como um dado da paisagem, o segundo denuncia a brutalidade e a dissimulação intrínsecas aos esforços de contrainsurgência — cujas encarnações históricas estão entre os exemplares mais cruéis da guerra de todos os tempos (Porch, 2013: passim).

Se os conflitos bélicos do futuro estiverem restritos a variações sobre o tema da guerra irregular, o mundo democrático deve estar preparado para as sérias consequências decorrentes dessa hipótese: a construção de um gigantesco aparato de contrainformação voltado a vender como benévolas ações repressivas cruéis; a perversão moral de muitos dos militares envolvidos nesse tipo de guerra — causada pelo dever de lealdade com seus companheiros e superiores hierárquicos na ocultação das atrocidades; a potencial fragilização da democracia dos países interventores, em face da aliança fundada na mentira entre políticos, soldados, burocracia estatal e meios de comunicação[166] — com a decorrente inclusão de todos

---

166. Em países democráticos, essa aliança é crucial para a manutenção do apoio popular à guerra. Somente uma população convencida da benevolência da intervenção externa patrocinada por seu governo poderá manter-se firme na sustentação do esforço de guerra — aceitando os custos humanos e materiais de uma tal empreitada.

aqueles que se opõem à guerra no rol dos traidores da pátria;[167] e o enfraquecimento da capacidade combatente dos exércitos engajados nesse tipo de operação — em vista das dificuldades de conciliar, com igual nível de proficiência, o combate regular e o irregular (Porch, 2013: passim).

O trabalho de desmistificação da contrainsurgência realizado por Porch é de suma importância na medida em que a difusão da mitologia a ela associada vem produzindo estragos graves, e não somente em terras bárbaras. A valorização excessiva das forças especiais ("os regulares irregulares"), cruciais em conflitos dessa natureza, suscitou fenômenos como a proposta de criação de um exército totalmente baseado em forças guerrilheiras patrocinadas pelo Estado. Diante da disparidade de meios entre grandes e pequenas potências, Sandor Fabian, um membro das forças especiais húngaras, propõe que a defesa de pequenos Estados utilize a assimetria como doutrina oficial de enfrentamento de exércitos de nações mais poderosas (Fabian, 2012:325).

Embora Fabian reconheça algumas das dificuldades inerentes a uma proposta tão radical — como a aceitação pelas autoridades políticas de que uma invasão estrangeira não sofreria oposição inicial das forças armadas irregulares do país —, é notável como ele deixa de fora outras possibilidades que justificariam a manutenção de capacidades convencionais por parte de pequenos Estados como a Hungria. Esquematicamente, três seriam essas possibilidades: 1) conflitos com pequenas nações vizinhas de poder relativo similar; 2) participação em coalizões e alianças militares que exijam capacidades convencionais; 3) manutenção de núcleo combatente capaz de difundir entre o exército conhecimentos mais exigentes do ponto de vista técnico-profissional — dada a maior demanda tecnológica dos combates convencionais.

Note-se que o autor húngaro chega à sua proposta a partir da análise de casos históricos. Ironicamente, apesar da admissão de que o primeiro

---

167. Para manter o engajamento da população no apoio a esse tipo de conflito, é comportamento tradicional da coalizão pró-guerra demonizar os adversários e pintá-los como vendilhões da pátria.

exemplo de guerra irregular de que se tem notícia foi registrado no século XV a.C. pelo rei hitita Mursili, Fabian (2012:61-62) demonstra deplorável falta de perspectiva histórica. Ao propor a especialização dos pequenos Estados no polo mais débil da capacitação militar, ele toma como cristalizados os dados de que dispõe sobre a realidade do presente — provavelmente fundados no temor de uma invasão da Rússia. E se a história decidir inverter as tendências atuais? Como aponta Porch (2013:325), exércitos voltados à contrainsurgência não têm os meios nem as qualificações técnico-profissionais necessários para levar a cabo as complexas operações de armas combinadas típicas do combate convencional. Em contraste, as forças convencionais são capazes, não sem dificuldades, de se adaptar às exigências do combate irregular.

Guerra contemporânea e guerra futura

Tudo o que foi dito até aqui aponta para o caráter problemático de muitas das narrativas sobre o futuro da guerra. Como o porvir não pode, por definição, ser previsto, Gray (2009:155-157) afirma que a missão mais importante do estrategista é errar pouco. Diante dessa constatação, é provável que as próximas décadas conheçam conflitos assemelhados ao que se convencionou chamar de guerras híbridas. A anexação da Crimeia pela Rússia, assim como o temor de que os EUA e a China venham a se enfrentar em algum momento não muito longínquo (Rosecrance e Miller, 2015), aponta a permanência da validade da classificação dos choques entre Estados como as hipóteses mais sérias a serem consideradas pelos planejadores de defesa.

O fato de a intervenção russa no país vizinho não ter sido realizada por meio de declaração de guerra prévia em nada muda o que se materializou na prática: o emprego da força com vistas à anexação territorial. As ações clandestinas empreendidas, em um primeiro momento da crise, corroboram a tese da artificialidade da separação rígida entre guerras regulares e irregulares. Da mesma forma, o apoio de Moscou aos grupos separatistas no leste da Ucrânia obedece ao modelo da guerra híbrida (Hoffman, 2016). Nessa mesma linha de raciocínio, o conceito de guerra irrestrita desenvolvido por militares de chineses segue a trilha de indistinção entre estratégias regulares e irregulares, entre meios violentos e pacíficos, entre ações coercitivas e psicológicas (Qiao e Wang, 2002). A chamada guerra sistêmica, assim como a irrestrita, projeta "[...] interromper, degradar, desacreditar ou destruir sistemas dos quais dependem os estados e as populações" (Johnson, 2014:77).

O quadro que se delineia é extremamente complexo e não discrepa daquilo que sempre caracterizou o fenômeno bélico em toda a parte: a incerteza. É com fundamento nesse princípio basilar que se pode projetar a insanidade das narrativas voltadas à transformação dos exércitos nacionais — particularmente de grandes e médias potências — em forças de contrainsurgência, constabulares, parapoliciais, *inter alia*. A especialização das capacidades de uma força armada no polo mais fraco do espectro dos conflitos, que vai da zona cinzenta[168] até a guerra convencional de alta intensidade,[169] elimina a flexibilidade necessária para que se administre eficazmente a incerteza. Se um determinado exército se encontra preparado apenas para as formas de conflito menos exigentes em termos materiais, restará a ele unicamente rezar para que a realidade não exija outros tipos de capacitação.[170]

---

168. De acordo com Hoffman, a zona cinzenta encontra-se aquém da guerra irregular e do terrorismo. A primeira envolveria "atividades multidimensionais deliberadas da parte de ator estatal que não ultrapassem o umbral do uso agressivo de forças militares" (Hoffman, 2016:26). Nesse tipo de conflito, os Estados utilizariam secretamente *proxies* de modo a patrocinar ações violentas sem perder a possibilidade de negar seu envolvimento.
169. Deve-se notar que, conforme o sugerido neste ensaio, um conceito como o de espectro dos conflitos tem função apenas analítica. Ele não retrata perfeitamente a realidade dos conflitos, que é muito menos clara do que qualquer taxonomia. Não está incluída nesse rol a guerra nuclear, tida como uma hipótese extrema e ao alcance de poucos países.
170. O autor está consciente que a especialização em um dos pontos do contínuo dos conflitos pode ser a única opção de pequenas potências cuja margem de manobra é mínima. Esse, evidentemente, não é o caso de médias e grandes potências.

Além do que vai anteriormente, cabe notar que nenhum dos países nuclearmente armados cogita abrir mão de suas capacidades nesse campo — a despeito do tabu em vigor desde Hiroshima e Nagasaki. A miniaturização das ogivas nucleares e o desenvolvimento das armas de energia direta (laser) podem vir a reintroduzir o armamento atômico no rol das ferramentas bélicas utilizáveis no futuro.[171] Tensões derivadas do crescimento chinês e de sua assertividade cada vez mais pronunciada no mar do sul da China têm potencial de arrastar os EUA para conflitos — em vista dos compromissos assumidos com aliados como o Japão e as Filipinas (Rosecrance, 2015:54-55). O ciberespaço é outro domínio que pode gerar problemas entre Washington e Pequim. A disputa ora em curso no espaço virtual, marcada por admoestações mútuas, constitui um fator irritante que poderia se atualizar no mundo real, particularmente em momentos de dificuldade no relacionamento entre os dois países.

A imprevisibilidade da guerra futura em nada mudará sua lógica. A gramática dos conflitos bélicos do porvir, contudo, ultrapassará os limites de conceitos estreitos. Nessa linha, crescente número de analistas norte-americanos salienta o que parece óbvio: "As lições da guerra moderna para os EUA indicam que ele deve continuar a se planejar para a guerra *em todas as suas formas* [...]" (Sorenson, 2008:98). A doutrina mais recente do Exército dos Estados Unidos, intitulada Operações Terrestres Unificadas (OTU), coloca no mesmo plano de importância a ofensiva, a defensiva e as ações de estabilização (quando atuando no exterior) ou o apoio da defesa a autoridades civis (quando atuando no território nacional) (Granai, 2015:12). Esse documento prevê que o U.S. Army deve estar apto a vencer tanto em um cenário de combate de grande escala quanto

---

171. As armas de energia direta começam pouco a pouco a ser introduzidas nos arsenais dos países militarmente avançados. Embora sua utilização atual seja limitada — *e.g.*, destruição de drones e foguetes de pequeno porte —, é de se prever que venham a ser cada vez mais potentes e capazes. Essa perspectiva pode alterar o equilíbrio estratégico mundial na medida em que torne viável a construção de escudos antimísseis mais eficazes. Estes, por sua vez, poderiam forçar as potências nucleares retardatárias a contemplar o "primeiro uso" de armas nucleares como forma de destruir os sistemas antimísseis.

em um de contrainsurgência. Para que isso ocorra, as operações ofensivas, defensivas e de estabilização ocorrerão simultaneamente (Granai, 2015:11) e estarão fundadas nos princípios de flexibilidade, integração, letalidade, adaptabilidade, profundidade e sincronização (Granai, 2015:39).

Vale mencionar a grande distância que pode haver entre documentos doutrinários e a prática no terreno. Em qualquer caso, a OTU incorpora a experiência do Exército dos EUA no Iraque e Afeganistão. Ademais, coloca ênfase nas operações de estabilização, que não implicam o emprego direto da violência. Esse documento também aponta em direção à artificialidade da disjunção entre guerra regular e irregular. Ainda assim, é duvidoso que a força terrestre norte-americana venha a priorizar as tarefas de contrainsurgência, sobretudo em uma quadra histórica em que a guerra entre Estados (híbrida, de zona cinzenta, cibernética, ou uma mistura de todas elas) volta a ser contemplada.

A chave para o futuro parece ser a adaptabilidade, o que significa que o investimento militar das nações sérias e responsáveis deverá priorizar a constituição de exércitos dotados de capacidades múltiplas centradas no combate convencional de alta intensidade integrado com capacidades não convencionais. Em suma, os conflitos do futuro exigirão a capacidade de atuação no amplo espectro — o que somente pode ocorrer se existir um núcleo central de capacidades convencionais robusto e flexível. Abrir mão desse núcleo significa muito mais do que abrir mão da essência do exército, significa um projeto prático de suicídio institucional.

Forças Armadas brasileiras e o drama do subdesenvolvimento

As considerações levadas a cabo nas seções anteriores deste ensaio trataram da questão da guerra a partir de um ponto de vista genérico, razoavelmente abstrato e condicionado pelos debates prevalecentes nas principais potências do Ocidente. Trata-se agora de aproximar a reflexão desenvolvida da realidade das Forças Armadas do país. Embora a discussão realizada não deixe de ter implicações para a Marinha do Brasil (MB) e a

Força Aérea Brasileira (FAB), o foco de atenção prioritário recairá sobre a relação entre a guerra contemporânea e o Exército Brasileiro (EB). A contextualização da realidade nacional e internacional do Brasil, imprescindível para que se possa delinear os desafios impostos à força terrestre, será feita de maneira taquigráfica — em vista dos trabalhos passados do autor que já se ocuparam desse tema (Alsina Jr., 2006, 2009, 2015).

A situação presente das Forças Armadas é extremamente grave. De um certo triunfalismo observado no final dos anos 2000, na esteira da publicação da I Estratégia Nacional de Defesa (Brasil, 2008a) e do crescimento econômico dos últimos anos daquela década, passou-se a um profundo desencanto derivado do calamitoso quadro econômico, político, social e moral legado pela mandatária impedida pelo Congresso. Os programas estruturantes iniciados na gestão Nelson Jobim encontram-se em ritmo extremamente lento de implementação, devido às severas restrições orçamentárias decorrentes da recessão. Essas mesmas restrições têm incidido de maneira impiedosa sobre o custeio das forças singulares, diminuindo ainda mais a já baixíssima disponibilidade das plataformas de combate (em regra obsoletas e em número muito abaixo do necessário). Os gastos com aposentadorias e pensões militares crescem em ritmo acelerado e comprimem adicionalmente o irrisório percentual do orçamento destinado a custeio e investimentos.

Houve, igualmente, um notável retrocesso no processo de civilianização do Ministério da Defesa (MD). As próprias lideranças civis do MD aceitaram pressões e permitiram a ocupação de diversos cargos destinados a civis por oficiais da reserva das Forças Armadas.[172] A criação da carreira de analista de defesa, prevista na I END e cujo objetivo era prover o MD de uma burocracia civil estável e especializada em temas de defesa, não saiu do papel até a data de redação deste ensaio. Tampouco há registro de avanços dignos de nota no trabalho de articulação de uma política

---

172. O MD é um ministério atípico, na medida em que cargos destinados a civis podem ser ocupados por militares da reserva, mas cargos destinados a militares não podem ser ocupados por civis.

industrial de defesa, que acabe com a redundância de esforços das três forças, gere economias de escala e harmonize a aquisição de material bélico — de modo a aumentar a comunalidade de meios entre MB, EB e FAB.

Inúmeros projetos previstos na I END não viram a luz do dia, como o que previa a criação de comandos conjuntos nas diversas regiões brasileiras. Ao mesmo tempo, o chefe do Estado-Maior Conjunto das Forças Armadas (CEMCFA) continua a não ter precedência hierárquica sobre os comandantes de Força, o que vem em detrimento de sua capacidade de fiscalizar o preparo das forças singulares e até mesmo de coordenar seu emprego de modo efetivo. Em consequência, as políticas setoriais naval, terrestre e aeroespacial permanecem, em grande medida, autônomas. O autor desconhece exemplos importantes em que algum aspecto dessas políticas setoriais tenha sido modificado de modo a se adaptar a determinações do poder político civil, que se limita a exercer uma autoridade passiva por meio das restrições de caráter orçamentário.

O quadro descrito de maneira muito sintética indica haver baixos incentivos para que as lideranças civis exerçam efetivo controle sobre as Forças Armadas. Não sendo a política de defesa um tema que desperte grande interesse popular, não se geram demandas por uma boa gestão do setor. Ao contrário, a estabilidade do sistema dá-se por meio de um pacto da mediocridade não escrito entre paisanos e fardados: os primeiros fingem que controlam os últimos e os últimos fingem que obedecem aos primeiros. Enquanto todos parecem confortáveis em suas posições burocraticamente inócuas do ponto de vista da eficiência da política de defesa, as Forças Armadas definham material e moralmente — uma vez que os soldados esperam do país apenas os meios adequados ao cumprimento de sua nobre missão e, quase de modo invariável, não os obtêm.[173]

Depreendem-se, em vista do exposto, as fragilíssimas bases domésticas da grande estratégia brasileira. Evidentemente, os problemas não param por aí. Além de orçamentos de defesa baixos em termos relativos (em-

---

173. Em consequência, sobram indícios de que nossas tropas possuem, em sua grande maioria, uma moral bastante baixa.

bora significativos em termos absolutos), a enorme parcela destinada ao pagamento de pessoal ativo e inativo drena os investimentos necessários à imperiosa modernização de Marinha, Exército e Aeronáutica. Esse problema, no entanto, não é o mais grave. Dois aspectos estruturais tornam praticamente impossível articular de modo consequente a política de defesa nacional com a grande estratégia do país. O primeiro tem a ver com o viés fortemente "internalista",[174] produto do caos prevalecente no setor de segurança pública, que gera demanda quase ininterrupta no sentido do emprego das Forças Armadas em operações de garantia da lei e da ordem (GLO). O segundo diz respeito aos preconceitos quanto à utilidade do poder militar para a inserção internacional brasileira.

Muito já se escreveu sobre o primeiro aspecto, sobretudo no contexto dos estudos que se ocuparam das relações civis-militares em democracias recentes (Oliveira, 2005; Castro e D'Araújo, 2000). É preciso enfatizar, contudo, que o emprego sistemático das Forças Armadas em operações de GLO produz três efeitos extremamente deletérios: desvia o foco das autoridades políticas em relação à urgente reforma do modelo de segurança pública existente no Brasil; sobrecarrega o Exército e o Corpo de Fuzileiros Navais (este secundariamente) com tarefas que não constituem o *core business* das Forças Armadas, deturpando sua função institucional — que passa a ser, na prática, a de reserva das polícias estaduais; expõe as forças militares federais ao contato com a marginalidade, o que pode fomentar a corrupção e a desmoralização daquelas. Essa realidade torna difícil a concentração de esforços em torno da construção das capacidades de dissuasão e expedicionária necessárias ao apoio militar à política externa.

O segundo aspecto é ainda mais complexo, e somente poderá ser abordado de maneira sumária. Além do cultivo, por determinadas correntes político-ideológicas, de um ódio de estimação pelas Forças Armadas — ódio, aliás, conveniente a uma estratégia de vitimização permanente —,

---

174. Na literatura sobre relações civis-militares, o neologismo "internalista" refere-se ao viés de utilização doméstica das Forças Armadas prevalecente em muitos países. Ver Amorim (2016:9-13).

cabe destacar a ampla difusão da mitologia que alcunhei de *excepcionalismo verde e amarelo* (Alsina Jr., 2017). Este retrata o Brasil como uma exceção mundial, uma coletividade pacifista por convicção e quiçá até mesmo por atavismo. De acordo com essa chave interpretativa, as virtudes guerreiras seriam estranhas ao povo brasileiro, assim como a guerra representaria uma monstruosidade absolutamente alheia à forma de estar no mundo dos descendentes de Macunaíma. Essa realidade supostamente inquestionável embasaria os pleitos nacionais em prol de maior protagonismo no sistema onusiano de segurança coletiva, em razão das impecáveis credenciais pacíficas do país.

A citada mitologia, que seria cômica se não fosse trágica, faz abstração de dados essenciais. Entre eles, poder-se-ia citar: 1) a contradição entre o discurso do pacifismo e o fato objetivo de o Brasil fazer parte do nada invejável grupo dos países com maior número de mortes violentas a cada ano (60 mil, em média); 2) a desconsideração sumária do relevante papel que as Forças Armadas brasileiras desempenharam na conformação do território nacional, inclusive por meio da dissuasão e da ameaça e emprego da força; 3) o esquecimento do estatuto histórico do Brasil como nação continental em desenvolvimento cercada por vizinhos fracos,[175] fator determinante para a baixa incidência de guerras interestatais que envolvessem o país (estas, no entanto, ocorreram como nos casos da Cisplatina, derrubada do ditador Rosas, Paraguai); 4) a negação da inexistência de exemplo de nação praticamente desarmada, como o Brasil, que tenha alcançado protagonismo no campo da segurança internacional; 5) a afirmação contraditória da impotência militar como signo de poder, já que do ponto de vista da lógica do argumento são as nações pacíficas/desarmadas as mais bem qualificadas para decidir sobre a guerra![176]

---

175. A única exceção parcial a essa regra foi a Argentina, que pretendia reconstruir, sob sua hegemonia, o Vice-Reino do Rio da Prata. Não por outro motivo, daí deriva a rivalidade histórica entre Buenos Aires e o Rio de Janeiro (depois Brasília).
176. Evidentemente, esse "argumento" nada diz sobre as situações reais em que os países desarmados venham a ser obrigados a empregar a força! Cabe indagar como eles o fariam. Pedindo ajuda aos desprezíveis países "guerreiros"?

Diante disso, pode-se perfilar três grupos de fatores que tornam a consecução da grande estratégia brasileira um exercício extremamente problemático: a miserabilidade material de Marinha, Exército e Aeronáutica; o sistemático desvio funcional das Forças Armadas para tarefas domésticas que pouco ou nada têm a ver com as funções precípuas de instituições castrenses de países civilizados, isto é: defesa da pátria e apoio à política externa; e a repetição indiscriminada e mecânica da mitologia conservadora sobre o caráter invencivelmente pacífico do povo e, por extensão, de sua política internacional — o que deslegitima, *a priori*, o investimento nas Forças Armadas, encarado como inútil, perdulário ou moralmente perverso. Note-se que os três conjuntos de fatores se retroalimentam, formando o que qualifiquei, em trabalhos anteriores, como o círculo vicioso do subdesenvolvimento aplicado ao domínio militar.

Ao quadro interno perfunctoriamente descrito faz-se necessário agregar um breve sumário sobre a inserção internacional brasileira, com destaque para a dimensão de segurança. O Brasil encontra-se em uma das regiões mais periféricas do mundo, distante dos principais eixos econômicos e de conflito. A América do Sul, nessa circunstância geográfica, é marcada pelo subdesenvolvimento e pela presença de alguns dos maiores produtores de drogas do planeta. A tibieza dos aparatos estatais, emblema da maior parte dos países da região, constitui fator típico de introversão. A fraqueza do Estado produz um duplo efeito: permite a proliferação de dissensões domésticas ao mesmo tempo que torna mais complexo o acúmulo dos meios bélicos e organizacionais imprescindíveis à condução de campanhas militares contra inimigos externos (Centeno, 2002).

Essa realidade parece ser uma das causas de a América do Sul representar uma anomalia para os partidários da falaciosa tese da paz democrática. O subcontinente experimentou um reduzido número de guerras interestatais ao longo de sua história, independentemente do tipo de regime político dominante. A despeito do predomínio de ditaduras ou de democracias, a baixa incidência de guerras entre Estados manteve-se inalterada (Mares, 2001:106-108). Para tanto, certamente contribuiu o fato de o Brasil perfazer cerca de 50% da extensão territorial sul-americana, representando um continente em si mesmo ainda em busca do desenvolvimento. Se essa característica não explica tudo, ao menos indicia a racionalidade de uma política externa que procura estabilizar o entorno estratégico nacional — uma vez que a manutenção de ambiente estável nos países lindeiros exime a nação de despender recursos escassos com a gestão de conflitos em nossas fronteiras.[177]

Os lindes ocidentais do país confrontam uma plêiade de nações fracas do ponto de vista militar, mas opulentas no tocante ao seu potencial de fomentar o crime organizado no Brasil. A recente preocupação com as relações entre a criminalidade transnacional e a porosidade das fronteiras tem gerado impulso político no sentido da securitização do tema. A iniciativa do EB de construir o Sistema Integrado de Controle de Fronteiras (Sisfron) parece ter sido um fator importante de fomento dessa preocupação.[178] O Sisfron, originalmente concebido como uma resposta da força terrestre ao novo impulso dado ao programa nuclear da MB, pode representar um perigo fatal para o Exército Brasileiro. Isso pois a dimensão de defesa do projeto — *e.g.*, aquisição de VBTPs Guarani, aumento da capacidade de comando e controle, modernização dos equipamentos individuais da tropa — encontra-se subordinada à dimensão de segurança — *e.g.*, combate ao narcotráfico, ao tráfico de armas, ao contrabando etc.

O efeito político da diluição da dimensão de defesa do Sisfron é o de ressaltar ainda mais a ideia de que o EB existe para dar conta de problemas de segurança domésticos como os relacionados com o combate ao narcotráfico — função precípua da Polícia Federal e das polícias estaduais. Deve-se enfatizar, adicionalmente, que a tarefa de construção de uma muralha (real ou virtual) ao longo dos cerca de 16 mil quilômetros de fronteira é materialmente impossível. Logo, parece improvável que a

---

177. Recursos entendidos tanto como despesas relacionadas com o apetrechamento das Forças Armadas e/ou à consecução de guerras quanto como atenção diplomática que poderia ser direcionada à obtenção de insumos para o desenvolvimento.

178. Esse argumento está fundamentado em realidade óbvia: o EB, com o Sisfron, passa a ser um dos maiores interessados em securitizar a questão das fronteiras como forma de obter recursos para o Sistema.

implementação do Sisfron venha a reduzir de modo drástico o trânsito de armas e drogas através da faixa de fronteira. A justificação funcional do Sistema com base na especiosa suposição de que representará um escudo contra o crime transnacional constitui um erro crasso. A única forma de o EB reduzir os danos morais envolvidos é o de apresentar o Sisfron como um grande projeto interagências, em que a força terrestre se ocupará da dimensão de defesa e as demais agências do Estado utilizarão as informações produzidas para atuar na dimensão de segurança.

A menção da problemática das fronteiras não foi gratuita. Ela compõe um quadro que, juntamente com o caos na segurança pública e a errática condução da política de defesa, tende a empurrar o EB cada vez mais para o envolvimento com missões parapoliciais. Essas missões, a seu turno, não demandam equipamentos sofisticados, nem tampouco exigem o nível de proficiência técnica imprescindível à condução de operações militares no campo de batalha digital contemporâneo. Portanto, há crescente tentação no sentido de travestir a impotência do EB no combate convencional, altamente demandante em termos de *hardware* e capacitação técnica, em uma ilusória opção pela forma de atuação sintonizada com o que Smith qualificou de "guerra entre o povo". Como o combate convencional seria improvável em um país "pacífico" como o Brasil, ao Exército restaria se transformar objetivamente em uma espécie de guarda territorial especializada em tarefas de segurança pública, tais como o patrulhamento ostensivo e o controle de distúrbios em áreas urbanas.

Apesar de as circunstâncias doméstica e sul-americana favorecerem a introversão do EB, há que se considerar outras perspectivas. A profundidade estratégica proporcionada pela extensão do território torna improvável a hipótese de ocupação permanente do país por forças estrangeiras, o que, somado ao tamanho da economia nacional,[179] faz com que seja temerária qualquer aventura militar contra o Brasil levada a cabo pelos vizinhos do subcontinente. Essa realidade de forma alguma invia-

---

179. O tamanho da economia nacional favorece a mobilização de recursos em contexto de guerra.

biliza agressões pontuais levadas a cabo por regimes em franco estado de decomposição.[180] Da mesma forma, não impede que a nação seja objeto de ataques cibernéticos, operações clandestinas, expedições punitivas ou bloqueios navais realizados por grandes potências.[181]

Cabe notar que o país é particularmente vulnerável às hipóteses anteriormente elencadas. Conforme as revelações de Edward Snowden, autoridades brasileiras foram sistematicamente espionadas pela agência de inteligência de sinais norte-americana (NSA). O Brasil não está apenas exposto à inteligência cibernética das principais potências, mas também à ação de *hackers* nacionais e estrangeiros. No tocante às operações clandestinas, o país encontra-se praticamente inerme em função da extensão territorial, da facilidade de obtenção de vistos por parte de cidadãos alienígenas e da debilidade do sistema de contrainteligência — sem falar na baixa autoestima e na ignorância das nossas autoridades, que tendem sempre a minimizar esse tipo de ocorrência.

As expedições punitivas e os bloqueios navais constituem hipóteses de conflito mais graves e podem parecer, ao menos aos olhos dos nossos videntes panglossianos, um exagero paranoico. No entanto, a garantia da incolumidade do território nacional não pode repousar sobre a crença de que nada jamais acontecerá ao planeta Brasil. Um poder público responsável se acautelará contra as possibilidades mencionadas, mesmo que supostamente improváveis. Não à toa, uma intensa discussão vem sendo levada a cabo no mundo todo sobre o conceito de defesa antiacesso e negação de área (A2/AD) (Tangredi, 2013). Faria bem o país se encarasse seriamente essa discussão do ponto de vista dos seus interesses e inserção internacional.

Em qualquer caso, vale refletir se o país poderia dar-se ao luxo de permanecer totalmente incapaz de responder a expedições punitivas e a bloqueios navais levados a cabo por grandes potências. Na primeira hipótese, a

---

180. Em 2016, momento da redação deste texto, o regime venezuelano seria representativo do conceito.
181. Operações clandestinas e ataques cibernéticos também poderiam ser levados a cabo por países em desenvolvimento.

nação poderia ser castigada pelo lançamento, por navios ou submarinos, de mísseis de cruzeiro capazes de atingir alvos a mais de 2 mil quilômetros de distância — o que significa que quase todas as capitais brasileiras, incluindo Brasília, seriam vulneráveis a esse tipo de armamento. Os bloqueios navais, por sua vez, poderiam estrangular a economia nacional — bastando para tanto a interdição dos portos de Santos e do Rio de Janeiro. Nesse caso, mesmo que se desviassem as cargas para outras praças, o prejuízo econômico poderia adquirir tonalidades proibitivas. A inexistência prática de artilharia antiaérea e de costa demonstra o grau de exposição do Brasil nos casos supracitados.[182] Sem falar na virtual extinção da esquadra brasileira, ora em acelerado processo de sucateamento — o que levou, inclusive, ao descomissionamento do porta-aviões *São Paulo*, navio capitânia da MB.

Essas hipóteses de conflito nos remetem à costa do Brasil, que se confronta com a África Ocidental por intermédio do Atlântico Sul. Embora este seja um dos oceanos menos militarizados, a manutenção dessa realidade não está garantida. A grande penetração chinesa na África e na América do Sul, baseada na busca de fornecimento de matérias-primas, pode gerar consequências políticas relevantes. Em particular, caso haja confrontação com interesses norte-americanos ou até mesmo divergências com Estados que pretendam diminuir sua dependência do gigante comunista.[183] No ritmo atual, é uma questão de tempo até que a China

---

182. Contra forças-tarefas navais, o Brasil poderia unicamente contar com alguns submarinos, um punhado de fragatas obsoletas e a minguada aviação de ataque da FAB — que, até onde vai o conhecimento do autor, não possui em seu arsenal mísseis antinavio. Os sistemas Astros de saturação de área poderiam ser improvisados na função de artilharia de costa. No entanto, é duvidosa sua utilidade dada a fragilidade do sistema de detecção brasileiro no Atlântico Sul. Nesse contexto, o Brasil poderia ser assediado, com impunidade, até mesmo por potências navais de menor envergadura como a Espanha.
183. O governo de Cristina Kirchner, da Argentina, assinou acordo com a China pelo qual permitiu a instalação de base espacial do gigante asiático na Patagônia. As antenas dessa base poderão ser utilizadas para fins militares, o que as tornam alvos potenciais em uma hipotética guerra entre Pequim e Washington. A propósito, o governo brasileiro faria bem de obter informações sobre as capacidades de interferência e de inteligência de sinais dessa instalação — que, em tese, poderia afetar o Brasil.

construa uma marinha de águas azuis com capacidade de projeção de poder mundial (Poulin, 2016).

Ao mesmo tempo, a manutenção do Atlântico Sul como zona desnuclearizada e estável não dependerá apenas dos esforços diplomáticos brasileiros. Na ausência de uma força naval apta a gerar efeito dissuasório crível e de forças expedicionárias capazes de se projetar sobre a África Ocidental — seja no contexto de OMPs, cooperação militar, ajuda humanitária, coalizões *ad hoc* etc. —, o país ver-se-á objetivamente excluído da gestão da segurança em sua fronteira oriental. Isso sem falar na questão das Malvinas e na possibilidade de que o diferendo anglo-argentino venha a envolver o Brasil, mesmo que indiretamente.

No plano estratégico global, as debilidades do aparato de defesa não permitem ao país contemplar participação que transcenda a mera contribuição pontual em operações de paz da ONU. Cabe observar, contudo, que uma eventual ação terrorista em território brasileiro poderia gerar forte pressão popular no sentido do engajamento das Forças Armadas nos esforços de combate às organizações que apoiam e patrocinam o terror. A luta contra o projeto totalitário do Estado Islâmico vem à mente de modo imediato. Nessa circunstância, a inexistência objetiva de capacidade expedicionária constituiria um óbice de grande monta, que debilitaria qualquer iniciativa de semelhante natureza. As hipóteses anteriormente suscitadas indicam não ser razoável conceber a atuação da força terrestre limitada à ocupação de favelas no Rio de Janeiro.

As breves considerações sobre a inserção estratégica do Brasil demonstram a insanidade representada pela vertente de (não) pensamento que propugna a utilização sistemática do EB como força de intervenção em crises domésticas de variadas naturezas. No entanto, a própria força terrestre vem emitindo sinais contraditórios sobre o papel que pretende exercer no presente e no futuro. Em vista disso, o autor discutirá o projeto de força do Exército e seus dilemas à luz de dois axiomas fundamentais: 1) a única forma de escapar do círculo vicioso do subdesenvolvimento militar é abandonar as tarefas ditas subsidiárias (hoje, na prática, as principais) e se concentrar no incremento do poder combatente da força, de modo a produzir efeito dissuasório crível e a gerar/manter força expedicionária apta a apoiar a política externa em operações de manutenção e imposição da paz; 2) o caminho do abandono, ainda que paulatino, das tarefas subsidiárias passa por dois esforços interligados, que envolvem a reforma policial e a criação de uma guarda nacional vinculada ao Ministério da Justiça,[184] por um lado, e a adoção de um projeto de comunicação de médio prazo que eduque os formadores de opinião a respeito da importância das funções precípuas das Forças Armadas (defesa da pátria e apoio à política externa).

O projeto de força do Exército e a guerra contemporânea

Para que se possa avaliar a percepção dominante no EB sobre o caráter da guerra contemporânea e o projeto de força dela decorrente, basta examinar os documentos oficiais produzidos pelo Estado-Maior do Exército (EME) — referências mais fidedignas do que os livros brancos de defesa.[185] Essa análise não será exaustiva, privilegiando a abordagem dos contornos gerais desses documentos e seu significado. Em seguimento à publicação da I END (Brasil, 2008a), o EB concebeu a Estratégia Braço Forte (EBF), de 2009, que delineava o plano de articulação e equipamento da força, desdobrado em quatro macroprogramas e 824 projetos decorrentes (Pra-

---

184. A ideia de criação de uma guarda nacional adstrita ao Ministério da Defesa representa nada menos do que o suicídio institucional das Forças Armadas, e por motivo muito singelo: a agenda de segurança tomaria conta do MD e fatalmente importaria, mais cedo ou mais tarde, na transferência de recursos do EB para a guarda nacional.
185. Em regra, os livros brancos de defesa — documentos públicos que delineam a postura estratégica de uma nação — padecem da generalidade resultante do compromisso entre as distintas ideias dos seus formuladores. No caso brasileiro, dada a fragilidade do MD, à generalidade agrega-se a quase total ausência de filtros impostos pela autoridade civil. Logo, o livro branco de defesa de 2012 não vai muito além de uma compilação das perspectivas prevalecentes em cada força tomada individualmente. Dada a fragilização do controle civil sobre os militares registrada desde então, não há motivos para acreditar que a nova versão do livro branco, prevista para 2016, seja diferente da anterior.

do Filho, 2014:30). Em 2010, o EB enunciaria os termos do seu projeto de transformação,[186] que continha um corajoso diagnóstico sobre as graves debilidades da força terrestre.[187] Em 2011, o Projeto de Força do Exército Brasileiro (Proforça) elencou as diretrizes do processo de transformação baseado em nove vetores: ciência e tecnologia; doutrina; educação e cultura; engenharia; gestão; recursos humanos; logística; orçamento e finanças; e preparo e emprego (Brasil, 2011:3).[188]

O Proforça tinha como objetivo enquadrar conceitualmente o seguinte: a nova articulação e estruturação da força terrestre; as diretrizes para a concepção estratégica do EB; as diretrizes para cada um dos vetores de transformação; as diretrizes da futura organização básica; as novas capacidades do Exército; as orientações para a integração do Sistema de Planejamento Estratégico do Exército (SIPLEx) (Brasil, 2011:4). O documento traça um quadro sumário sobre a evolução dos conflitos armados. De acordo com ele, a "grande estratégia militar convencional" conheceu três períodos, aos quais corresponderiam três objetivos definidores. O primeiro estender-se-ia desde os "primórdios da civilização até as guerras

---

186. No documento em questão, a transformação e a modernização são diferenciadas. A primeira refere-se à aquisição da capacidade de cumprir eficazmente novas missões além daquelas levadas a cabo no presente. A segunda refere-se à capacidade de cumprir as mesmas missões do presente de maneira mais eficaz.
187. Talvez em função da franqueza do diagnóstico, o documento foi retirado da página do EB.
188. O termo "transformação" adentrou o jargão militar de modo firme a partir do final dos anos 1990 como resultado da crença do Exército norte-americano de que, no pós--Guerra Fria, caberia incorporar tecnologias avançadas (na trilha da RAM) de modo a habilitar a força terrestre *yankee* a lutar e vencer dois conflitos regionais ao mesmo tempo. Nesse contexto, a Rússia, extremamente enfraquecida depois da dissolução do Império Soviético, não mais aparecia como preocupação central. Isso justificaria a transformação do U. S. Army no sentido do aligeiramento da força, o que lhe proporcionaria maior mobilidade e letalidade (baseada no emprego de armas de precisão de longo alcance). De acordo com Gray (2012:282), o sentido da transformação mudaria a partir das experiências do Afeganistão e Iraque. Agora, a ênfase na incorporação de tecnologia seria reduzida, ao mesmo tempo que se procuraria aumentar as capacidades de contrainsurgência. O estrategista anglo-saxão indaga-se sobre qual seria o sentido correto da transformação. Essa indagação é igualmente válida no caso da transformação do EB.

napoleônicas", sendo definido pela busca da "aniquilação" do exército inimigo. O segundo teria início na revolução industrial e privilegiaria a "exaustão" do adversário. O terceiro, mais recente, conheceria a sua estreia na Guerra dos Seis Dias (1967), correspondendo à busca de "paralisia" das forças inimigas. Essa estratégia, típica da "era industrial", continuaria a ser aplicada em conflitos interestatais do futuro (Brasil, 2011:5).[189]

Prossegue o documento afirmando que a "nova realidade dos conflitos" determinou a adaptação das Forças Armadas à denominada "era do conhecimento" — em detrimento da "era industrial" (Brasil, 2011:5-6). Não há, no entanto, especificação sobre o que cada uma dessas eras significaria. Os conflitos do presente caracterizar-se-iam pela participação de atores não estatais e pela incerteza. Esse quadro de desafios difusos determinaria a necessidade de adaptação à "natureza híbrida dos conflitos" e aos novos fatores de instabilidade: disputa por recursos naturais, migrações descontroladas e degradação ambiental (Brasil, 2011:7). A esses somar-se-iam "novas ameaças" tais como terrorismo, narcotráfico, crime organizado, proliferação de armas de destruição em massa, ataques cibernéticos e questões relacionadas com o meio ambiente (Brasil, 2011:7). Nesse contexto, o EB deveria privilegiar a aquisição de capacidades que permitissem obter a flexibilidade necessária ao enfrentamento de uma série de desafios, com prioridade sendo "atribuída à elevada capacidade dissuasória da Força Terrestre" (Brasil, 2011:8).

Parece evidente que o texto do Proforça deriva de um *pot-pourri* de conceitos relacionados com as 4GWs, com a guerra entre o povo, com a RAM e com as operações no amplo espectro (FSO). Note-se que o U.S. Army publicou a primeira revisão (C1) do seu manual doutrinário FM-3 (2008) no mesmo ano da divulgação do Proforça.[190] Esse manual, que

---

189. Essas categorizações, não explicadas pelo documento, parecem ser uma variação sobre o tema das guerras de 4ª Geração.
190. O manual que substitui o FM-3 C.1, de fevereiro de 2011, seria publicado em outubro do mesmo ano — dando origem ao conceito de ULO mencionado em passagem anterior.

atualiza o conceito de FSO, é bastante mais abrangente do que o projeto de força do EB, mas contém ideias semelhantes. De acordo com o que o autor pôde apurar, o Proforça representaria uma adaptação do FM-3. Isso não retira os méritos do projeto de força do EB, que, de maneira algo ambígua, sustenta, corretamente, a prioridade da capacidade dissuasória (convencional) da força terrestre.[191] Um aspecto que precisa ser ressaltado é o foco em tarefas externalistas, como o apoio à política externa:

> o Exército deverá possuir características que confiram o respaldo à atuação do Brasil em suas áreas de interesse estratégico. Assim, manterá forças de pronta resposta, dotadas de mobilidade estratégica, flexibilidade, elasticidade e letalidade, fundamentais para proporcionar dissuasão extrarregional e capacidade de projeção de poder [Brasil, 2011:10].

Outro aspecto do Proforça que deve ser louvado é o da definição da finalidade da força terrestre: "Ser o instrumento Militar terrestre capaz de, pela dissuasão ou pela força, contribuir decisivamente para que a Nação brasileira supere crises e vença conflitos armados" (Brasil, 2011:14). A definição tem a grande virtude de se ater às funções nucleares do Exército, conferindo máximo relevo à capacidade dissuasória (combatente). O EB, de acordo com o projeto, possuirá três tipos de organizações militares: Forças de Atuação Estratégica (FAE), Forças de Fronteira (FFron) e Forças de Emprego Geral (FEGe). As FAE deverão ter mobilidade e elevada prontidão, podendo ser empregadas em qualquer parte do território ou em "outras áreas de interesse do País" (exterior). As FFron integram o Sisfron e devem garantir a inviolabilidade das fronteiras, tendo capacidade de monitoramento, controle e "pronta atuação". As FEGe constituem

---

191. A ambiguidade decorre do fato de as FSO representarem, ao fim e ao cabo, a admissão da paridade em termos de importância das operações ofensivas, defensivas e de pacificação. Em vários contextos, as últimas podem ser qualificadas como um eufemismo para as ações de contrainsurgência. Cabe notar que esse tipo de atividade não é *prima facie* compatível com o aumento da capacidade dissuasória convencional de um exército.

a reserva geral da força terrestre e atuam em tarefas de GLO, garantindo presença seletiva do EB ao longo do território e servindo de conduto para a incorporação de recrutas do serviço militar obrigatório (SMO). As FEGe serviriam também ao "recompletamento e/ou reforço, prioritariamente, das FFron" (Brasil, 2011:17).

Os problemas relacionados com a tripartição do EB serão explorados mais à frente. Vale destacar, contudo, que o Proforça contempla a constituição de uma força expedicionária para atender aos "compromissos assumidos sob a égide de organismos internacionais ou para salvaguardar os interesses brasileiros no exterior". Essa força deverá contar com estrutura que permita rápida mobilização, sendo capaz de atuar em "todo espectro de operações, inclusive de [...] Força Multinacional" (Brasil, 2011:18). Finalmente, o documento em análise afirma que a "concepção estratégica" do Proforça contempla "as estratégias da Dissuasão, Presença, Ofensiva, Projeção de Poder e Resistência" (Brasil, 2011:19). Note-se que, ao final do texto, a dissuasão extrarregional e a projeção de poder são identificadas, corretamente, como capacidades e não como estratégias (Brasil, 2011:20).[192]

Em 2013, o EME publicaria as *Bases para a transformação da doutrina militar terrestre* (DMT). Esse texto, em suas considerações iniciais, menciona a inserção de "novos atores" estatais e não estatais nos conflitos contemporâneos, ao mesmo tempo que sublinha que "o combate de alta intensidade não perdeu a importância" (Brasil, 2013:7). Ao observar a prevalência da incerteza em um ambiente em que não se apresentam oponentes claramente definidos, a DMT afirma o seguinte sobre o panorama estratégico atual:

---

192. Uma estratégia é, antes de mais nada, adequação de meios a fins. O Proforça confunde estratégia com capacidades (meios) que possibilitem alcançar objetivos traçados (fins). As ditas estratégias da dissuasão, presença, ofensiva, projeção de poder e resistência são meios que permitiriam ao Exército garantir a soberania nacional, atuar na garantia da lei e da ordem, apoiar a política externa etc.

> Descortinam-se ameaças concretas que exigem dos Estados a geração de capacidades para o combate ao terrorismo; a proteção da sociedade contra as armas de destruição em massa; a participação em missões de manutenção e/ou imposição da paz sob a égide de organismos internacionais; e o controle de contingentes populacionais ou de recursos escassos (energia, água, alimentos). Ressaltam-se ainda as ameaças potenciais que motivam capacidades para as operações de alta intensidade [Brasil, 2013:8].

Embora não se possa negar a plausibilidade das ameaças referidas, chama a atenção a falaciosa distinção entre ameaças concretas e potenciais. Em princípio, todas as ameaças são potenciais até que se materializem no mundo real — momento em que se poderia falar em "ameaça concreta". De antemão, a maior ou menor concretude de uma ameaça não substanciada dependerá de percepção coletiva, que, diga-se de passagem, pode estar errada. Ao distinguir dois tipos de ameaças e taxar aquelas que exigiriam resposta por intermédio de operações de alta intensidade de "potenciais", a DMT parece desvalorizar o papel da construção de capacidades convencionais robustas, encarada como algo menos tangível do que os perigos ditos concretos. Ora, a própria admissão da permanência da incerteza torna essa diferenciação temerária.

A DMT prossegue reiterando a centralidade das FSOs na era do conhecimento, em que a informação seria "componente primordial" (Brasil, 2013:10).[193] Nessa toada, destaca o ambiente operacional contemporâneo caracterizado pelo combate travado em áreas humanizadas (zonas urbanas). Esse fato aumentaria de modo exponencial a probabilidade de baixas civis em um contexto de ubiquidade dos meios de imprensa, fato que alçaria a comunicação social ao estatuto de tarefa estratégica. Uma má comunicação com a opinião pública doméstica e internacional solaparia a legitimidade das nossas forças, que perderiam para os adversários o controle sobre a narrativa do conflito (Brasil, 2013:10).

---

193. É de se perguntar quando a informação, genericamente considerada, não representou componente primordial dos conflitos bélicos.

Diante dessa circunstância, o EB constata a percepção da "sociedade" de que os assuntos militares mereceriam espaço reduzido na agenda doméstica de prioridades. Mais ainda, esse mesmo ente abstrato, a sociedade, somente aceitaria a solução pela via militar quando esta fosse seletiva, gradual, proporcional e de curta duração: "O emprego excessivo da força passou a ser inaceitável. Perder o controle da narrativa pode levar a sérias restrições à liberdade de ação e até mesmo impor a derrota no Espaço de Batalha" (Brasil, 2013:10). Ao fim e ao cabo, a eficaz comunicação com "as sociedades nacional e global" seria determinante para o delineamento da narrativa dominante (Brasil, 2013:10-11). Embora essas considerações sejam plausíveis em um plano muito genérico, parece evidente que elas refletem uma visão estreita sobre a natureza dos conflitos do presente e do futuro.[194] As sociedades nacional e global não representam atores homogêneos, nem tampouco desinteressados ou simétricos em termos de poder. Isoladamente, uma boa capacidade de se valer dos meios de comunicação/informação não anula essa realidade.

Da mesma forma, é duvidosa a assertiva a respeito de uma suposta percepção da sociedade brasileira sobre o lugar dos temas de defesa na agenda nacional. Na verdade, acredita este autor, não há visão coletiva alguma sobre o assunto — nem sequer no seio das elites políticas.[195] A menção no texto da DMT a essa suposição parece indicar três possibilidades alternativas. Na primeira, a exposição da ideia seria um reflexo de certo derrotismo que justificaria a priorização, pelo EB, de capacidades

---

194. O emprego "excessivo" da força parece ser um conceito um tanto quanto subjetivo. Ele certamente será distinto em democracias e ditaduras, mas também variará em cada um desses regimes de acordo com circunstâncias discretas. Nada garante que a relativa intolerância das democracias ocidentais às baixas em conflitos seja um dado permanente. Recordando Clausewitz, a gradação do que é tolerável dependerá do valor atribuído por cada parte em contenda ao que está jogo na guerra.
195. Os temas de defesa são tão esotéricos no Brasil que o máximo que se pode identificar são perspectivas individuais sobre o assunto. Mesmo estas são, normalmente, pouco elaboradas e pueris.

menos letais do ponto de vista militar (*e.g.*, GLO, projeção de poder por meios de OMPs de baixa complexidade, vigilância de fronteiras etc.). Na segunda, a liderança do EB pode estar sugerindo que o controle da narrativa por parte da força terrestre deve envolver o fomento da mudança de percepção da opinião pública doméstica (ou de suas elites) sobre a prioridade do poder militar.[196] Há, ainda, uma terceira possibilidade, qual seja, a de que a menção esteja simplesmente descontextualizada.

Um aspecto que a DMT enfatiza, de maneira idêntica à do manual FM-3 (2008), é a centralidade do ambiente interagências nos conflitos contemporâneos. Há, porém, uma distinção fundamental entre a posição objetiva do Exército norte-americano e a do brasileiro. Mesmo que se admita que o EB atuará crescentemente em missões de manutenção da paz — ou mesmo de imposição da paz no âmbito de coalizões *ad hoc* —, o Brasil não possui a panóplia de ferramentas à disposição dos EUA nessas circunstâncias: assento permanente no CSNU, influência sobre uma ampla rede de organizações não governamentais globais (muitas delas norte-americanas), acesso privilegiado a empresas nacionais de prestação de serviços militares, propriedade (em mãos de cidadãos estadunidenses) de grandes redes de comunicação de escala global etc.

Tendo em vista que a construção das narrativas sobre os conflitos não é um exercício politicamente desinteressado, a tarefa de vencer a batalha da informação, ao menos para as Forças Armadas de um grande país periférico como o Brasil, nada tem de simples. Particularmente se os antagonistas forem grandes potências ou mesmo forças subestatais apoiadas por atores internacionais relevantes. O que se depreende dessa constatação é que a atuação em cenários interagências no plano internacional, assim como no nacional, estaria muito mais claramente ligada ao desempenho de funções militares de menor complexidade ou subordinadas a coalizões/organizações intergovernamentais — como no caso emblemático da

---

196. Esse seria um esforço perfeitamente legítimo em uma sociedade pluralista e democrática.

liderança brasileira da Minustah.[197] Em cenários de guerra de alta intensidade, a cooperação interagências estaria essencialmente relacionada com a participação da força terrestre na fase de reconstrução pós-conflito — o que poderia ocorrer tanto na hipótese de conflito no exterior quanto em território brasileiro.[198] Nesses contextos, a pacificação e o apoio a órgãos civis continuariam existindo, mas teriam relevância bem menor do que as ações ofensivas e defensivas.

A DMT reforça a percepção de que seu foco real está centrado nos conflitos de baixa intensidade ao alçar o controle da narrativa — que pode ser interpretada como uma versão do conhecido binômio *corações e mentes* tão ao gosto de teóricos e praticantes da contrainsurgência — ao estatuto de um "acidente capital das operações militares [...] tão importante quanto o (terreno) físico e o humano" (Brasil, 2013:16). A doutrina militar terrestre salienta ainda a importância das operações conjuntas e ressalta o fato de as tecnologias dos dias de hoje terem aproximado o nível político do tático, em face da capacidade de as autoridades acompanharem em tempo real os acontecimentos no terreno. Essa circunstância indicaria que as "considerações civis" passaram a ser elemento fundamental de qualquer planejamento de operações militares — assim como a missão, geografia, inimigo, meios disponíveis, meteorologia e tempo (Brasil, 2013:29).

Em março de 2016, o comandante do Exército publicou portaria por meio da qual aprovou a Diretriz para as Atividades do Exército Brasileiro na Área Internacional (Daebai). O documento afirma que a

---

197. Curiosamente, há referência a "agências supranacionais de organismos internacionais" como elementos capazes de exercer influência no espaço de batalha (Brasil, 2013:11). Embora isso seja verdade, o uso equivocado do termo "supranacionais" pela DMT, ao se referir às agências de organismos intergovernamentais, parece indicativo de uma percepção de subordinação do Brasil a essas entidades — que, diga-se frontalmente, nada têm de democráticas e igualitárias.

198. Em caso de conflito de alta intensidade no exterior, ao final das hostilidades, tropas brasileiras poderiam ser chamadas a contribuir com esforços de manutenção da paz e com a reconstrução pós-conflito. Na hipótese de semelhante guerra ocorrer no território nacional, a força terrestre também poderia ser convocada a atuar, ao final das hostilidades, na reconstrução das áreas afetadas.

iniciativa contribuirá para o processo de transformação do EB (Brasil, 2016:12). Vale destacar que as ações constantes da diretriz "estarão em consonância com a Política Externa Brasileira (PEB) e com as diretrizes emanadas do MD, evidenciando a aplicação do princípio de Unidade de Ação Exterior do Estado" (Brasil, 2016:14). Note-se que a Daebai delineia as áreas geográficas de maior interesse para o EB: América do Sul; África austral e lusófona (entorno estratégico); América do Norte, Europa e alguns países asiáticos ("arco do conhecimento"). Ademais, traça os contornos do que classifica como "diplomacia militar", afirmando a relevância das "parcerias estratégicas" para o desenvolvimento conjunto de material bélico e a absorção de conhecimentos. Nessa linha, são elencadas as áreas de interesse prioritário: blindados, simulação, guerra eletrônica, defesa cibernética etc. (Brasil, 2016:18).

A Diretriz também distingue áreas do planeta com base nos conceitos de cooperação, integração, capacitação e novas oportunidades. A cada região corresponderia um ou mais desses conceitos — *e.g.*, os EUA, Canadá e Europa seriam áreas onde o foco recairia sobre a capacitação e a integração. Com base nesses conceitos genéricos, que podem apenas ser intuídos pois não são claramente definidos, o EB estabeleceu uma escala de prioridades de objetivos a serem atingidos por meio do relacionamento internacional da força terrestre com cada uma das seis regiões determinadas. Esses objetivos seriam os seguintes: desenvolvimento de ações de cooperação; desenvolvimento de ações de integração; funcionamento de um efetivo sistema de doutrina militar terrestre; funcionamento de um efetivo sistema de ciência, tecnologia e inovação; e promoção do desenvolvimento de competências (Brasil, 2016:22).

Embora os títulos dos objetivos sejam confusos, há o mérito do estabelecimento de prioridades por área geográfica. Outras iniciativas constantes da Daebai são igualmente meritórias, tais como: realização de cursos em inglês, no Brasil, para militares estrangeiros; condução de exercícios e competições militares internacionais, no Brasil, para avaliação da capacidade técnico-profissional das tropas do EB; e criação de cargos de assessor militar para Assuntos Internacionais no âmbito dos órgãos do

EB que possuem interface com o exterior (Brasil, 2016:22).[199] Em suas considerações finais, o documento afirma ser a defesa da Pátria "o farol a iluminar a direção a ser seguida" (Brasil, 2016:23).

Abstenção civil e eternização do atraso

Os conceitos expostos sobre o caráter da guerra contemporânea e o projeto de força dela decorrente esposado pelo EB não necessariamente correspondem à realidade empírica. É sabido que, entre o universo das ideias e o mundo concreto, pode haver um abismo intransponível. Ao observador atento, ficará evidente que as ambiguidades, mais ou menos sutis, dos documentos normativos emitidos pelo EME referem-se a uma dificuldade prévia: as divergências prevalecentes no alto comando do EB sobre o papel da força na contemporaneidade.[200] Parece razoável afirmar que uma eventual prevalência das teses sobre as 4GWs e a guerra entre o povo significaria o rebaixamento da importância da cavalaria em favor da infantaria. Evidentemente, decisões nessa direção teriam implicações sérias sobre a economia política da força terrestre.[201]

Apesar de diversas passagens dos documentos brevemente analisados reiterarem a prioridade da obtenção de capacidades combatentes convencionais, vale notar que elas não surgem de diretivas do MD quanto ao papel que atribui à força terrestre. Se um elemento ausente de todo

---

199. Os cargos foram criados pela Portaria 314-EME, de 3 de dezembro de 2015. O assessor para assuntos internacionais tem, essencialmente, funções de coordenação da agenda internacional do órgão específico, em consonância com as diretivas do Estado-Maior do Exército.

200. Este autor está informado de que, no mínimo, havia duas visões divergentes no alto comando do EB: aqueles que pretendiam embarcar na onda da guerra entre o povo e outros que eram favoráveis à manutenção do foco na busca de capacidades militares convencionais.

201. No caso brasileiro, a cavalaria é uma arma proporcionalmente pequena em relação à infantaria. No entanto, é sabido que seus membros possuem elevado espírito de corpo e influência no âmbito do alto comando do EB.

o processo de transformação da força terrestre tivesse de ser apontado, esse seria a participação das autoridades civis. Como tal, o conceito de transformação nasce exclusivamente de decisões tomadas no âmbito do EB. A inoperância civil, aliás, pode ser apontada como fator crucial para a reprodução de algumas das contradições mais evidentes detectadas nos documentos normativos publicados pelo Exército. Dois aspectos merecem ser individualizados: a tripartição da força terrestre (FAE, FFron, FEGe) e a manutenção do serviço militar obrigatório.

A tripartição do EB parece ser mais uma iteração de um dilema que assola a instituição, pelo menos, desde os anos 1980.[202] No plano da realidade, a escassez de recursos orçamentários, que se manifesta com severidade a partir dos anos 1990, tornou impossível manter uma força homogênea em termos de capacidades e prontidão. As FAE, que tiveram denominações distintas no passado, representam tentativa do EB de garantir algum grau de operacionalidade — ainda assim bastante limitado.[203] As FFron situam-se em uma categoria intermediária, o que significa que sua prontidão para o combate deve ser, em regra, baixa. No que toca às FEGe, não é arriscado intuir que tenham limitadíssima capacidade combatente, já que, como as FFron, são mobiliadas por conscritos. As unidades militares que compõem as tropas de emprego geral são o tributo que o Exército paga a dois senhores de perfil nitidamente antediluviano conhecidos como GLO e SMO.

---

202. Foi nessa década que vários acontecimentos colocariam o EB em um dilema relacionado com sua estrutura — que privilegiava a presença nacional em detrimento da obtenção de capacidades combatentes robustas. Esses acontecimentos foram os seguintes: a Guerra das Malvinas (1982) e a constatação da vulnerabilidade militar brasileira, a redemocratização e o consequente desvanecimento da prioridade atribuída ao combate ao inimigo interno, a Constituição de 1988 e a reiteração do papel doméstico do EB por meio do instituto da GLO (mantida no texto por pressão do general Leônidas Pires Gonçalves) e a queda do Muro de Berlim e todas as mudanças geopolíticas decorrentes. No período que vai de 1945 até os anos 1980, o EB estava relativamente confortável com a manutenção de um punhado de forças blindadas no sul do país voltadas a dissuadir a Argentina, ao mesmo tempo que a dispersão de unidades militares pelo território nacional garantia a capilaridade necessária às ações de natureza doméstica.
203. Exemplo disso pode ser encontrado na baixa disponibilidade dos helicópteros do EB, a despeito de a aviação do Exército ser uma FAE típica.

Não se pretende sugerir aqui que as opções do EB sejam fáceis ou que suas lideranças sejam incapazes. Antes, a menção ao caráter anacrônico da GLO e do SMO está ligada a um amplo conjunto de instituições talvez ainda mais antiquadas, que faz parte do soturno quadro do subdesenvolvimento nacional. Os dois acrônimos supracitados são emblemas do círculo vicioso que engolfa a força terrestre, e do qual ela parece incapaz de se libertar por iniciativa própria. O crescimento exponencial das atividades de GLO no passado recente tende a se perpetuar como tendência, em face do desastre da segurança pública no Brasil. Em paralelo, o SMO representa uma forma barata e burocraticamente confortável de incorporar contingente indispensável à manutenção da presença em todo o território, facilitando as tarefas de GLO independentemente da inutilidade dos conscritos como força combatente.

O dilema do EB no que tange à GLO e ao SMO tem a ver com a visibilidade política dessas duas atividades, a passividade das lideranças paisanas, a carência de recursos orçamentários e a síndrome da conveniência imediatista regressiva — que pode ser definida como um impulso incoercível das autoridades no sentido do emprego do Exército em substituição às burocracias civis devastadas pela corrupção e incompetência. Ao fim e ao cabo, há até mesmo quem acredite, no alto comando da força, que as tarefas relacionadas à GLO confeririam prestígio e recursos à instituição. Essa é, evidentemente, uma visão psicótica, uma vez que o aumento exponencial das operações de garantia da lei e da ordem em nada contribuiu para uma alocação de recursos mais vantajosa para as unidades combatentes do EB. Se assim não fosse, a notável intensificação dessas operações teria sido acompanhada da modernização abrangente dos meios materiais da força terrestre, algo que não aconteceu nem poderia acontecer.[204]

---

204. O cálculo referido não faz qualquer sentido, na medida em que eventuais recursos obtidos no contexto de operações de GLO não podem ser transferidos para a aquisição de material bélico. Tampouco os recursos suplementares obtidos nesse tipo de operação — que apenas condicionalmente são transferidos pelo governo federal — transcendem a esfera do custeio. Em outras palavras, o máximo que a GLO proporciona, tendo em conta que não raro o Poder Executivo atrasa os reembolsos por essas operações, é uma mitigação da escassez de recursos de custeio.

O enganoso sentimento de legitimidade social que essas duas instituições proporcionam ao EB não existiria sem a total cumplicidade dos civis responsáveis, há quase duas décadas, pela gestão da defesa do país. Infelizmente, não é o consenso que dita esse estado de coisas, mas a inércia e a irreflexão sobre suas consequências para o projeto de força do Exército de Caxias. Basta pensar nos termos do louvável processo de transformação ora em curso. Esse processo parece irremediavelmente comprometido pela tripartição da força, que manterá cerca de 40% do efetivo composto por conscritos — contingente que conta com baixa qualificação intelectual e enxerga no SMO apenas uma oportunidade de fuga da miséria ou de aprendizado técnico básico.[205] Logo, esse contingente encontra-se cognitivamente incapacitado para o manejo de material bélico avançado, sem falar no sumário treinamento militar que recebe ao longo de apenas um ano de SMO.[206]

Claro está que a transformação, para ser bem-sucedida, deveria ser acompanhada da profissionalização total do EB. Esse desiderato, apoiado por muitos militares, somente seria viável, nas condições orçamentárias atuais, se implicasse um radical enxugamento do quantitativo humano da força terrestre. Ainda assim, o presente sistema de previdência das Forças Armadas, um dos mais generosos do mundo, tornaria o custo futuro dessa força muito elevado. Adicionalmente, uma hipotética redução de efetivo da ordem de 50% reduziria significativamente o número de vagas de oficiais-generais — fato com implicações corporativas óbvias. Em suma, em um contexto de abstenção das autoridades civis, não partirá do EB a iniciativa de descontinuar o SMO, o que torna impossível a transformação efetiva da força terrestre. Esta logrará empreender, se muito, uma modernização parcial.

---

205. Essa ordem de grandeza deriva do fato de o EB possuir um efetivo total de cerca de 220 mil homens e mulheres. Considerando a incorporação anual de algo entre 80 e 100 mil conscritos, chega-se a um percentual próximo a 40% do efetivo total.
206. Podem haver exceções pontuais a essa regra, o que em nada muda o quadro geral descrito.

Há outros elementos relevantes que devem ser mencionados. Embora os critérios para a avaliação do tamanho de um exército sejam necessariamente subjetivos, é lícito sustentar que os pouco mais de 200 mil homens e mulheres do EB não representam um número exagerado para um país das dimensões do Brasil. Portanto, a adoção de um serviço militar voluntário que mantivesse o contingente do Exército implicaria despesas de custeio mais elevadas do que as atuais, em especial se não houver reforma profunda do sistema de previdência da caserna. Forçoso é admitir que uma tal reforma também não será empreendida pela burocracia castrense, sem que haja fortes incentivos provenientes da liderança civil. Como esta não parece interessada em aumentar o poder de combate das Forças Armadas, algo que foge do seu horizonte de preocupações, não há semelhante incentivo. Ademais, do ponto de vista da conveniência imediatista regressiva, várias das tarefas politicamente apelativas desempenhadas pelo EB são intensivas em mão de obra: GLO; emprego de batalhões de construção do EB em obras públicas; segurança em períodos eleitorais; distribuição de cestas básicas e de carros-pipa no agreste nordestino; apoio em catástrofes naturais etc.

Não é preciso ir além para que se notem os contornos do círculo de ferro do subdesenvolvimento em todo o seu lúgubre esplendor. Nesse contexto, o EB tenciona conquistar algo que ele está estruturalmente impossibilitado de obter: sem forças profissionais e foco total na defesa da pátria não haverá transformação real. Aspecto adicional da precariedade da política de defesa merece ser enfatizado, uma vez que se relaciona diretamente com as ambiguidades da pretendida transformação do EB. Ao tratarem das funções essenciais de um ministério da defesa, dois estudiosos brasileiros apontam uma questão-chave:

> a atividade de projeto de forças desdobra-se em projeto integrado de forças e projeto específico de cada força singular. Com efeito, o projeto integrado de forças supõe uma instância superior a cada força em particular que lhes dê as diretrizes básicas: quanto do orçamento consolidado de defesa cabe a cada força; que concepções de emprego estão previstas; quais os conceitos básicos

que orientam o preparo e o emprego de cada uma delas e como se subordina à concepção geral, distinguindo prioridades e realizando investimentos e programas sistêmicos, fora do alcance de qualquer força singular [Proença Jr. e Diniz, 1998:120-121].

O MD, em 19 anos de existência, não parece sequer preocupado em responder seriamente a essas indagações elementares. Em conversa informal do autor com um oficial-general da reserva, este comentou que o EB trabalhava no seu projeto de força a despeito de inexistirem quaisquer orientações do Ministério da Defesa. Como imaginar, nessa circunstância, que o Exército pudesse conceber um projeto de transformação coerente com algo que não existe (a definição de um projeto de forças integrado)?[207]

Considerações finais

A calamitosa gestão da defesa no Brasil não pode ser dissociada do drama do subdesenvolvimento que mantém o país aferrado ao atraso. A incapacidade de romper com os círculos viciosos gerados por essa condição possui íntima relação com a mundivisão dos brasileiros. No momento em que este texto estava sendo redigido, o Congresso Nacional aprovou proposta de emenda constitucional (PEC) que estabeleceu um teto para os gastos públicos nos próximos 20 anos. Caso cumprida em suas determinações fundamentais, essa PEC obrigará o governo federal a enfrentar a seguinte escolha: aumentar o orçamento militar a cada ano — uma vez que os gastos com pessoal se ampliam vegetativa-

---

207. Algum funcionário imbuído de espírito oficialista poderá retorquir que o Plano de Articulação e Equipamento de Defesa (Paed) seria uma espécie de projeto integrado de forças. Esse tipo de argumentação é insustentável pelo simples fato de o Paed não ser propriamente um projeto de forças e de constituir o mero empilhamento, sem qualquer interferência civil, das listas de compras ambiciosas por Marinha, Exército e Aeronáutica.

mente em função do número crescente de aposentados e pensionistas[208] — ao mesmo tempo que mantém/diminui proporcionalmente outros gastos públicos dentro do limite permitido pela variação da inflação do exercício anterior; ou congelar os gastos militares nos níveis de hoje — o que, *ceteris paribus*, fará o valor destinado ao custeio e ao investimento se aproximar de zero.[209]

O aumento real do orçamento do MD parece pouco provável no atual contexto de baixa percepção de ameaças e de carências de toda espécie. Logo, o dilema em perspectiva aparece de maneira cristalina. Seja na hipótese de manutenção do orçamento no presente patamar (reajuste pela inflação), seja na hipótese de redução real (diminuição, congelamento ou reajuste abaixo da inflação), a pronunciada miserabilidade da defesa nacional apenas se agravará no futuro previsível. A única possibilidade de reversão desse quadro passa pela sensível diminuição de gastos com pensionistas e inativos, algo que as corporações militares dificilmente empreenderão sem o acicate das autoridades civis.[210] Profunda reforma administrativa e redução de efetivos também podem ser úteis, mas não devem ser suficientes para acabar com o gargalo orçamentário.[211]

---

208. Em janeiro de 2017, momento em que este ensaio estava sendo escrito, não havia clareza sobre de que forma a pretendida reforma da previdência afetaria a caserna. As manifestações governamentais sobre o assunto têm sido erráticas e se nota que os militares agem com o objetivo de manter o insustentável *status quo* nessa área.
209. A manutenção do mesmo nível de gastos por meio do reajuste da inflação do ano anterior não resolve o problema, uma vez que os patamares de custeio e investimento já são muito insatisfatórios no presente. Essa opção, dado o aumento vegetativo dos gastos com aposentados e pensionistas, tenderia com o tempo a diminuir ainda mais os recursos, em moeda atualizada, de custeio e investimento.
210. Do ponto de vista da lógica corporativa, o oficial-general que aceitar a redução de benefícios previdenciários será fatalmente identificado como uma espécie de traidor da caserna.
211. O Comando da Aeronáutica já vem levando a cabo uma reforma administrativa de envergadura, que diminuirá os gastos com pessoal no médio prazo. O Comando do Exército também anunciou a redução de 10% do efetivo da força terrestre e prioridade na substituição de quadros permanentes por temporários — que não geram compromissos previdenciários na mesma escala que os primeiros.

Nessa nova conjuntura, a disposição positiva do EB de se transformar teria de ser acompanhada pelo apoio das autoridades civis às correntes dentro da força terrestre capazes de perceber a gravidade da situação e de agir para superá-la. A inércia burocrática, tendente a congelar o *status quo*, não é mais uma opção tolerável. Trate-se, agora, de reconhecer uma disjuntiva essencial: o pacto da mediocridade ora vigente entre paisanos e fardados será rompido ou Marinha, Exército e Aeronáutica se tornarão nada mais do que a reserva das polícias estaduais — cessando de ter qualquer papel apreciável na defesa da pátria e na projeção internacional do Brasil.[212] Assim, o processo de transformação do EB estará sepultado e os indivíduos responsáveis por manter o círculo vicioso do subdesenvolvimento militar terão conseguido pulverizar, ao menos pelos próximos 20 anos, a possibilidade de o Brasil se tornar um ator relevante no campo da segurança internacional. Se o desejo de ocupar um assento permanente no Conselho de Segurança da ONU parece hodiernamente de difícil concretização, ele se tornará uma quimera inatingível com a demolição das Forças Armadas que se delineia no horizonte.

Evidentemente, o desafio não se limita à dimensão econômico-financeira. As autoridades civis terão de assumir suas responsabilidades quanto à formulação de um projeto de forças integrado. Nesse contexto, as reflexões conceituais levadas a cabo neste ensaio podem ser objetivamente úteis. Embora o óbvio pareça extremamente difícil de ser assimilado no Brasil, a nação somente poderá ter uma grande estratégia digna do nome no momento em que houver um ministério da defesa munido de autoridade, recursos e capacidade de formulação. Mais ainda, a grande estratégia nacional apenas deixará de ser um conceito meramente abstrato se e quando os decisores brasileiros agirem de modo convergente no sentido de integrar diplomacia, defesa e inteligência — como em qualquer país sério do mundo.

---

212. Na ausência de recursos para a aquisição de material bélico e para a manutenção dos existentes, não restará outra possibilidade às três forças singulares a não ser atuar como arremedos de forças constabulares.

A decisão do governo de decretar intervenção federal na segurança pública do estado do Rio de Janeiro, tomada em fevereiro de 2018, elevou o papel do EB nessa seara a um patamar inédito. Embora a situação registrada naquele ente federativo seja anômala, resta saber como o Exército conseguirá dar conta de missão tão ingrata sem os amplos meios necessários para que pudesse aspirar a ter sucesso. Estando a população carioca desesperada por medidas de força, dado o caos prevalecente, deverá haver um período inicial de apoio às ações da força terrestre. No entanto, na ausência das profundas reformas imprescindíveis ao resgate da operacionalidade do aparato policial, não há garantia alguma de que efeitos positivos duradouros sejam observados depois da intervenção — que não poderá se estender indefinidamente. Além do perigo derivado do contato de oficiais e praças com a marginalidade, há risco palpável de que o EB se desgaste seriamente diante de eventuais resultados negativos observados com o passar do tempo.

A título de nota final, vale reproduzir a análise de Guibert formulada no século XVIII:

> Em quase todos os estados da Europa, os diferentes ramos da administração são governados por ministros específicos, cujos interesses e visões se chocam e são reciprocamente prejudiciais; cada um se ocupa exclusivamente do seu quinhão. Imaginam eles que os demais departamentos pertencem a uma outra nação. Felizes, de fato, são aqueles Estados em que os ministros, invejosos de seus pares, não atuam como inimigos abertos [Guibert apud Heuser, 2010:493].

Se fosse necessário sublinhar a complexidade envolvida na elaboração de uma grande estratégia eficaz, as lúcidas palavras do militar gaulês seriam suficientes para assinalar a magnitude das barreiras envolvidas. Em países com ministérios da defesa comparativamente muito mais consolidados do que o brasileiro, as tarefas de preparar de modo adequado as forças singulares e de coordenar esforços com outras burocracias (*e.g.*, relações exteriores e agências de inteligência) apresentam-se como um enorme desafio. Quando aspectos essenciais da direção superior das Forças Armadas exercida pelo MD estão ausentes, como na Terra de Vera Cruz, a missão de implementar uma grande estratégia qualquer se torna virtualmente impossível.

Sem uma grande estratégia, perde-se de vista o quadro mais amplo dos objetivos a serem atingidos pela ação concertada das agências do Estado. Em decorrência, a inserção internacional do Brasil padece de falta de direção. O presente caótico eterniza-se. Consome-se muita energia, produz-se pouca luz. Pior ainda, garante-se a perpetuação do atraso, ao mesmo tempo que se canoniza a empulhação e o ilusionismo. Em suma, não se rompem os grilhões do subdesenvolvimento: o país que há muito foi um dia do futuro assume, consciente ou inconscientemente, ser não mais do que o futuro do pretérito.

Grande estratégia e operações de paz: o caso brasileiro[213]

> *War has its own nature, and can have consequences very different from the policies that are meant to be guiding it.*
>
> HEW STRACHAN (2013:54-55)

Introdução

As operações de paz da ONU têm atraído crescente atenção da academia brasileira. A despeito disso, os estudos sobre o tema costumam padecer de dois problemas fundamentais: o oficialismo,[214] de um lado, e a falta de conhecimento abrangente sobre a economia política das OPs da ONU e seu significado para a grande estratégia nacional, de outro. Sobre esse último aspecto, vale ressaltar que as OPs não são, nem poderiam ser, consideradas ações prioritárias das forças armadas das principais potências militares do planeta. Tipicamente, as operações de paz são tão mais relevantes para a grande estratégia de um Estado quanto menor seja seu peso específico no sistema internacional.

Embora possam ocupar espaço não negligenciável no plano declaratório da política externa das grandes potências, nenhum dos cinco membros permanentes do Conselho de Segurança das Nações Unidas (P-5) devota

---

213. Versão integral de artigo publicado em inglês, de forma resumida, em edição especial da *Revista Brasileira de Política Internacional (RBPI)*, em 2017.
214. Oficialismo é um termo genérico que se refere a um conjunto de ideias utilizadas para fundamentar um discurso oficial sobre determinados temas. Frequentemente, esse conjunto de ideias carece de fundamentação acadêmica, tendo por base narrativa politicamente conveniente às autoridades constituídas.

recursos significativos dos seus orçamentos de defesa a esse tipo de atividade.[215] Esse fato explica-se por motivo óbvio, embora politicamente pouco charmoso: as OPs representam uma das expressões mais conspícuas da estratificação do poder mundial. Na contemporaneidade, os P-5 determinam onde, como e quando a ONU deverá desdobrar forças de paz e terceirizam as tarefas de implementação aos exércitos de países do Terceiro Mundo.[216] Esse dado primordial, frequentemente esquecido pela benevolente retórica humanitária que embasa a justificação pública das OPs, constitui o eixo a partir do qual se articula a economia política desse tipo de operação.

A estrutura decisória em operações de paz

As operações de paz, aqui entendidas em sentido amplo, ou seja, como as ações levadas a cabo pela ONU nos campos da prevenção de conflitos (*prevention/peacemaking*), manutenção da paz (*peacekeeping*) e construção da paz (*peacebuilding*) — conceitos que não incluem a imposição da paz *stricto sensu* —, são empreendimentos políticos por excelência.[217]

---

215. Para verificar esse dado, basta comparar o valor da contribuição de cada um dos P-5 ao orçamento de operações de manutenção da paz da ONU, no ano fiscal 2015-2016 (United Nations General Assembly, 2015a), com o valor do orçamento de defesa dos P-5, em 2015 (The Military Balance, 2016). No caso da China, por exemplo, a contribuição para as OMPs representou 0,37% do orçamento de defesa, em 2015 (cálculos do autor).
216. Episodicamente, pequenos países desenvolvidos podem participar de OPs onusianas. Em situações em que haja envolvimento direto de tropas dos P-5, como na Somália (EUA, 1992-1993) ou na República Centro-Africana (França, 2013-), em regra não há subordinação às forças de paz da ONU desdobradas no terreno. Nesses casos, as tropas dos P-5 atuam de maneira paralela aos capacetes azuis — não raro com um mandato de imposição da paz.
217. Embora este trabalho aborde essencialmente as operações de manutenção da paz (*peacekeeping*), utilizar-se-á na maior parte do texto o conceito mais genérico de operações de paz (*peace operations*). Essa opção deve-se ao fato de que as operações de manutenção da paz (OMPs) contemporâneas não podem mais ser consideradas exercícios exclusivamente militares, o que as aproxima do conceito de operações de paz — amplamente utilizado na literatura sobre a matéria. No entanto, quando o autor quiser enfatizar a dimensão de *peacekeeping* estritamente considerada, utilizará o termo OMPs.

Como tal, obedecem à sempre cambiante lógica dos arranjos *ad hoc* (Kennedy, 2006:261). Compreende-se, portanto, as razões pelas quais as operações de paz sequer são mencionadas na Carta das Nações Unidas. Aos formuladores da época, não ocorrera a necessidade de empregar tropas internacionais autorizadas pela ONU para observar o cessar-fogo entre duas partes quiescentes — esta a primeira encarnação das OPs, conforme o observado no caso da United Nations Truce Supervision Organization (UNTSO), criada em 1948 (DPKO, 2016a).

Logo, sendo as OPs construções empíricas dependentes de arranjos políticos muitas vezes fluidos e precários, não espanta que as teorias sobre o fenômeno sejam igualmente pouco robustas como marcos explicativos (Proença Jr., 2002; Diehl, 2014). Em qualquer circunstância, a estrutura decisória das operações de paz espelha a diferenciação do estatuto internacional dos membros permanentes e não permanentes do Conselho de Segurança das Nações Unidas (CSNU). Cabe recordar que os primeiros possuem poder de veto e notável capacidade de influência sobre os 10 membros rotativos (Paul e Nahory, 2005).

Nesse contexto, a dinâmica de funcionamento do CSNU notabiliza-se pela baixa ocorrência de votações em que países ocupantes de assentos temporários se opõem ao consenso obtido entre os P-5 (Uziel, 2015:203). Mesmo em questões controversas, a tendência é que pressões de bastidores, e ajustes pontuais nos termos das resoluções do Conselho, garantam a aderência dos membros não permanentes ao denominador comum articulado pelos membros permanentes (Krisch, 2008:4-5). Não é raro, inclusive, que textos de resoluções mais sensíveis sejam discutidos apenas entre os P-5 e apresentados como *fait accompli* aos demais membros não permanentes.[218] Isso não significa dizer que a influência dos últimos seja nula, sobretudo se se levar em conta a heterogeneidade de poder dos Estados que ocupam assentos rotativos. No entanto, essa constatação indica

---

218. Constatação baseada na experiência do autor adquirida quando serviu como membro da equipe da Missão do Brasil junto às Nações Unidas (2012-2015) responsável pelo acompanhamento dos trabalhos do CSNU.

a necessidade de cautela ao se abordar o comportamento do CSNU como ente coletivo.

Outra nota de cautela tem a ver com as relações prevalecentes entre os próprios P-5. Embora o relacionamento dos membros permanentes tenha conhecido modulações ao longo do tempo, no pós-Guerra Fria é possível identificar frequente clivagem entre Estados Unidos, França e Reino Unido (P-3), de um lado, e China e Rússia (P-2), de outro (Krisch, 2008:9). No presente, Pequim e Moscou constituem eixo contestador da hegemonia ocidental no plano da paz e segurança internacionais (Graham-Harrison et al., 2015). Como regra geral, a China tende a se alinhar às posições da Rússia. Ainda que a diplomacia chinesa adote postura mais moderada e perfil mais baixo do que a russa, são raros os assuntos de relevo em que o gigante comunista não acompanhe o parceiro euro-asiático (Ferdinand, 2013:17).

Em contraste, a prevalência atual de grupos atlanticistas à testa do governo francês é indicativa de que os P-3 tenderão a atuar de modo bastante unificado — sob a liderança dos EUA. Nessa linha, o maior ou menor grau de convergência entre os interesses de Washington e Moscou será determinante para a existência de consenso mínimo que garanta ao Conselho maior latitude de ação no encaminhamento de crises globais. Note-se que a medida do consenso no âmbito do CSNU se dá em três dimensões básicas: 1) a definição dos conflitos que serão objeto de ações do Conselho; 2) o tipo de ação que derivará da decisão prévia de incluir uma crise na agenda do órgão (manifestação de preocupação, adoção de sanções, desdobramento de operação de paz, autorização do emprego da força etc.); e 3) a especificação do mandato e dos objetivos a serem cumpridos pelos agentes autorizados a atuar pelo CSNU.

Ao quadro sumário descrito, há que acrescentar dois atores relevantes no seio do sistema onusiano de paz e segurança: o secretariado (a burocracia da ONU) e os demais países-membros da organização.[219]

---

219. Para uma visão sintética da estrutura do Secretariado voltada para as operações de manutenção da paz, ver Martins Filho e Uziel (2015).

Embora a retórica oficial da organização, e de seus epígonos nos mais variados domínios, procure apresentar a burocracia da ONU como um corpo técnico imparcial, a realidade dos fatos não corrobora essa narrativa.[220] Ao contrário, o secretariado reflete, ainda que de modo imperfeito, os interesses dos atores mais poderosos do sistema internacional. São eles os principais financiadores da ONU e os provedores da maior parte do corpo burocrático onusiano (Novosad e Werker, 2014:5). Mais ainda, são eles os Estados dotados de maior capacidade de influenciar a agenda das Nações Unidas, seja por meio de pressão política direta ou indireta, seja por meio da difusão de ideias que condicionam o universo normativo da organização.[221]

Nessa linha, é patente a identidade dos interesses do secretariado com a média das perspectivas dos principais contribuintes financeiros da ONU. No plano das operações de paz, essa tendência é particularmente notável, sobretudo nas posições pró-secretariado adotadas por europeus, norte-americanos e japoneses no âmbito do Comitê Especial sobre Operações de Manutenção da Paz da Assembleia-Geral das Nações Unidas (C-34). Em contraste, os países (do Terceiro Mundo) contribuintes de tropas e policiais (TPCCs), majoritariamente reunidos sob o guarda-chuva do Movimento Não Alinhado (MNA), são aqueles que adotam postura mais crítica e restritiva sobre as ações do secretariado — particularmente daquelas emanadas do Departamento de Operações de Manutenção da Paz (DPKO), liderado tradicionalmente por europeus.

Para tornar a situação mais complexa, os TPCCs acabam por adquirir alguma capacidade de alavancagem política ao fornecerem soldados e policiais às operações de paz da ONU. Isso ocorre pelo fato de que nem

---

220. Ver *The Economist*. Disponível em: <www.economist.com/news/international/21699134-despite-unprecedented-push-pick-uns-next-boss-open-contest-choice-will>. Acesso em: 30 abr. 2016.

221. A difusão transversal do pensamento politicamente correto no âmbito da ONU é levada a cabo, essencialmente, por países desenvolvidos — particularmente por EUA e nações europeias, cujas universidades são os principais centros de produção acadêmica internacional.

sempre há disponibilidade de tropas e policiais prontos a serem desdobradas em Estados fracos ou falidos, como os que normalmente abrigam missões de paz. A assunção do ônus de fornecer pessoal militar e policial para esse tipo de operação tem como contrapartida o aumento da capacidade de influência do TPCC sobre a direção do esforço de estabilização do país específico. Esse é o caso do Brasil em relação ao Haiti, em que a liderança brasileira da Minustah multiplicou a capacidade nacional de opinar sobre os rumos da missão onusiana (Souza Neto, 2010:50).

A estrutura administrativa das OPs

Os elementos anteriormente sumariados apontam para a complexidade da estrutura decisória da ONU sobre OPs. O realismo político subjacente à visão do autor sugere que os P-5 — e em especial os P-3 — detêm o controle sobre os aspectos fundamentais das decisões relacionadas com as operações de paz. A essa conclusão provisória devem ser acrescentados alguns comentários sobre a estrutura administrativa das OPs. Em especial, vale salientar como o poder econômico se reflete em controle político sobre a burocracia da ONU.

Os membros permanentes do CSNU possuem uma escala de pagamento diferenciada no tocante às operações de paz. Em 2016, os EUA contribuíram com 28,5% do orçamento das OPs, a China com 10,2%, o Reino Unido com 5,79%, a França com 6,3% e a Rússia com 4% — o que significa quase 55% do orçamento total (United Nations General Assembly, 2015b:2). Apenas como termo de comparação, a contribuição brasileira não passava de 0,79% (United Nations General Assembly, 2015b:4).[222] A prevalência dos P-5 no financiamento dessas operações é convergente

---

222. Se se somar a contribuição dos 33 países desenvolvidos enquadrados na categoria "B" ("level B") à contribuição dos P-5 ("level A"), o total ascende a mais de 94% do orçamento de manutenção da paz da ONU previsto para 2016 (United Nations General Assembly, 2015b:2-3).

com o peso desproporcional que possuem na definição política das prioridades dos Departamentos de Operação de Manutenção da Paz e do Departamento de Apoio ao Terreno (DFS). Ao contrário do que certa retórica globalista quer fazer crer, a ONU não é, de forma alguma, uma organização democrática e imparcial. A burocracia onusiana encontra-se permanentemente condicionada por intensas pressões políticas emanadas dos Estados que a compõem.[223]

Nesse sentido, a V Comissão, responsável por temas administrativos e orçamentários, é o *locus* fundamental onde se processam os embates políticos sobre os rumos da organização. Nela ocorrem as mais intensas disputas em torno de prioridades, criação ou extinção de cargos, aumento ou diminuição de recursos destinados a programas específicos etc. Também é no âmbito da V Comissão que o orçamento das operações de paz é determinado.[224] A regra não escrita de aprovação do orçamento por consenso tende a favorecer a manutenção do *status quo*. O G-77 e China, embora representem a grande maioria dos Estados-membros da ONU, possuem baixa coesão interna e sua capacidade de bloqueio é limitada. Como ocorre no processo decisório em operações de paz, é nas margens do sistema que os países em desenvolvimento conseguem lograr vitórias pontuais, mas que não alteram substancialmente a tendência inercial à prevalência dos interesses dos Estados mais poderosos.

---

223. Uma crítica recorrente ao funcionamento da ONU deriva da ineficiência produzida por um sistema de recrutamento fundamentalmente baseado em arranjos políticos. Ver McGreal (2015).
224. O orçamento das operações de manutenção da paz é separado do orçamento regular da ONU. No entanto, algumas das ações incluídas no conceito mais abrangente de operações de paz (como as relacionadas com a prevenção e com a construção da paz) não se encontram custeadas pelo orçamento das OMPs, e sim pelo orçamento regular. Esse é o caso das missões políticas especiais (enviados especiais, escritórios regionais, painéis de peritos, escritórios de construção da paz em países específicos) que, apesar de majoritariamente criadas pelo CSNU, são custeadas em sua quase totalidade pelo orçamento regular.

Os países contribuintes de tropas: quem contribui e por quê?

De acordo com dados de fevereiro de 2016, entre os 30 maiores contribuintes de tropas para operações de manutenção da paz, há apenas dois países desenvolvidos: Itália (27) e França (30) (DPKO, 2016b). A China — país em desenvolvimento *sui generis*, já que é a segunda maior economia do mundo — aparece como o oitavo maior contribuinte com 3.072 capacetes azuis. Esse total correspondia a 0,13% do contingente ativo do Exército de Libertação Popular chinês.[225] A participação da França, outro membro permanente do CSNU, alcançava 0,44% de suas forças ou 937 homens e mulheres (The Military Balance, 2016:95). O Reino Unido contribuía com 290 capacetes azuis (0,18%) (The Military Balance, 2016:151), os EUA com 71 (0,0051%) (The Military Balance, 2016:38) e a Rússia com 78 (0,0097%) (The Military Balance, 2016:189).

Entre os 10 maiores contribuintes de tropas, há variações importantes. A Etiópia, que lidera o *ranking*, empresta 8.324 soldados e policiais às OPs da ONU (6%) (The Military Balance, 2016:445). A Índia vem a seguir com 7.695 (0,57%) (The Military Balance, 2016:250), Bangladesh com 7.525 (4,7%) (The Military Balance, 2016:235), Paquistão com 7.501 (1,1%) (The Military Balance, 2016:279), Ruanda com 6.001 (18%) (The Military Balance, 2016:462), Nepal com 5.323 (5%) (The Military Balance, 2016:277), Senegal com 3.717 (27%) (The Military Balance, 2016:463), China (0,13%), Burkina Faso com 2.921 (26%) (The Military Balance, 2016:432) e Indonésia com 2.843 (0,71%) (The Military Balance, 2016:256). O Uruguai, maior contribuinte da América Latina (22), contribuía com 1.432 capacetes azuis (5%) (The Military Balance, 2016:413), ao passo que o Brasil, o segundo maior (24), aportava 1.225 (0,36%) (The Military Balance, 2016:382).

---

225. Dado obtido a partir de consulta ao anuário The Military Balance 2016 (referente ao ano de 2015) (2016:240). O número total de tropas do serviço ativo foi dividido pelo número de tropas do país empregado em OPs (DPKO, 2016b). Em relação aos demais países aqui analisados, o mesmo procedimento será realizado com base nas duas publicações referidas.

Esses dados corroboram a tese da divisão de trabalho entre membros permanentes e não permanentes do CSNU aludida. Assim como sugerem níveis de contribuição extremamente díspares como proporção das forças ativas nacionais. Enquanto a Índia empresta às OPs percentual negligenciável dos seus soldados (pouco mais de meio por cento), o Senegal chega a comprometer 27% dos seus militares com esse tipo de operação. Diante desse quadro, cabe refletir sobre as razões que levam os Estados a contribuir com OPs da ONU. Estados de democracia recente — nos quais se incluem a grande maioria das pequenas e médias potências — teriam três motivações básicas para participarem de OPs: sinalização externa; indução de reformas domésticas nas FFAA; e suplementação dos orçamentos de defesa (Sotomayor, 2014:36-37).

A sinalização externa poderia envolver a demonstração de comprometimento internacional, a assunção de uma nova identidade internacional e a divulgação de novas políticas de cunho "progressista". A indução de reformas domésticas poderia incluir a transformação do papel e das missões das FFAA, a socialização internacional dos militares (o que poderia ter reflexos positivos no plano doméstico em termos de estabilidade institucional) e a integração entre as políticas externa e de defesa. Finalmente, a suplementação orçamentária incluiria a complementação salarial do pessoal fardado, o aumento da atratividade da carreira militar e o financiamento de despesas de custeio e aquisição de material (Sotomayor, 2014:36).

Note-se, porém, que as motivações anteriormente mencionadas são racionalizações *ex post facto* e não necessariamente aparecem de maneira integral ou coerente no processo decisório que leva à autorização de desdobramento de tropas nacionais sob a égide da ONU. Sotomayor, ao analisar os casos de Argentina, Brasil e Uruguai — em particular o papel dos três países na Minustah —, demonstra que as motivações e os efeitos da participação de cada um desses países na Missão desdobrada no Haiti foram significativamente distintos (Sotomayor, 2014: passim). Em qualquer circunstância, o trabalho do autor mexicano ajuda a desfazer alguns mitos sobre o efeito das OPs sobre as FFAA de países em desenvolvimento. Os mais importantes deles sendo os de que as OPs serviriam para aumentar a capacitação profissional dos militares e infundir "valores democráticos" nos *peacekeepers* — inclusive por meio do contato com forças armadas de outros países (Aguilar, 2015:127).

A ideia de que o simples contato de militares brasileiros com outras forças armadas em OPs seria benéfico não resiste a um escrutínio mais apurado (Sotomayor, 2014:199-200). Em primeiro lugar, o caráter de uma operação de paz como a Minustah é pouco exigente em termos de capacitação profissional dos militares e de sofisticação dos equipamentos empregados pelas tropas. Em segundo lugar, a convivência com tropas de países menos desenvolvidos do que o Brasil nada aporta em termos profissionais *stricto sensu* — uma vez que suas capacidades e doutrinas de emprego tendem a ser mais rudimentares do que as brasileiras.[226] Em terceiro lugar, mesmo a eventual presença de tropas de países militarmente mais avançados no teatro de operações não se traduz necessariamente em aprendizado, dado o abismo existente entre a possível absorção vicária de novos elementos doutrinários pelos militares brasileiros e a eventual difusão desse aprendizado entre as demais unidades do EB.[227] Em quarto lugar, a própria experiência de Argentina, Brasil e Uruguai em OPs demonstra que essas, em si mesmas, não são capazes de fortalecer significativamente o controle civil sobre as forças armadas (Sotomayor, 2014:201-202).

No caso brasileiro recente, a essa mitologia foram agregadas duas outras falácias. A primeira, de que o aumento da participação nacional em

---

226. De acordo com dados do DPKO, em 2016, os seguintes países contribuíam tropas para a Minustah: Argentina, Bangladesh, Brasil, Canadá, Chile, Equador, El Salvador, Guatemala, Honduras, Jordânia, México, Nepal, Paraguai, Peru, Filipinas, Sri Lanka, Estados Unidos e Uruguai. Note-se que os únicos países desenvolvidos nesse grupo são Estados Unidos e Canadá — que não têm tropas desdobradas no terreno, restringindo-se apenas ao fornecimento de oficiais de Estado-Maior.

227. A mera absorção de doutrinas estrangeiras por parte das forças de paz brasileiras não significa que esses ensinamentos serão difundidos para o restante do EB, já que essa difusão depende de sanção do Centro de Doutrina do Exército Brasileiro e da própria capacidade material de a força terrestre incorporar essas lições. Por exemplo, de nada adianta adotar aspectos doutrinários de outros exércitos se esses implicarem a utilização de equipamentos inacessíveis aos militares brasileiros.

operações de paz credenciaria o país a ocupar assento permanente no CSNU (Kenkel, 2011; Aguilar, 2008; Cavalcante, 2010). A inanidade da tese é por demais gritante para merecer comentário mais aprofundado. No entanto, vale ressaltar que, se a magnitude da contribuição com as forças de paz da ONU fosse critério de incorporação aos P-5, Ruanda, Senegal e Burkina Faso seriam fortíssimos candidatos. Afinal, esses países alocam, respectivamente, 18%, 27% e 26% do seu contingente militar ativo para as OPs — ao passo que o Brasil destina 0,36% do seu pessoal para tal finalidade. Logo, a correlação entre a participação em operações de paz e as resultantes do penoso processo de reforma do CSNU parece ser extremamente fraca, se não for inexistente ou inócua.

A quase unânime adesão dos comentadores brasileiros à falácia de que a participação em OPs aumentaria a exposição internacional do país e, em decorrência, as chances de sucesso de seu pleito em favor de assento permanente no CSNU parece ser mais indicativa de tentativa de legitimação da participação junto ao público doméstico do que de delírio interpretativo puro e simples.[228] Como nenhum contribuinte de tropas para OPs, nos mais de 70 anos de existência da ONU, jamais conseguiu ser aceito como membro permanente do Conselho de Segurança, resta aos defensores da tese o ônus da prova. Ainda assim, basta olhar para as nações integrantes do G-4 (Alemanha, Brasil, Índia e Japão) para notar que a variabilidade dos modos e da intensidade de contribuição às operações de paz nada diz sobre as chances de cada país em uma hipotética futura reforma do CSNU.[229] Em contraste, este autor acredita que a construção de aparato

---

228. Soares de Lima reflete sobre as injunções do processo de reforma do CSNU e sobre a gênese da reivindicação brasileira de assento permanente no Conselho. Ver Soares de Lima (2009).
229. O G-4 foi formado pelos quatro países, em 2004, com o objetivo de fazer avançar a reforma do CSNU. A Alemanha e o Japão são grandes contribuintes financeiros, mas pequenos contribuintes de tropas. O Japão, em particular, praticamente nada contribui em termos de pessoal. A Índia é um grande contribuinte de tropas, mas pequeno contribuinte financeiro. O Brasil é um contribuinte de tropas intermediário e um contribuinte financeiro modesto.

militar poderoso por parte do Brasil seria infinitamente mais eficiente em "credenciar" o país ao ingresso no CSNU como membro permanente do que a participação em operações de paz. Note-se, no entanto, que a primeira iniciativa não é antitética em relação à última.

A segunda falácia refere-se ao argumento de que a participação de tropas brasileiras em OPs ajudaria as FFAA em seus esforços de "reaparelhamento" (conceito contraditório, pois não se pode reaparelhar aquilo que nunca esteve aparelhado) e "modernização" (Muggah, 2015:14). Não há nenhuma evidência de que o surto de modernização de equipamentos pelo qual passaram as FFAA brasileiras entre 2008 e 2010, momento em que alguns projetos relevantes de aquisição de armamento foram iniciados (*e.g.*, Programa de Submarinos, compra de blindados Guarani, desenvolvimento do cargueiro KC-390, aquisição de helicópteros EC-725), tenha relação com o aumento da presença brasileira em OPs a partir de 2004.[230] O período compreendido entre 2003[231] e 2007 assistiu a uma redução do orçamento militar como proporção da despesa primária da União, de 9,31% para 8,23%, e à estagnação como proporção do PIB, de 1,46% para 1,52% (Brustolin, 2009:33-34). Embora tenha havido aumento real do investimento do Ministério da Defesa no período (de R$ 1.104 bilhões para R$ 3.659 bilhões), este partiu de base extremamente baixa (2003 assistiu a um corte de mais 50% do investimento em relação a 2002) (Brustolin, 2009:46) e jamais foi justificado com base nas necessidades da participação brasileira em OPs.

Ao contrário, a situação quase ininterrupta de penúria material das FFAA, desde a redemocratização (1985), parece representar um forte incentivo para que as chefias militares, no passado recente, tenham se empenhado em aumentar a presença brasileira em OPs. Isso não em função da parca capacidade de as OPs redundarem em investimentos significativos em

---

230. Nenhum desses equipamentos foi utilizado em operações de paz. Mesmo o veículo blindado Guarani, que pode ser empregado em OPs, jamais teve sua construção justificada com base na noção de que seria essencial para a participação brasileira nesse tipo de operação. Tampouco foi testado no Haiti.
231. Ano de início do governo Lula da Silva.

equipamentos — cabe notar que o tipo de operação em que o Brasil esteve envolvido era pouco exigente em termos militares —, mas da possibilidade de receber recursos de custeio necessários ao treinamento e sustentação das tropas engajadas em operações de paz. Ou seja, em contexto de miserabilidade crescente, a simples manutenção de pequena parcela das tropas motivada, treinada e operacional (embora sem desafios que aumentassem a sua capacidade combatente convencional) já foi considerada um ganho apreciável para as lideranças militares brasileiras (Saleh, 2014).

Breve histórico sobre o caráter das missões de paz

A ideia da criação de um diretório de potências que serviria de polícia dos assuntos internacionais esteve na base da criação da ONU em seus primórdios (Bellamy e Williams, 2010:81). Rapidamente, contudo, o conceito foi abandonado, assim como o projeto de criação de um exército das Nações Unidas (Bellamy e Williams, 2010:82-83). As crescentes divergências entre os membros permanentes do CSNU, que atingiram nível alarmante durante a Guerra da Coreia, foram responsáveis por dar o tom da principal característica do Conselho desde então: a seletividade de sua atuação (Roberts e Zaum, 2008).

A partir da crise de Suez (1956), as missões de paz começam a desenvolver algumas das suas características conceituais mais marcantes, como os princípios de que deveriam atuar com base no consentimento das partes envolvidas no conflito, de maneira imparcial e utilizando a força somente como recurso excepcional (Bellamy e Williams, 2010:85). Esses princípios seriam mantidos, com algumas modulações, até o presente — embora a prática da ONU nem sempre tenha sido fiel a eles, mesmo durante a Guerra Fria, como nas ações de imposição da paz levadas a cabo pela ONUC no Congo.[232] Ao fim e ao cabo, o período que

---

232. Durante a crise decorrente da independência do Congo e do separatismo da província de Katanga, a resolução 161 (1961) do CSNU autorizou a Onuc a empregar a força para garantir a integridade territorial da ex-colônia belga.

vai de 1945 a 1987 conheceu o desdobramento de apenas 14 operações de paz, muitas delas no Oriente Médio e quase todas relacionadas com o processo de descolonização que se seguiu ao fim da Segunda Guerra Mundial (Bellamy e Williams, 2010:85).

O modelo-padrão de uma operação de paz durante a Guerra Fria tinha a ver com a interposição de tropas/observadores da ONU entre partes quiescentes. Nessa circunstância, a OP serviria como unidade de monitoramento do cumprimento de trégua entre os atores em contenda. Esse modelo, no entanto, passou por mudanças a partir do fim da confrontação bipolar. Entre 1988 e 1993, o número de OPs aumentou exponencialmente, acompanhando o término da Guerra Fria e a consolidação do otimismo prevalecente a partir da crença em uma nova ordem mundial de corte liberal. Assim, enquanto nos 42 anos anteriores apenas 14 OPs haviam sido desdobradas, no período anteriormente aludido 20 OPs foram autorizadas pelo CSNU (Bellamy e Williams, 2010:97).

Em muito breve trecho, a percepção positiva quanto ao papel das OPs daria lugar a uma profunda desconfiança, consubstanciada nos fracassos observados em Angola, Somália, Ruanda e Bósnia — em que ao menos 1,5 milhão de pessoas pereceram (Bellamy e Williams, 2010:111). Em paralelo, as OPs sofreram redução significativa, com a diminuição do número de *peacekeepers* de quase 80 mil, em 1993, para 15 mil, em 1996 (Hultman, 2013:66). Nesse contexto, não se tratava mais de atuar apenas como força de observação, mas de levar a cabo tarefas complexas como as de criar condições para o provimento de ajuda humanitária, a realização de eleições, o reforço das capacidades do Estado, *inter alia*. O declínio das OPs deu-se certamente pelo grande impacto de massacres como os registrados em Ruanda e Srebrenica, mas foi reforçado pela constatação de graves inconsistências no desenho institucional e administrativo das operações de paz (Boot, 2000).

Diversos painéis de especialistas foram instalados desde então para apurar o que tinha dado errado. Nenhum deles, contudo, foi capaz de gerar o impacto político obtido pelo relatório liderado por Lakhdar Brahimi, ex-ministro das relações exteriores da Argélia. Entre as principais propostas do relatório, vale salientar a redefinição do uso da força em operações de paz, permitindo que os capacetes azuis não somente garantam sua autodefesa, mas também que usem a força em defesa dos mandatos estabelecidos pelo CSNU (Yamashita, 2005). Desse fato também decorre um imperativo das OPs contemporâneas: "imparcialidade" deve ser distinguida de "neutralidade". Conforme o sugerido pelo Relatório Brahimi, as OPs não podem permanecer indiferentes diante de atrocidades cometidas contra civis. Portanto, se o CSNU julgar que um conflito representa ameaça à paz internacional, e nesse exercício ele terá de ser seletivo, cabe ter presente que o próprio desdobramento de uma operação de manutenção da paz (OMP) representa opção pela "não neutralidade".

O relatório também reconhece o fato de que as OPs contemporâneas atuariam em contextos distintos, não mais limitados a conflitos interestatais, o que geraria demandas mais complexas e multifacetadas sobre as operações de paz. Logo, os conflitos intraestatais, muitos deles gerando transbordamento para o plano regional, seriam de administração mais difícil. Isso pois envolveriam diversos atores estatais e não estatais, frequentemente dispostos a aumentar sua capacidade negociadora por meio de chantagem e intimidação, não raro por meio do uso da violência (Brahimi, 2000:4). Nessas circunstâncias, as OPs da ONU deveriam ser capazes de se deslocar rapidamente, gerar efeito dissuasório crível, ter capacidade de autodefesa robusta, coordenar ações complexas nos campos civil e militar, produzir inteligência confiável etc. (Yamashita, 2005).

As OPs contemporâneas

Entende-se por operações de paz contemporâneas as desdobradas pela ONU no século XXI. Da mesma forma que as OPs tradicionais não obedeceram a modelos monolíticos, cabe notar que as contemporâneas representam construções políticas heteróclitas. Exemplo disso pode ser encontrado no desdobramento da Unifil (Líbano) a partir da crise de 2006, que possui características muito mais próximas das missões tradicionais (Bellamy e Williams, 2010:146). Ainda assim, pode-se dizer que houve mudanças importantes no perfil dessas missões nas últimas duas décadas. O pós-Guerra Fria conheceu grande proliferação de *small wars*, entendidas como eventos em que grupos subnacionais fazem uso da violência para atingirem objetivos políticos e econômicos de variadas naturezas, frequentemente em contraposição às forças de segurança de Estados formalmente constituídos.

Nesse contexto, afloram as ameaças ditas assimétricas. Embora seja plausível considerar que as ameaças assimétricas existem desde os primeiros registros históricos de enfrentamentos entre tribos de caçadores-coletores, a queda do Muro de Berlim e a subsequente perda de influência da narrativa sobre o apocalipse nuclear, concomitante ou não a um choque titânico entre divisões blindadas da Otan e do Pacto de Varsóvia na fronteira entre as duas Alemanhas, desviaram a atenção dos analistas do eixo leste-oeste para o norte-sul. O desbloqueio do CSNU na esteira do fim da União Soviética e o triunfalismo da nova ordem mundial também reforçaram a tese de que os conflitos no pós-Guerra Fria se dariam no "sul violento" (em contraposição ao norte "pacífico") (Goldeier e Mcfail, 1992).

Mesmo que a década de 1990 tenha demonstrado a impropriedade dessa tese, vide as guerras travadas no contexto da fragmentação da ex--Iugoslávia, a baixa incidência de conflitos interestatais e a visibilidade do terrorismo a partir do 11 de Setembro contribuíram para emprestar credibilidade à ideia de que as ameaças assimétricas seriam o presente e o futuro dos conflitos. Nessa conjuntura, as OPs estariam expostas a crescentes riscos, resultantes da fragmentação estatal e da ação de forças subnacionais dispostas a empregar a força para avançar suas agendas particulares (Diehl, 2014:9-10). A proteção de civis em situações de conflito, adotada pela primeira vez de modo explícito na Resolução 1.270 (1999) que instituiu a Unamsil, em Serra Leoa, vem, desde então, servindo como justificativa moral para o emprego mais sistemático da força em operações de paz onusianas (Hultman, 2013).

Recorde-se que, à exceção da nova configuração da Unifil (2006),[233] desde o fim da guerra entre a Etiópia e a Eritrea, no ano 2000, nenhuma outra OP desdobrada a partir da Unmee conheceu o formato tradicional representado pelo envio de observadores com a tarefa de supervisionar o cumprimento de cessar-fogo entre duas partes quiescentes. A paulatina consolidação da norma de responsabilidade de proteger (R2P), consagrada em 2005,[234] e a proliferação de guerras por procuração na África — agora com intensa participação de atores regionais, ao contrário da dinâmica fundamentalmente bipolar que instruiu esse mesmo tipo de enfrentamento antes de 1991 — contribuíram para difundir a ideia de que as OPs passariam a atuar em locais em que "não há paz a ser mantida" (Chesterman, 2004:11).

Nesse contexto, a proteção de civis representaria o objetivo mais importante a ser alcançado pelos esforços do CSNU, fato que vem sendo acompanhado por crescente robustecimento das operações de manutenção da paz. Na medida em que as partes dos conflitos não são quiescentes, e as intervenções da ONU, na linha do recomendado pelo relatório Brahimi, passam a atuar não mais como parte neutra, mas em favor da preservação de vidas humanas, os capacetes azuis têm sido identificados como alvos a serem abatidos por grupos insurgentes insatisfeitos com as ações das OPs.

Por sua vez, a tendência ao aumento da violência contra militares e civis atuantes sob a égide da ONU gera uma espiral de demandas no sentido do incremento das capacidades de proteção física desse pessoal. Ao mesmo tempo, a atuação de muitas OMPs e missões políticas especiais hodiernas se concentra em Estados ditos falidos ou afetados por sé-

---

233. A Unifil foi originalmente criada em 1978. Em 2006, houve um ajuste do seu mandato de modo a incluir o monitoramento da cessação de hostilidades, o apoio ao desdobramento do Exército libanês no sul do país, a assistência a indivíduos deslocados, o apoio aos prestadores de ajuda humanitária, entre outras tarefas.
234. A adoção do conceito de responsabilidade de proteger, pela Assembleia-Geral da ONU, deu-se em 2005, durante a cúpula que celebrou os 60 anos da Organização. Ver Fonseca Jr. (2010:175).

rios problemas de "estaticidade" (Rotberg, 2002). Nesses casos, o aparato estatal é frequentemente incapaz de garantir a segurança da população (Buzan, 1991:96-107).

A fragmentação do sistema penal em Estados frágeis ou falidos, acoplada à existência de forças armadas quase sempre divididas e polarizadas, torna ainda mais difícil que os países anfitriões de OPs logrem prover segurança mínima às tropas da ONU. Dado que as forças de segurança normalmente são partes integrantes do *conundrum* desses países, vicejam fenômenos correlatos que tornam crível a noção da centralidade das ameaças assimétricas: contrabando, sequestros, terrorismo, narcotráfico, garimpos ilegais, tráfico de recursos naturais, tráfico de animais silvestres, tráfico de seres humanos, roubos armados, pirataria etc. (Oliveira, 2009:102). Esse espectro de ilícitos serve muitas vezes para financiar grupos insurgentes, como no caso paradigmático da República Democrática do Congo (RDC) — em que o contrabando de minerais constitui atividade econômica de grande monta explorada por diversos atores que se contrapõem ao Estado congolês (Moyroud e Katunga, 2002:181-183). Assim, as OMPs, particularmente as desdobradas na África — continente que abarca a esmagadora maioria dos *peacekeepers* —, têm de enfrentar uma ampla gama de ameaças potenciais.[235]

Embora não se possa negar o perigo dessas ameaças, que incluem o uso cada vez mais difundido de dispositivos explosivos improvisados (IEDs), cabe notar que nenhum dos conflitos na África pode ser classificado como estritamente intraestatal.[236] Em todos eles há envolvimento direto ou indireto de terceiros países da região, por meio de financiamento, apoio político, provisão de armas, apoio ao recrutamento de insurgentes, operações encobertas — para citar apenas algumas modalidades de

---

235. De acordo com dados do DPKO (maio de 2016), 83,15% do pessoal civil e militar empregado em operações de manutenção da paz servia nas nove missões desdobradas na África.
236. Para uma perspectiva teórica sobre o assunto, ver Buhaug e Gleditsch (2008). Perspectiva empírica pode ser encontrada em Nzongola-Ntalaja (2004).

intervenção indireta.²³⁷ Do mesmo modo, as grandes potências também exercem influência sobre os conflitos africanos, não raro por meio do favorecimento de facções que lhes são mais simpáticas.²³⁸

Implicações políticas e militares das OPs contemporâneas

Em mais um dos periódicos exercícios de revisão das práticas da ONU no campo das operações de paz, o secretário-geral Ban Ki-moon determinou, em 2014, o estabelecimento de um painel de especialistas liderado pelo ex-presidente do Timor-Leste, José Ramos-Horta. O Painel Independente de Alto Nível sobre Operações de Paz tinha por objetivo rever o papel dessas operações, uma vez que: "Conforme nos aproximamos do 15 aniversário do relatório Brahimi, nós precisamos reconhecer que as operações de paz estão sendo crescentemente chamadas a confrontar conflitos complexos e desafiadores, frequentemente em ambientes de segurança voláteis onde as operações são alvos diretos (de ataques)".²³⁹

No âmbito do MNA, a iniciativa do SGNU causou desconfiança, uma vez que se temia que o Painel Ramos-Horta viesse a referendar o que muitos países entendiam ser um inquietante aumento do uso da força pelas OPs — consubstanciado na frequente utilização de mandatos robustos sob a égide do capítulo VII da Carta das Nações Unidas (Hunt, 2013:1-2). O precedente da criação da Brigada de Intervenção (BI) da Monusco,

---

237. Esse fato deve-se não somente às disputas de poder entre Estados africanos, mas também às fronteiras "artificiais" produzidas durante o processo de descolonização — que determinaram a separação político-administrativa, em um ou mais Estados, de diversos grupos étnicos.
238. Em 2015, no contexto das eleições presidenciais no Burundi, tentativa de golpe militar contra o presidente Pierre Nkurunziza teria sido apoiada por uma coalizão de potências ocidentais e africanas. Em conversas informais, embaixadores africanos junto à ONU afirmaram que Bélgica, Estados Unidos e Ruanda foram os principais apoiadores da frustrada tentativa de golpe.
239. Discurso disponível em: <www.un.org/sg/statements/index.asp?nid=8151>. Acesso em: 10 abr. 2016.

autorizada pela Resolução 2.098 (2013) do CSNU,[240] justificava os temores dos TPCCs. Ademais, havia sérias dúvidas sobre a eficácia do emprego de uma força de caráter ofensivo na proteção de civis e as implicações legais das ações decorrentes da BI (Whittle, 2015:872-875).

Na verdade, muito mais do que contrariedade com a perda de credibilidade das OPs, que poderiam passar a ser encaradas como partes dos conflitos, os TPCCs encaravam com preocupação o aumento do risco envolvido em operações de paz.[241] Estudo do Sipri, contudo, nega haver correlação entre mandatos mais robustos e aumento do número de baixas de capacetes azuis (Van Der Lijn e Smit, 2015). O relatório em questão afirma que, sem contar as baixas registradas no Mali (Minusma), a média de mortes de *peacekeepers* em OPs causadas por ações hostis, em 2014, é mais baixa do que em 1990.[242] Ademais, quando computados os dados de mortes por acidentes e doenças, o grosso das causas de fatalidades, também em 2014 o número de óbitos foi menor do que em 1990 (Van Der Lijn e Smit, 2015:3). Note-se que o Brasil, em mais de 10 anos à frente da Minustah, não registrou um óbito sequer em combate.[243]

A despeito dos dados anteriormente reproduzidos, o discurso dominante no âmbito do DPKO é o de que não somente a complexidade das OPs seria maior no presente, como também a necessidade de gerar forças capazes de atuar em ambientes crescentemente perigosos — em

---

240. A referida resolução pode ser encontrada em: <www.un.org/en/ga/search/view_doc.asp?symbol=S/RES/2098(2013)>.
241. Preocupação fundamental dos principais TPCCs é a separação entre as tarefas de *peacekeeping* e *peace enforcement*, de modo que suas tropas não venham a ser encaradas como partes do conflito — dado o seu papel não combatente (Pakistan, 2016).
242. O estudo em questão demonstra que a média de mortes de capacetes azuis (soldados e policiais) por mil, em ações hostis, diminuiu de 0,4, em 1990, para cerca de 0,3, em 2014. Quando se exclui a Minusma (Mali), no entanto, essa média cai para 0,08, em 2014.
243. Durante o terremoto de 2010 no Haiti, 18 militares brasileiros que serviam na Minustah morreram. Houve também o suicídio de um oficial-general, a morte natural de outro, além de outros três óbitos: em função de choque elétrico (soldado), aneurisma cerebral (sargento) e acidente com viatura militar (sargento). Ao todo, foram registradas 23 fatalidades — nenhuma em combate (Estado-Maior do Exército, 2016).

que prevaleceriam ameaças assimétricas (Ki-moon, 2015). Logo, os padrões de performance e de proteção das tropas deveriam ser elevados de modo a atender às demandas decorrentes de mandatos do CSNU que estabelecem operações de paz multidimensionais em locais em que não há paz a ser mantida (Ladsous, 2015). Aquelas envolveriam tarefas múltiplas, tais como: facilitação do processo político por meio da promoção de diálogo nacional e reconciliação; proteção de civis; assistência ao processo de desarmamento, desmobilização e reintegração de combatentes; apoio à organização de eleições; proteção e promoção dos direitos humanos; e assistência na restauração do Estado de direito (DPKO/DFS, 2008:7).[244]

O Painel Ramos-Horta não destoou significativamente da perspectiva do secretariado e dos P-3. No entanto, descartou a possibilidade de transformação das operações de paz em forças de contraterrorismo.[245] Ao afirmar que as OPs não têm "equipamento específico, inteligência, logística, capacidades e a preparação militar especializada necessária [...]" (United Nations General Assembly, 2015:45), o relatório elaborado pelo estadista timorense afirma que o emprego sistemático da força em operações antiterror, quando necessário, deve ser feito pelo próprio Estado anfitrião da OP, por forças regionais ou por coalizões *ad hoc* autorizadas pelo CSNU (United Nations General Assembly, 2015:45). Esse *caveat*, no entanto, não exclui a necessidade de a ONU contar com forças mais bem adestradas, dotadas de maior prontidão, além de possuidoras de meios de proteção mais robustos, de mobilidade tática e de capacidade de coleta

---

244. O documento *United Nations peacekeeping operations: principles and guidelines* (2008), também conhecido como "Capstone doctrine", foi o primeiro esforço mais sistemático do DPKO em estabelecer uma doutrina de operações de paz. Tendo enfrentado severas resistências dos países em desenvolvimento, tanto o título do trabalho quanto vários conceitos (como o de operações de paz) seriam alterados na versão final. Essas alterações tiveram por objetivo reduzir a ambição do relatório e minimizar seu alcance político, evitando que se transformasse em instrumento de pressão sobre os TPCCs. Outras referências ao texto anteriormente mencionado serão anotadas como "Capstone".
245. Embora não explicitado no texto do relatório Ramos-Horta, o mesmo raciocínio valeria para as tarefas mais gerais de contrainsurgência.

de inteligência — inclusive por meio do emprego de sistemas aéreos não tripulados desarmados (Uuas).[246]

A ênfase da administração de Hervé Ladsous à frente do DPKO no aumento da performance das tropas e na incorporação de tecnologias modernas é prova do anteriormente mencionado (Ladsous, 2015). Sem qualquer surpresa, essa agenda é fortemente apoiada pelos principais contribuintes financeiros e países desenvolvidos em geral.[247] A maior parte dos países em desenvolvimento encontra-se nos antípodas dessa posição, temendo o aumento dos riscos envolvidos em OPs e sua eventual exclusão das operações de paz em face das maiores exigências de performance e incorporação de tecnologia.[248]

Embora o relatório Ramos-Horta enfatize a necessidade de privilegiar os processos políticos e de limitar o emprego da força a situações muito específicas e excepcionais, nada garante que a tendência ao robustecimento dessas operações venha a ser revertida pelo CSNU. Nesse contexto, e dada a desmobilização de tropas europeias no Afeganistão, não seria demasiado imaginar o aumento das pressões para que países desenvolvidos periféricos — dotados de forças profissionais e bem equipadas — se engajem em OPs. Ao mesmo tempo, os países em desenvolvimento serão cada vez mais exigidos em termos do adestramento e do apetrechamento de suas tropas envolvidas em missões de paz. Ao levar-se em conta os ambientes mais hostis em que as OPs são desdobradas na contemporaneidade, nota-se que a janela para a participação em missões "soft", como a Minustah, se fecha rapidamente. Com base nessa realidade, o Exército Brasileiro, depois do término da Minustah, vem se preparando para

---

246. Vários países líderes do MNA demonstram preocupação com a possibilidade de os UUAS representarem ameaça à soberania das nações que abrigam OMPs. O Irã é um dos mais vocais nesse sentido. Ver Fars News Agency, 2014. Disponível em: <http://en.farsnews.com/newstext.aspx?nn=13921207000550>. Acesso em: 29 maio 2016.
247. Essa postura torna-se patente durante as negociações anuais do relatório do Comitê Especial sobre Operações de Manutenção da Paz (C-34) da AGNU.
248. Ver debates sobre a matéria no âmbito da IV Comissão da Assembleia-Geral da ONU: <www.un.org/press/en/2015/gaspd596.doc.htm>. Acesso em: 30 maio 2016.

participar de missões mais complexas e perigosas como a desdobrada na República Centro-Africana.

A participação brasileira em OPs

Não caberia aqui fazer um histórico sequer resumido da participação brasileira em operações de paz. Sobre o assunto, há disponível considerável bibliografia a respeito (Aguilar, 2015; Cavalcante, 2010; Fontoura, 1999; Hamann, 2015; Oliveira Jr. e Góes, 2010). No entanto, faz-se relevante indagar se essa participação ocorreu de acordo com algum padrão identificável, que permitisse inferir a existência de *rationale* política abrangente por detrás da decisão de participar dessas operações.

Desde a primeira operação de paz que contou com tropas brasileiras, a Unef-I, desdobrada após a crise de Suez (1956), o Brasil enviou pessoal militar ou policial a OPs localizadas na África (República Democrática do Congo, Moçambique, Angola, Guiné-Bissau, *inter alia*), na Ásia (Timor Leste), no Oriente Médio (Canal de Suez, Península do Sinai, Faixa de Gaza e Líbano) e na América Central e Caribe (República Dominicana e Haiti) — sem falar no envio de observadores militares para dezenas de missões, inclusive na Europa (ex-Iugoslávia) (Oliveira Jr. e Góes, 2010:415-421). Desde 1956, momento em que assumiu o comando operacional da Unef-I, até 2004, data da assunção da chefia do componente militar da Minustah, houve intensa variação geográfica da participação brasileira.

Do ponto de vista temporal, vale registrar o interregno de quase 30 anos, entre 1967 e 1995,[249] em que o Brasil esteve praticamente ausente dessas operações, tendo enviado apenas oficiais de ligação e de Estado--Maior e observadores militares para missões esporádicas e um pequeno

---

249. Entre 1965 e 1966, o Brasil enviou tropas valor batalhão para a Força Interamericana de Paz na República Dominicana, operação de paz desdobrada pela Organização dos Estados Americanos (OEA). Em 1995, o Brasil voltaria a enviar contingente relevante à Unavem III (Angola).

contingente (284 homens) para a Unomoz, em Moçambique (Hamann, 2015:8). Foi somente na Unavem III (Angola) que o país retornaria às OPs da ONU com contingente relevante — valor batalhão reforçado, ou cerca de 1.200 homens (Gonçalves e Manduca, 2008:4). A partir de então, as contribuições brasileiras tenderiam a se concentrar em países de língua portuguesa (Angola, Timor Leste), o que mudaria a partir de 2004 com a missão no Haiti. Adicionalmente, em 2011, o Brasil assumiria papel não negligenciável no componente marítimo da Unifil, no Líbano. O comando do componente militar da Monusco (RDC), entre 2013 e 2015, pelo general brasileiro Carlos Alberto dos Santos Cruz, deve ser recordado, mas ocorreu em caráter estritamente pessoal (Stochero, 2013).

Diante do que vai anteriormente, torna-se difícil encontrar padrão claramente identificável nas opções brasileiras de participação em OPs da ONU. Na verdade, parte da explicação para isso tem relação com dois condicionantes ineludíveis: as necessidades conjunturais da ONU e a variabilidade da disponibilidade brasileira em contribuir ao longo do tempo.[250] As primeiras dizem respeito às OPs já existentes, quando apresentam claros em seus contingentes, e às em fase inicial de implementação. Em ambos os casos, abrem-se janelas temporárias de contribuição que podem ser preenchidas em prazos mais curtos ou longos a depender do interesse dos TPCCs. Quanto à questão da disponibilidade, os Estados que pretendam contribuir têm de estar preparados para fazê-lo em prazo relativamente exíguo, sob pena de serem substituídos por outras nações no preenchimento das vagas previstas no planejamento do DPKO. A título de exemplo, o Brasil, entre 2013 e 2015, declinou mais de 10 pedidos de contribuição de tropas e equipamentos formulados pelo Departamento de Operações de Manutenção da Paz.[251]

A circunstância anteriormente exposta não torna impraticável o planejamento da participação brasileira em OPs. Ao contrário, torna ainda

---

250. Isso significa que deve haver uma feliz coincidência entre a oportunidade de participar e a disponibilidade brasileira de participar.
251. Experiência pessoal do autor quando servindo na Missão do Brasil junto à ONU.

mais necessária a existência de política claramente definida por parte do Estado brasileiro. Afinal, trata-se de avaliar de maneira coerente questões básicas que se impõem: quais os objetivos políticos, econômicos e militares a serem atingidos? Quanto se está disposto a investir em tal participação? Qual o perfil das missões que devem ser aceitas e recusadas? Que tipo de contribuição seria mais adequada? Qual o escopo temporal de eventual participação? Número cada vez maior de analistas reconhece a necessidade de elaboração de política que permita ao país transcender as orientações genéricas e superficiais dos documentos declaratórios que balizam as relações internacionais brasileiras (Kenkel, 2011; Uziel, 2015).

Operações de paz e política externa

As posições tradicionais da política externa brasileira sobre OPs situam-se na galáxia do terceiro-mundismo do MNA. Embora não faça parte desse agrupamento, a adesão genérica do Brasil ao jurisdicismo latino-americano (Kenkel, 2012:6-12) aproxima o país das posições do MNA nas discussões que transcorrem na ONU sobre a matéria. Nesse contexto, os princípios de não intervenção, igualdade soberana dos Estados e resolução pacífica das controvérsias avultam como balizas essenciais (Kenkel, 2011:16). Não por acaso, a diplomacia nacional recusou-se, em diversas oportunidades, a fazer parte de OPs estabelecidas sob o Capítulo VII da Carta da ONU (Santos e Cravo, 2014:2).

Outra característica típica do discurso da diplomacia multilateral brasileira tem a ver com a reiteração do vínculo entre pobreza e conflito (Santos e Cravo, 2014:4). Inserido no bojo das históricas demandas brasileiras de maior equidade na distribuição da riqueza internacional, e fundamentadas em teses de cariz desenvolvimentista, o *topos* da diminuição da pobreza como meio de minimizar a ocorrência de conflitos é algo que perpassa a retórica diplomática do Itamaraty em sua abordagem das questões relacionadas com as OPs (Uziel, 2015:267-268). Exemplos disso encontram-se na defesa dos projetos de impacto rápido (QIPs)[252] e na insistência em que os capacetes azuis desempenhem funções de consolidação da paz (*early peacebuilding*) desde o início das operações de paz (Delbrasonu, 2014).[253]

No primeiro caso, tratar-se-ia de projetos de baixo orçamento e limitado escopo temporal voltados ao provimento de benefícios à população do país anfitrião — como a construção de poços artesianos ou mesmo de escolas.[254] No segundo caso, utilizar-se-iam unidades de engenharia para, desde o início da operação de paz, prover infraestruturas críticas que fossem instrumentais para a estabilidade pós-conflito — como estradas para o escoamento de produção agrícola ou pequenas hidroelétricas capazes de gerar energia indispensável ao funcionamento da economia.

A prevalência do conceito de soberania entendida como escudo contra intervenções de grandes potências (Kenkel, 2012:6) também estaria na base da rejeição do Itamaraty do próprio conceito de *operação de paz*, que jamais foi referendado no âmbito do C-34, em face do bloqueio dos países em desenvolvimento. Embora o termo circule há muito tempo na academia e mesmo em relatórios como o Brahimi e o Ramos-Horta, o Brasil recusa-se a permitir sua incorporação ao léxico da ONU em vista do temor de que um conceito mais abrangente como o de operações de paz venha a dar margem à diluição da ideia de *operações de manutenção da paz* e dos princípios cardeais que as regem. Essa diluição poderia legitimar a transformação prática das OMPs em operações de imposição da paz, o que iria de encontro à suspeita do Itamaraty em relação a esse tipo

---

252. No ano fiscal 2015/2016, a ONU destinou apenas USD 24.440.000,00 para o desenvolvimento de QIPs, valor que abarca todas as OMPs (United Nations General Assembly, 2015a:3).

253. Disponível em: <http://sistemas.mre.gov.br/kitweb/datafiles/Delbrasonu/pt-br/file/2014%2006%2011%20Discurso%20BRASIL%20Peacekeeping.pdf>.

254. A política do DPKO e do DFS para a implementação dos QIPs pode ser encontrada aqui: <https://docs.unocha.org/sites/dms/documents/dpko_dfs_revised_qips_2013.pdf>.

de ação.²⁵⁵ As posições defensivas da diplomacia brasileira em relação às OPs estendem-se ao uso de sistemas aéreos não tripulados desarmados (Uuas) pelos capacetes azuis, vistos como instrumentos úteis, mas potencialmente violadores da soberania dos Estados anfitriões.²⁵⁶

Essa postura, no entanto, vem sendo paulatinamente modificada desde a decisão de liderar a Minustah, em 2004. Determinada pela Presidência da República no contexto das relações do partido político então no poder com a esquerda revolucionária latino-americana congregada no Foro de São Paulo (Seitenfus, 2014), a participação na Minustah foi tomada por muitos acadêmicos como uma mudança qualitativa da política externa do país (Bracey, 2011; Diniz, 2005), que aceitara participar de OP mandatada sob o Capítulo VII — tendo como precedente a pequena colaboração nacional com a Interfet, em 1999 (Diniz, 2005:95). Adicionalmente, a participação brasileira na Unifil reconfigurada (Resolução 1.701/2006), cuja natureza do mandato foi mantida propositalmente ambígua por parte do CSNU, ocorre, na prática, sob o capítulo VII (Security Council Report, 2006). Finalmente, o apoio emprestado ao general Santos Cruz durante seu comando das forças da Monusco, dotada de uma Brigada de Intervenção com capacidades ofensivas, confirmaria a flexibilização das posições brasileiras sobre o uso da força por OPs.²⁵⁷

Defende-se aqui que, nos últimos anos, as modulações das posições da política externa sobre OPs não ocorreram por conta de reavaliações doutrinárias, nem tampouco em razão do incremento do poder relativo brasileiro e da maior disposição de o país projetar-se no plano internacio-

---

255. Ver, por exemplo, a iniciativa brasileira de proposição do conceito de RwP (*responsability while protecting*), voltado a mitigar o emprego da força em operações de paz da ONU. O texto circulado pelo Brasil (nota conceitual) é o seguinte: A/66/551-S/2011/701.
256. As posições brasileiras na sessão de 2014 do C-34 refletiram essa justificada suspicácia, o que deu origem a uma aliança com o MNA cujo objetivo era o de exigir mais transparência do Secretariado quanto à matéria.
257. Ver entrevista dada pelo ex-ministro das Relações Exteriores, Antonio Patriota, ao Inforel, em 2013. Disponível em: <http://inforel.org/noticias/versaoImpressa.php?id_noticia=5608>. Acesso em: 27 maio 2016.

nal.²⁵⁸ Na verdade, como indica a narrativa de Seitenfus, o interesse prévio do Brasil pelo Haiti era mínimo, assim como era elevada a resistência do Itamaraty a operações mandatadas sob o capítulo VII (Seitenfus, 2014: passim; Ramalho, 2009:153; Soares de Lima, 2009:289).²⁵⁹ Portanto, o que se tem em perspectiva são adaptações pontuais a circunstâncias específicas, possibilitadas pela ausência de doutrinas consistentes que emprestassem coerência às ações do Estado nesse campo.²⁶⁰

Nessas condições, a atual crise financeira por que passa o Brasil, que deverá restringir a participação nacional em OPs no curto prazo, provavelmente virá acompanhada pela manutenção e reforço das posições tradicionais da diplomacia sobre a matéria, desmentindo a tese de mudança qualitativa da percepção do Itamaraty quanto à instrumentalidade das operações de paz. Essa percepção pode ser corroborada pelo teor das instruções enviadas aos negociadores brasileiros no âmbito do C-34, nos últimos anos.²⁶¹ Dada a desmobilização da Minustah no final de 2017 e o forte interesse do Exército Brasileiro em manter-se engajado em alguma OP onusiana, o perfil de uma eventual nova operação de paz que conte com participação brasileira poderá corroborar ou refutar a tese anteriormente aludida.²⁶² Contudo, não se pode descartar que a posição do Itamaraty

---

258. O contrário é defendido por vários autores, que desconsideram por completo o contexto em que se produziu o engajamento brasileiro (Kenkel, 2012; Hirst e Nasser, 2014).
259. Eduardo Uziel afirma que a aversão brasileira às OPs mandatadas sob o capítulo VII seria objeto de controvérsia, uma vez que, a seu juízo, ela estaria mais relacionada com a falta de clareza de mandatos específicos que permitissem o uso da força do que com uma posição de princípio inflexível. De todo modo, o autor admite que não se pode afirmar o contrário, ou seja: que o Brasil favorecesse as OPs autorizadas sob o capítulo VII (Uziel, 2015:252-255).
260. Uziel chama a atenção para o fato de que, até poucas semanas antes de criação da Minustah, o governo brasileiro via com cautela a possibilidade de desdobramento de uma nova OP da ONU no Haiti (Uziel, 2015:211).
261. O autor foi o principal negociador do Brasil em 2014 e 2015. Em 2016, o autor também acompanhou, embora à distância, as negociações do C-34.
262. Em setembro de 2017, momento em que essas considerações foram formuladas, estavam em curso discussões, no âmbito do MRE e do MD, sobre uma eventual nova

no processo decisório conducente à participação em nova OP venha a ser condicionada por fatores *ad hoc*, que contradigam, em maior ou menor medida, as posturas tradicionais da diplomacia nacional sobre a matéria.

Operações de paz e política de defesa

Assim como se defende que não houve mudança qualitativa da percepção da política externa sobre a natureza e a instrumentalidade das OPs, o mesmo vale, com algumas ressalvas, para a política de defesa. Não caberia aqui abordar em profundidade as fragilidades e as contradições da política de defesa no Brasil (Alsina Jr., 2006, 2009, 2015; Fuccille, 2007). Ao mesmo tempo, é imprescindível reconhecer o interesse, particularmente do Exército Brasileiro, em manter ao menos um batalhão empregado em OPs da ONU (Aguilar, 2015:138). Muitas são as razões para tanto, entre as quais as mais relevantes dizem respeito à motivação de parte da tropa (inclusive do ponto de vista financeiro), à obtenção de recursos para o treinamento de fração da forças (via esquemas de reembolso da ONU) e à projeção internacional das Forças Armadas.[263] Essa disposição, compartilhada pela Marinha no que toca à Unifil, pode ser considerada uma novidade em relação ao passado, em que a participação militar em OPs era vista como função episódica e pontual.[264]

Em realidade, as limitações do MD permitiram que as três forças singulares tivessem elevado grau de autonomia no que concerne às OPs. A

---

participação brasileira em operação de paz da ONU. Parece claro que, em caso de decisão favorável a um novo engajamento, a despeito da gravíssima crise financeira que assola o país, o MD (leia-se EB) deverá ter papel decisivo na escolha a ser feita. Contudo, não está claro se o EB estaria preparado e disposto a desdobrar tropas em missões com maior nível de risco e complexidade — como na República Democrática do Congo ou na República Centro-Africana.

263. Sergio Aguilar (2015:127) lista várias dessas motivações, entre as quais se encontram algumas de caráter duvidoso.

264. Para tanto, certamente contribuiu uma maior extroversão do país no século XXI e a própria crise financeira endêmica que atinge a caserna.

criação do Centro Conjunto de Operações de Paz do Brasil (CCOPAB), em 2010, foi um avanço em termos de unificação de adestramento, mas não livrou os responsáveis pela Defesa do ônus representado pela falta de estrutura do ministério. A direção política sobre o tema, no âmbito do MD, continua a ser precária, permanecendo essencialmente refém das percepções setoriais dos Comandos da Marinha, do Exército e, em menor escala, da Aeronáutica.[265] Essa circunstância, no caso da Minustah, foi instrumental para a sustentação de discurso público sobre a imprescindibilidade de o Brasil ser o último a apagar a luz no Haiti (Kawaguti, 2015) — mesmo diante do fato de inexistir conflito no país caribenho (Security Council Report, 2016).

As incoerências derivadas da falta de direção política civil[266] sobre a participação brasileira no Haiti podem ser observadas a partir da notável incompreensão sobre o caráter das ações das forças brasileiras na Minustah e seus efeitos sobre a opinião pública doméstica e a estrutura do próprio Exército Brasileiro. Refere-se aqui à retórica autocongratulatória sobre a suposta eficiência do EB em suas campanhas contra a criminalidade em favelas de Porto Príncipe e o corolário de que tais procedimentos poderiam ser replicados nas favelas do Brasil (Amaral e Viana, 2011). De modo absolutamente simplista, aderiu-se à ideia de que as técnicas de pacificação de comunidades miseráveis no Haiti — uma realidade substancialmente distinta da nacional — representariam instância bem-sucedida de emprego em teatro expressivo dos conflitos contemporâneos sintetizados no conceito de "guerra entre o povo" (Smith, 2008).

A despeito da inanidade desse construto, apenas mais uma roupagem supostamente inovadora da antiquíssima guerra irregular (Serrano, 2014), algumas autoridades militares passaram a utilizá-lo como forma de oferecer

---

265. O Comando da Aeronáutica, pela natureza essencialmente terrestre das OPs, possui poucos de seus membros envolvidos nessas operações — sendo essencialmente chamada a atuar no transporte eventual de tropas.

266. Uma discussão sobre a necessidade de coordenação civil-militar no Brasil pode ser encontrada em Amorim Neto (2015).

cobertura retórica para a justificação das constantes intervenções levadas a cabo pelas Forças Armadas, por determinação de políticos civis, na garantia da lei e da ordem (Miranda, 2013:69-71). O emprego do EB no complexo de favelas do Alemão, no Rio de Janeiro, entre 2010 e 2012, foi o mais emblemático exemplo dessa tendência (Stochero, 2012). Os 1.800 homens utilizados na Operação Arcanjo conformaram o que o Exército chamou de "força de pacificação", expressão que legitimava no plano discursivo as sinergias existentes entre a atuação da força terrestre no Haiti e no Brasil (Harig, 2015:147).

Embora o emprego do EB, e subsidiariamente do Corpo de Fuzileiros Navais (CFN), em operações de GLO remonte à década de 1990, é lícito sustentar que a liderança brasileira da Minustah serviu de forte impulso para o reforço do peso relativo das tarefas de garantia da lei e da ordem na doutrina da força terrestre. Note-se que a criação do Centro de Instrução de Operações de Garantia da Lei e da Ordem (CI Op GLO), em 2005, ocorreu em paralelo com a criação do Centro de Instrução de Operações de Paz (CI Op Paz), antecessor do atual CCOPAB. Ainda que os centros tenham nominalmente funções distintas, existe um processo de fertilização cruzada entre eles, uma vez que as exigências do teatro haitiano impõem demandas típicas de atividades policiais e parapoliciais, em tudo similares às ensinadas no CI Op GLO.[267]

Nada de mal haveria nesses fatos, se uma pergunta prévia fosse respondida positivamente: o Brasil está disposto a transformar o Exército em força parapolicial destinada a intervir de maneira sistemática na segurança pública, função precípua das polícias estaduais?[268] Evidentemente,

---

267. Algumas das técnicas, táticas e procedimentos ensinadas no CI Op GLO (todas elas úteis a operações de paz como a Minustah): bloqueio e controle de estradas e vias urbanas; busca e apreensão; controle de distúrbios civis; pacificação de áreas; segurança de infraestruturas críticas; segurança de autoridades; patrulhamento de estradas e vias urbanas; escolta de comboios. Fonte: entrevista com coronel de Infantaria do EB Walter da Costa Ferreira (R/1).
268. O exemplo das Forças Armadas do México, assoladas pela corrupção decorrente de suas tarefas antinarcóticos, deveria ser estudado pelas autoridades brasileiras (Moloeznik, 2008).

a pergunta retórica elencada jamais foi respondida pelo poder político brasileiro. Enquanto isso não ocorre, aos duvidosos benefícios em termos de política externa alcançados pela participação do País na Minustah agregam-se dois prejuízos concretos: o reforço dos clamores oportunistas ou simplesmente ignorantes em prol da militarização da segurança pública no Brasil (Fellet, 2010; Miyamoto, 2008:388); e a proliferação de visões que, sob o pretexto de transformar o EB, adequando-o à novíssima onda das "operações no amplo espectro" (Araújo, 2013), supostamente comprovadas no laboratório haitiano, minimizam a importância de a força terrestre manter o foco na obtenção de capacidades convencionais robustas (Pedrosa, 2014:71-72). Portanto, não surpreende que o núcleo de implantação da Força Expedicionária anunciada pelo EB,[269] em 2015, seja a 2ª Divisão do Exército — unidade que enquadra a 11ª e a 12ª Brigadas de Infantaria Leve, vocacionadas para tarefas de GLO (Comunello, 2015).

Deve-se ter em mente a advertência de Sotomayor no sentido de que o teatro de operações haitiano serviu, antes de mais nada, como um campo de testes para as táticas, técnicas e procedimentos já utilizados pelo EB em suas missões domésticas de GLO (Sotomayor, 2014:88-89). Harig, por sua vez, argumenta acertadamente que:

> As habilidades acrescidas dos soldados em tarefas policiais, as prerrogativas legais ampliadas, a atual crise na segurança pública e o apoio popular somam-se para conformar uma situação em que os governos federal e estaduais, indistintamente, optam de maneira pragmática pela solução supostamente rápida e efetiva de recorrer aos soldados [do EB] ao invés de tentar iniciar um árduo, embora necessário, processo de reforma policial. Na pacificação do Rio, esse modelo militarizado de segurança pública tem falhado até agora em atingir resultados sustentáveis [Harig, 2015:160].

---

269. A Força Expedicionária a ser criada pelo EB, a médio prazo, terá como função precípua a participação em operações de paz.

Contradições derivadas da precária articulação entre Pext e PDEF

As considerações anteriormente aludidas sobre as perspectivas prevalecentes nos Ministérios das Relações Exteriores e da Defesa compõem um quadro problemático. De um lado, o Itamaraty debate-se entre o desejo de ampliar a visibilidade internacional do Brasil no campo da paz e da segurança internacional, por meio da participação em OPs, e a relutância em engajar-se em novos teatros mais complexos e perigosos — como os que caracterizam as operações de paz recentes, desdobradas fundamentalmente na África.[270] De outro lado, encontra-se um MD dotado de precárias capacidades para exercer controle político e administrativo sobre as demandas setoriais das Forças Armadas, premidas entre o desejo de manter contingentes desdobrados em OPs e as restrições de recursos financeiros e materiais que dificultam esse engajamento.[271]

Problema adicional é a tendência de robustecimento das OPs, que implica o desdobramento de pessoal em estados frágeis ou falidos, em que a violência e a anomia social são a regra (Ramalho, 2010). Nesses contextos, há necessidade de tropas dotadas de meios de proteção reforçados (como blindados dotados de equipamento anti-IED), meios de inteligência mais sofisticados, mobilidade tática e capacidade de resposta rápida. Em suma, ao aumento da percepção dos riscos envolvidos em OPs corresponde a elevação das exigências em termos de recursos humanos, materiais e financeiros. Embora não seja incorreto especular que as lideranças do EB estejam dispostas a assumir maiores riscos em OPs mais complexas, como é possível inferir a partir da decisão de criar a médio prazo uma

---

270. Uma discussão interessante sobre o assunto, com foco nas chamadas "operações híbridas", pode ser encontrada em: Othieno e Samasuwo (2007).
271. As restrições de recursos são, ao mesmo tempo, fator de incentivo e desincentivo à participação das FFAA em OPs. Elas representam incentivo na medida em que se enxerga nas OPs forma de obter recursos de custeio adicionais por meio dos esquemas de reembolsos da ONU. Em contraste, a falta de recursos orçamentários torna mais difícil cogitar o desdobramento de tropas brasileiras em OPs.

Força Expedicionária, não está claro se esse intuito é compartilhado pelos decisores políticos do país.

Essa ausência de clareza não decorre apenas de problemas financeiros conjunturais, mas da indefinição a respeito do lugar das OPs na grande estratégia brasileira. Essas indefinições contribuem para o caráter errático da participação nacional em operações dessa natureza, que, por sua vez, são justificadas do ponto de vista retórico por meio da utilização de extrapolações fantasiosas — como a de que contribuiriam significativamente para a campanha em prol da obtenção de assento permanente no CSNU. Como o caso do Haiti demonstra de modo evidente, a justificação de políticas públicas por intermédio de argumentos falaciosos cedo ou tarde será desmascarada pela realidade. Assim, caberia fazer algumas considerações normativas sobre o papel adequado das OPs no contexto mais amplo da grande estratégia do país.

Grande estratégia e finalidades a serem atingidas

A grande estratégia diz respeito à utilização de meios econômicos, políticos e militares para a consecução de objetivos materiais e simbólicos tidos como essenciais para uma determinada comunidade política (Rosecrance e Stein, 1993; Murray e Grimsley, 1996; Trubowitz, 2011). As políticas externa e de defesa constituem pilares fundamentais de qualquer grande estratégia. No caso do Brasil, observa-se a inexistência de grande estratégia coerente, dadas as contradições inerentes a um Estado como o brasileiro (Alsina Jr., 2009, 2015; Brands, 2010). Nessas condições, a implementação de uma grande estratégia menos problemática *a fortiori* apresenta-se como crucial.

Por sua natureza restrita, um tema como a participação em OPs não pode ocupar lugar central na grande estratégia de um país relevante como o Brasil. Isso, no entanto, não quer dizer que sua importância seja desprezível. Como um dos instrumentos de maior visibilidade à disposição da ONU no plano do gerenciamento de conflitos, as OPs podem ser úteis como condutos do aumento do perfil internacional da nação. O engajamento em OPs não resultará na inclusão do Brasil como membro permanente do CSNU. Tampouco servirá para assegurar modernização abrangente das Forças Armadas ou aumentar significativamente o profissionalismo de oficiais e praças.[272] Ainda assim, é possível vislumbrar cenário em que as OPs venham a contribuir com os esforços nacionais em prol do aumento do perfil estratégico do país, da modernização material de Marinha, Exército e Aeronáutica, e do aumento do profissionalismo castrense.

O primeiro grande obstáculo a ser superado para que as OPs efetivamente contribuam para a grande estratégia brasileira diz respeito ao plano das mentalidades. É preciso reformular, urgentemente, a autopercepção complacente, provinciana, estereotipada e conservadora sobre o que pode ser classificado como excepcionalismo brasileiro (Bruneau, 2015).[273] No plano das OPs, esse excepcionalismo sustenta haver uma forma nativa de manutenção da paz. Esse "jeito brasileiro de manter a paz" (Aguilar, 2008:10) estaria baseado em "flexibilidade", "bom humor", "boa vontade", "exímio papel mediador", "caráter humano", "cooperação", "futebol", "conquista pela persuasão" (Silva, 2011: passim); e em "hospitalidade"; "generosidade" e "índole absolutamente pacífica" (Araújo, 2013:22).

O paradigma dessa coleção de adjetivos autocongratulatórios seria o sucesso das tropas brasileiras em pacificar comunidades desvalidas no Haiti. Alega-se que o fato de as Forças Armadas realizarem cotidianamente, em território nacional, ações cívico-sociais (Aciso) em regiões carentes tornaria o soldado do Brasil mais apto a interagir com a população local de maneira positiva (Aguilar, 2008:5). Ademais, a própria extração social dos militares e a convivência com as disparidades de renda existentes no país permitiriam que as tropas nacionais estivessem mais bem equipadas

---

272. Um texto oficialista que, erroneamente, salienta sem qualificações o suposto aumento do profissionalismo das tropas envolvidas em OPs, pode ser encontrado em: Lannes (1998:15).
273. Bruneau não utiliza o termo "excepcionalismo brasileiro", mas demonstra a inconsistência de uma autoimagem complacente, que torna extremamente difícil a reforma do setor de inteligência no Brasil.

do ponto de vista psicológico para enfrentar a dura realidade encontrada nos teatros de operações onde as OPs se encontram desdobradas (Aguilar, 2008:3). Finalmente, junte-se ao que precede a flexibilidade decorrente da origem mestiça da população, e o caráter pacífico do brasileiro, e estaríamos diante de um capacete azul nato (Aguilar, 2008: passim).

Não é preciso aprofundar a questão, pois o que vai anteriormente representa mais uma variação sobre o *leitmotif* da cordialidade do brasileiro (Holanda, 1995), inserida no grande projeto modernista de criação de uma linguagem estética genuinamente nacional (Linhares, 1965; Simioni, 2014; Cunha, 2015). A sustentação acadêmica desse tipo de visão estereotipada e reducionista apresenta-se problemática. Afinal, como compatibilizar, por exemplo, o caráter "pacífico" do povo com o fato de o país ter índices de homicídios na casa dos 28,9 por 100 mil habitantes em 2014 (Reis, 2015), o que o coloca no grupo dos 10 mais violentos do mundo? Por que acreditar que seriam apanágio dos brasileiros a flexibilidade operacional e a boa convivência com as populações vitimizadas? Esses elementos, se de fato existirem,[274] não resultariam do nível relativamente melhor do adestramento da tropa quando comparado ao de países de menor desenvolvimento relativo? Teriam as forças brasileiras desempenho de excelência se operações de combate mais exigentes fossem necessárias? Conforme o admitido ao autor por alguns militares brasileiros, em conversas informais, o desempenho no Haiti adquiriu destaque muito mais pela fragilidade dos demais TPCCs do que pela excelência combatente das tropas brasileiras.[275]

Vale refletir brevemente sobre a relação entre as Aciso e a suposta aptidão das tropas brasileiras para as OPs. As ações cívicas (*civic actions*), genericamente consideradas, não constituem exceção na história do desenvolvimento dos exércitos nacionais, tendo as Forças Armadas norte-americanas uma extensa folha de serviços nessa área (Barber e Ronning,

---

274. O autor desconhece a existência de estudos acadêmicos sérios sobre o assunto.
275. Observações feitas ao autor por militares do Exército Brasileiro, que não quiseram se identificar, em conversas informais.

1966:54-61). Nas Américas, a construção de estradas e linhas férreas, infraestruturas de comunicação, redes de esgoto, escolas, hospitais, canais, além do desenvolvimento de atividades nos campos da educação e da saúde pública, têm sido levadas a cabo por organizações castrenses desde o século XVIII (Barber e Ronning, 1966:54-66).

Com o recrudescimento da Guerra Fria, e o aumento exponencial da percepção da ameaça comunista representada pela revolução cubana (1959), os EUA passaram a incentivar as ações cívicas levadas a cabo pelos militares latino-americanos como forma de combate à subversão (Guimarães, 2015:2). Martins Filho esclarece que, no caso brasileiro, a incorporação da doutrina francesa de guerra revolucionária, por meio de oficiais do EB, antecedeu as iniciativas norte-americanas para o combate à subversão no hemisfério (Martins Filho, 2008:45). Nesse contexto, em que as ações militares viriam ao final do conflito — depois de transcorridas as fases de preparação e de execução revolucionárias — e não no início, como em uma guerra convencional, as ações cívico-sociais seriam amplamente utilizadas pelas Forças Armadas brasileiras como mecanismo de obtenção de inteligência e de prevenção e combate à infiltração comunista (Guimarães, 2015).

Esse breve histórico demonstra que as ações cívicas não são exclusividade do Brasil. Ao mesmo tempo, indica que sua manutenção nos dias atuais, ainda que sem a mesma conotação vigente entre os anos 1960 e 1980, dá-se por inércia e como instrumento de relações públicas.[276] Nesse sentido, são representativas das disparidades sociais e do atraso do aparato estatal civil — incapaz de prover serviços básicos e infraestrutura adequada ao conjunto da população. Logo, as Aciso não representam inovação, nem tampouco habilitam os militares brasileiros a cumprirem missões demandantes em termos estritamente profissionais. Dada a dificuldade de mensurar a eficácia dessas ações, nem sequer é possível afir-

---

276. Exemplo disso são os chamados "Navios da Esperança" da Marinha do Brasil, responsáveis por prover assistência médico-hospitalar aos habitantes das margens do rio Amazonas no norte do país (Colli, 2015).

mar que sejam especialmente úteis do ponto de vista assistencial — ou que gerem disposição positiva duradoura nas populações beneficiadas e efeitos virtuosos no médio prazo (Barber e Ronning, 1966:222-236).

Em segundo lugar, a grande estratégia brasileira deve considerar a imperiosa necessidade de fortalecer as capacidades combatentes das Forças Armadas. Não há caso na história da humanidade de nação que tenha papel protagônico no mundo sem capacidade militar correspondente. Se é certo que as OPs não terão esse condão — por não constituírem, ao menos em suas versões tradicionais, operações de combate *stricto sensu* —, também parece certo que a participação, em níveis equivalentes ou um pouco superiores aos atingidos durante o engajamento no Haiti (1.225 homens),[277] em OPs mais exigentes do ponto de vista militar, obrigaria o governo brasileiro a investir mais na conformação de uma força expedicionária relativamente robusta — compatível e sinérgica com um projeto abrangente de incremento do poder militar nacional.[278]

Nessas condições, uma vez superados estereótipos tradicionais, pode-se imaginar um lugar modesto, mas não irrelevante, das OPs no contexto mais amplo da grande estratégia nacional. Para tanto, deve-se ter em perspectiva a imperiosa necessidade de modificar a cultura organizacional tanto da caserna quanto do Itamaraty, levando em conta o alerta de Garratt:

> Muitas pessoas restringem de uma tal maneira o seu quadro de referências [...] sobre o problema que estão enfrentando, que, em consequência, muito pouca mudança pode ocorrer. Elas encaram de maneira tão rotineira o seu trabalho que acabam vendo virtualmente todos os problemas de modo similar [...]. Logo, quando confrontadas com a necessidade de mudança, elas tendem a operar em circuito fechado [...] [Garratt apud Nagl, 2005:217].

---

277. Fonte: DPKO (29/2/2016).
278. Ao abordar eventual contribuição brasileira às OPs desdobradas na África, Campos chama a atenção para a necessidade de mitigação dos riscos envolvidos — particularmente por meio da conformação de força de paz brasileira devidamente apetrechada e dotada de apoio logístico adequado (Campos, 2015:84).

Diante do que vai anteriormente, quais os objetivos políticos a serem atingidos pela participação nacional em OPs? De maneira muito sintética, poder-se-ia sustentar que seriam os seguintes: 1) demonstrar a vontade e, sobretudo, a capacidade brasileira de contribuir com a manutenção da estabilidade internacional; 2) projetar imagem positiva do país como nação responsável e disposta a atuar em prol da manutenção da paz mundial, preferencialmente por meios persuasivos, mas se necessário por meio do emprego de meios militares em operações legitimadas pelo CSNU; 3) aumentar a influência do país não somente no sistema ONU, mas principalmente junto ao Estado anfitrião e à região onde esteja localizada a OP — inclusive por meio da promoção de interesses econômicos brasileiros; 4) reafirmar a solidariedade brasileira para com os países anfitriões de OPs.

Qual o perfil das missões que devem ser aceitas e recusadas? Cada OP terá de ser avaliada individualmente, de acordo com suas circunstâncias específicas. No entanto, não se deve considerar impeditivo o fato de estar mandatada sob o capítulo VII da Carta da ONU: quanto mais robusta e desafiadora a missão, maior tenderá a ser o ganho em termos de capacitação profissional do pessoal militar brasileiro empregado. Por outro lado, deve-se recusar a participação em coalizões *ad hoc* (*coalition of the willing*) que contrariem interesses brasileiros. Que tipo de contribuição seria mais adequada nesse contexto? O Brasil pode cogitar contribuir com frações reduzidas (*e.g.*, nível pelotão ou companhia) de tropas especializadas de alto valor agregado (*e.g.*, forças especiais, unidades de inteligência, esquadrões de helicópteros), o que não o impediria de enviar tropas de infantaria em maior número (nível batalhão ou batalhão reforçado, por exemplo).

Quanto o Brasil estaria disposto a investir em tal participação? Essa é uma resposta que cabe apenas ao poder político da nação responder. No entanto, deve-se ter presente que o investimento nesse tipo de operação constitui apoio às políticas externa e de defesa do país, devendo resultar em benefícios concretos: aumento do prestígio internacional brasileiro, apetrechamento das Forças Armadas, capacitação profissional dos militares, criação de oportunidades de negócios para firmas brasileiras no exterior, aumento da capacidade de influir em benefício da segurança internacional e de contrarrestar tendências mais agressivas das grandes potências, entre outros.

Critérios para a participação em OPs

A definição de critérios mínimos para a participação brasileira em operações de paz deve servir de baliza para o processo decisório nesse campo. Evidentemente, não se pode cogitar a elaboração de longa lista de condicionantes, o que viria a engessar em demasia a margem de manobra das lideranças políticas responsáveis pela matéria. Pode-se pensar, contudo, em cinco conjuntos de critérios: 1) grau de expansão da influência internacional do país; 2) grau de controle sobre a operação de paz; 3) grau de risco e de exigência de preparo militar; 4) escopo temporal da missão; 5) custos envolvidos.

No que diz respeito ao item 1, caberia valorizar a participação em OPs que aumentassem a influência internacional do Brasil, expandindo a influência brasileira de modo significativo. Dessa forma, dever-se-ia privilegiar OPs em países e regiões em que a capacidade de influência nacional fosse relativamente mais baixa. Logo, a título de exemplo, o engajamento em operação de paz na RDC deveria ter prioridade sobre uma missão no Líbano — onde a influência brasileira já é significativa independentemente da presença de forças de paz.[279] Isso não significaria descartar algum engajamento em países em que o peso político do Brasil fosse relevante. No entanto, a expansão em regiões de baixa influência relativa deveria ser objeto de atenção especial — desde que abriguem embaixadas do país aptas a apoiar politicamente nossas tropas.

Quanto ao item 2, deve-se optar primordialmente por OPs em que a participação seja decisiva, ou, ao menos, muito relevante em termos

---

279. O Brasil abriga uma das maiores colônias libanesas do mundo.

qualitativos e quantitativos. O engajamento como mero coadjuvante deve ser evitado, ainda que seja possível ter participação destacada com o fornecimento de lideranças (representante especial do secretário-geral ou comandante de força), tropas especializadas de alto valor e unidades de polícia formada (FPUs).[280] Nesse sentido, é lícito sustentar que meras participações figurativas não gerarão os benefícios políticos, econômicos e institucionais desejados — sendo inócuas do ponto de vista da grande estratégia brasileira.

Ao contrário do senso comum sobre a matéria, acredita-se que o item 3 deve ser considerado oportunidade a ser aproveitada. A assunção de riscos mais elevados tem duas contrapartidas essenciais: a maior valorização internacional do esforço brasileiro e a maior exigência em termos de preparo militar. Portanto, deve-se romper com a postura defensiva atual e ter coragem de assumir o ônus e o bônus de atuar em OPs mais complexas e perigosas. Como foi sugerido aqui, apenas missões que envolvam necessidade de maior preparo das tropas podem contribuir efetivamente para a capacitação técnico-profissional dos soldados brasileiros — além de exigir um apetrechamento mais caro e abrangente, de modo a minimizar os riscos de fatalidades. Deve-se, portanto, evitar a exportação pura e simples da experiência doméstica em GLO, como no caso do Haiti. Nas palavras de Sotomayor:

> no Brasil, a manutenção da paz serve como campo de treinamento para o desenvolvimento de competências em operações militares urbanas com vistas à utilização das forças na "pacificação" de favelas [...] a ênfase não se encontra no desenvolvimento de novas competências profissionais que ajudem a reorientar as forças armadas para missões externas; o foco é o desenvolvimento de competências voltadas ao policiamento militarizado [Sotomayor, 2016:333].

---

280. Sobre a participação de policiais brasileiros em OPs e suas dificuldades objetivas, ver Kenkel e Hamann (2013).

O escopo temporal das missões, item 4, também deve ser objeto de reflexão criteriosa. As OPs da ONU, quando não flagrantemente malsucedidas, tendem a se estender por longos períodos. Por envolverem crescentemente tarefas de *state building*, nada indica que novas OPs, como a desdobrada na República Centro-Africana (2014), tenham duração menor do que uma década.[281] Não é tarefa simples justificar perante a opinião pública doméstica o emprego de tropas brasileiras no exterior por tão longos períodos. Da mesma forma, nada garante que a efetividade da participação será a mesma durante as diversas fases de uma operação de paz onusiana: *start up*, implementação do mandato e transição/retirada (DPKO/DFS, 2008:61). Deve-se ter em mente, ainda, que as autoridades do país anfitrião quase sempre procuram instrumentalizar politicamente a OP, seja no sentido de demonizá-la, seja no sentido de garantir sua permanência como parte da paisagem (Ramalho, 2010:124). Diante desse quadro, caberia estabelecer *a priori* o escopo temporal (*e.g.*, cinco anos), com alguma flexibilidade,[282] que sinalizasse a todos os atores do processo, nacionais e internacionais, os limites da contribuição brasileira.[283]

A avaliação dos custos materiais, humanos e morais da participação brasileira em OPs (item 5) é tema da alçada dos mais altos escalões do poder político nacional. No entanto, caberia recordar dois aspectos relevantes. O primeiro tem a ver com o fato de que a ONU oferece um esquema de reembolsos dos custos de tropas e equipamentos que cobre parcela dos gastos incorridos pelos países contribuintes.[284] Esse esquema,

---

281. A Minustah (Haiti), operação menos complexa do que a Minusca (República Centro-Africana), já está no seu décimo-segundo ano de duração.
282. Evidentemente, uma série de fatores não previstos poderá acelerar ou atrasar a retirada das tropas brasileiras.
283. Essa ação teria inúmeras vantagens: 1) sinalizar à opinião pública os limites do engajamento brasileiro; 2) permitir um melhor planejamento da participação brasileira; 3) instilar sentido de urgência e direção no atingimento dos objetivos traçados pela ONU para as tropas brasileiras; 4) indicar às autoridades locais que o apoio brasileiro não será eterno, incentivando-as a assumir crescentes responsabilidades; 5) limitar o montante dos gastos incorridos pelo Brasil; 6) favorecer o planejamento do DPKO.
284. Sobre o assunto, ver documentos A/RES/68/281 & A/C.5/69/18.

voltado principalmente para incentivar a contribuição de países de menor desenvolvimento relativo, também é útil no caso de nações de renda média como o Brasil — mitigando os custos derivados do engajamento em OPs.[285] Ao mesmo tempo que se reconhece essa realidade, deve-se ter claro que a dependência de reembolsos da ONU constitui sinal inequívoco da miserabilidade das forças armadas de um país. Logo, os reembolsos devem ser encarados como um incentivo, nunca como a razão de ser da participação em uma operação de paz.

O segundo aspecto relevante relacionado ao item 5 diz respeito à vontade de assumir custos visando a projeção internacional do Brasil. Ausente essa vontade, não faz sentido cogitar engajamento mais substantivo em OPs, bastando a manutenção de poucas dezenas de observadores militares ou *staff officers*.[286] Os custos de participar, de maneira significativa, de operações de paz complexas devem ser considerados elementos integrantes de um esforço amplo de projeção multidimensional do poder brasileiro no plano internacional. Isoladamente, essa participação pouco representará. Integrada a uma grande estratégia coerente, pode constituir importante fator — embora jamais decisivo — de aumento da capacidade nacional de influência.

O lugar (modesto) das OPs na grande estratégia brasileira

As considerações feitas anteriormente indicam o lugar modesto, mas não irrelevante, das operações de paz no contexto mais amplo da grande estra-

---

285. O desdobramento de tropas brasileiras no exterior é caro, em função do peso do pagamento de salários e benefícios — regidos, até 2004, pela mesma lei que regulamentava os salários do corpo diplomático (Lei nº 5.809, de 10 de outubro de 1972). Naquele ano, o Congresso Nacional promulgou a Lei nº 10.937, de 12 de agosto de 2004, alterando os valores pagos aos militares desdobrados em operações de paz, de modo a diminuir o custo que o pagamento de soldos com base na Lei nº 5.809/1972 acarretava.
286. Os observadores militares e os *staff officers* têm papel relevante na medida em que são fontes potenciais de informações sobre a situação no terreno.

tégia brasileira. Esta, diante das evidentes debilidades do país, deverá estar prioritariamente voltada à obtenção de insumos para o desenvolvimento. Essa constatação em nada enfraquece a tese de que o poder nacional deve ser tanto quanto possível equilibrado. Isso significa dizer que a inanidade do Brasil no campo militar não pode perdurar, sob pena de representar óbice ao próprio processo de desenvolvimento.[287]

Ademais, a fragilidade do aparato de defesa nacional gera dois efeitos deletérios simultâneos no tocante às OPs: 1) quanto pior a situação orçamentária das Forças Armadas, maior o incentivo à participação em OPs como forma de minimizar a escassez de recursos e manter alguma motivação nas hostes militares; 2) quanto maior o incentivo a enxergar nas OPs tábua de salvação, maior a pressão burocrática no sentido de o Brasil participar de operações de utilidade duvidosa para a grande estratégia nacional.[288] Esse *conundrum* é amplificado pela realidade de que as OPs contemporâneas são cada vez mais exigentes em termos de qualificação profissional das tropas e de emprego de insumos tecnologicamente modernos. A tendência em apreço, *ceteris paribus*, deverá dificultar a participação de nações dotadas de parcos recursos tecnológicos, o que, por sua vez, criará entraves ao engajamento nacional.

O quadro traçado sugere que o aproveitamento das OPs como ferramenta útil, no contexto mais amplo da grande estratégia nacional, estará condicionado não à deterioração adicional das parcas capacidades de defesa do país, mas à superação paulatina das deficiências encontradas nessa área. Em outras palavras, as OPs não podem ser encaradas como uma espécie de muleta para as Forças Armadas. Ao contrário, devem ser concebidas como instrumento de política externa passível de ser utilizado para avançar um conjunto de objetivos estratégicos do Estado brasileiro. Embora as metas consubstanciadas no desenvolvimento

---

287. A I Estratégia Nacional de Defesa (END), de 2008, mencionava corretamente ser a defesa nacional "escudo do desenvolvimento" (Brasil, 2008a).
288. Não se está defendendo aqui que a pressão burocrática dos militares seja determinante no contexto do processo decisório. Defende-se, no entanto, que ela é relevante.

econômico e no incremento transversal das capacidades nacionais não possam ser alcançadas pela simples participação em OPs, elas podem desempenhar papel relevante para o atingimento dos macro-objetivos da grande estratégia do Brasil.

O aproveitamento consequente das OPs depende da superação de conceitos tradicionais, que tem como pano de fundo a noção implícita de um excepcionalismo brasileiro quase simétrico ao norte-americano. Enquanto este enxerga nos valores da democracia liberal, e na posição cimeira dos EUA como maior potência do planeta, a justificativa moral para a circunvenção episódica das normas internacionais, aquele hipostasia facetas da mitologia sobre o caráter nacional (bonomia, pacifismo, cordialidade etc.) e empresta verniz sociológico à adesão pragmática ao multilateralismo — uma vez que a ausência de insumos de poder não permite ao país outra alternativa (Alsina Jr., 2015). A adesão ao excepcionalismo verde e amarelo debilita a grande estratégia brasileira em um dos seus pilares essenciais, na medida em que minimiza o valor do incremento do poder militar do país — o que ocorre por meio da reiteração acrítica da "exceção brasileira" e de imprecações de tonalidade moralista contrárias ao belicismo das grandes potências. Esse fenômeno serve ao permanente esvaziamento do valor da defesa no Brasil, uma vez que retira consistência moral dos pleitos em prol do fortalecimento das capacidades militares nacionais.

Em síntese, uma nação que não consegue dizer a verdade sobre suas próprias deficiências e fantasmas dificilmente poderá empreender as mudanças necessárias para que seja capaz de dar um salto qualitativo no tocante ao seu estatuto internacional. Isso é tão verdadeiro no campo das operações de paz quanto no terreno da superação da miséria e da ignorância. Este escrito representa uma singela, e provavelmente vã, tentativa de busca da verdade, voltada à superação de visões estereotipadas sobre o lugar das operações de paz no contexto mais amplo da grande estratégia brasileira.

Reflexões sobre a forma de recrutamento das Forças Armadas brasileiras e suas implicações para a defesa nacional[289]

> Sob o pretexto de que em nosso século é a nação inteira que se bate, não falta quem negue sem constrangimento todo valor à formação especificamente militar. [...] Um passo mais e se estabeleceria como princípio que uma nação combate tanto melhor quanto menos preparada se encontra, a exemplo de Emílio, que adquiriu instrução sem ter estudado.
>
> CHARLES DE GAULLE (1996:55-56)

Introdução

A Estratégia Nacional de Defesa (END), publicada em dezembro de 2008, definiu do ponto de vista político a postura do governo Lula em relação a um tema crucial: a forma de recrutamento das Forças Armadas (FFAA) brasileiras. A despeito dessa definição, que pode ser mais ou menos perene a depender de uma eventual revisão da Estratégia, faz-se imprescindível debater em maior profundidade o assunto.

Não há como negar a complexidade da questão e as inúmeras vertentes a partir das quais seria possível abordar o problema. Admitidas as dificuldades de empreender estudo nesse campo, o presente texto concentrar-se-á em oferecer elementos de reflexão sobre os seguintes aspectos:

---

[289]. Artigo originalmente publicado na revista *Dados* (v. 53, n. 2, 2010). A seção *post scriptum* foi incorporada em 2017.

a) a instrumentalidade essencial do recrutamento; b) o recrutamento em perspectiva histórica e comparada; c) os conceitos relacionados com a forma de recrutamento e o caso norte-americano; d) os conceitos relacionados com a forma de recrutamento e o caso brasileiro; e) as implicações da forma de recrutamento para a estruturação das FFAA (em especial para o Exército Brasileiro, EB); f) a estrutura das FFAA e sua influência sobre a postura estratégica brasileira; g) as consequências da postura estratégica brasileira atual diante das prováveis demandas de segurança do futuro; h) as possíveis vias de modificação do *status quo* relacionado com o recrutamento de modo a adequá-lo à estrutura que melhor garantiria a construção de FFAA aptas a enfrentar os desafios do futuro.

A instrumentalidade do recrutamento

A instrumentalidade do recrutamento poderia parecer, em uma primeira aproximação, algo óbvio. Nada mais longe da verdade, especialmente no caso brasileiro. Para além de uma mera sistemática voltada à garantia do fluxo de mão de obra necessário ao funcionamento regular das burocracias castrenses, no Brasil o recrutamento possui funções extrínsecas à sua instrumentalidade essencial.[290] Em vista de o país constituir nação em desenvolvimento não assolada por ameaças militares prementes, os temas relacionados com a defesa nacional não fazem parte do rol de prioridades das suas elites. A esse fato soma-se uma série de fatores como a falta de visão estratégica das lideranças políticas brasileiras, o vulto adquirido pelos problemas afetos à segurança pública, a escassez de qua-

---

290. Na realidade, a instrumentalidade essencial do recrutamento militar encontra-se universalmente modulada por considerações de ordem moral, econômica, social, política, estratégica etc. Nesse sentido, cada coletividade equilibrará de modo singular a necessidade de provimento de mão de obra para o funcionamento regular das burocracias castrenses e a gama de considerações anteriormente mencionadas. Para um excelente estudo sobre as peculiaridades da prestação militar no Brasil do século XIX, ver Mendes (1997).

dros civis qualificados para a direção superior dos assuntos de defesa, a disseminação generalizada de uma visão clientelista do Estado,[291] a permanência de profundas disparidades sociais, as incoerências em termos de implementação de políticas públicas resultantes do *design* das instituições políticas,[292] *inter alia*.[293]

Dada a problemática sucintamente mencionada anteriormente, a perspectiva majoritária entre os decisores sobre a forma de recrutamento das FFAA é de fundo essencialmente assistencialista e possui baixo grau de articulação conceitual. De modo simplificado, poder-se-ia citar o seguinte encadeamento lógico como disseminado entre a elite política brasileira no que toca ao tema em apreço: não existem ameaças iminentes no plano da segurança militar externa; logo, as FFAA não são "úteis" no campo da defesa; para conferir "utilidade" às FFAA seria preciso empregá-las em funções subsidiárias (como as de caráter assistencial) ou na manutenção da lei e da ordem (operações GLO). Portanto, como não está clara a instrumentalidade dos militares no que diz respeito à garantia da soberania nacional, o mais razoável, do ponto de vista da obtenção de dividendos eleitorais pelos políticos, seria o emprego sistemático da estrutura das FFAA na consecução de tarefas não primariamente militares.

Em qualquer circunstância, deve-se admitir que a instrumentalidade da sistemática de recrutamento variará de acordo com as circunstâncias

---

291. Por "visão clientelista" do Estado quer-se significar que esse ente coletivo é, regra geral, encarado como um provedor de benesses para clientelas privadas e não como um instrumento universalista de provimento de bens públicos. Para uma discussão aprofundada do assunto, ver Nunes (1997).
292. Esse tema permanece em aberto no contexto da discussão sobre o sistema político brasileiro. Se houve enormes avanços no tocante à compreensão sobre o funcionamento desse último, não parece ter havido semelhante avanço no tratamento da inter-relação sistema político/gestão de políticas públicas. Para uma revisão das correntes em que poderia ser dividido o debate sobre o sistema político brasileiro, ver Power (2010:18-33). Para uma formulação inicial sobre a inter-relação mencionada, ver Amorim Neto (2007:104-111).
293. Para uma visão brasileira sobre os fatores que militam contra a boa condução da política de defesa, ver Alsina Jr. (2006). Sobre o desinteresse das elites políticas latino-americanas pelos temas de defesa, ver Pion-Berlin e Trinkunas (2007:76-100).

particulares de cada Estado nacional e com a percepção de seus dirigentes sobre a relevância do assunto, uma vez que as instituições castrenses podem ser empregadas nas mais variadas tarefas: desde as de cunho logístico (distribuição de cestas básicas), passando pelas educacionais (ensino militar ou mesmo civil) até as de administração dos assuntos de Estado (governos militares). A despeito disso, *a necessidade irredutível do sistema de recrutamento será sempre o provimento de mão de obra que componha os quadros das Forças Armadas.*

O recrutamento em perspectiva histórica e comparada

Não constitui objetivo desta seção esgotar um tema de tamanha amplitude. Tenciona-se, tão somente, contextualizar as formas de recrutamento de maneira a colocar em perspectiva a realidade brasileira. Assim, deve-se ter em mente que, ao longo da história da humanidade, a composição das forças armadas (ou das milícias) de grupos, tribos, clãs, cidades, reinos, impérios, Estados nacionais obedeceu a variadas geometrias. São basicamente quatro os tipos-ideais de recrutamento encontrados nos exemplos históricos: a utilização de escravos (representando com frequência forças adversárias derrotadas no campo de batalha ou populações subjugadas coercitivamente), o serviço militar obrigatório (SMO, entendido como dever imposto pelo poder político a uma parcela ou à totalidade da população), o serviço militar voluntário (SMV, em que não há imposição do serviço militar ao conjunto da população) e a contratação de forças mercenárias (em que soldados, profissionais ou não, locais ou estrangeiros, são contratados como prestadores de serviço). Cada uma dessas sistemáticas pode ser encontrada individualmente ou em combinações as mais diversas.

Genericamente, pode-se sustentar que as características peculiares de uma determinada sociedade (sistema político, disponibilidade de recursos humanos e materiais, grau de desenvolvimento econômico, cultura cívica, história etc.) serão decisivas no sentido de delimitar suas opções no que tange à forma de recrutamento militar. Exemplo disso pode ser encontrado no caso de Atenas e Esparta, que coexistiram no mesmo período histórico, mas que possuíam sistemas de recrutamento obrigatório sensivelmente distintos (Rocha e Pires, 2004:74-79). Um mesmo império, como o romano, a depender das circunstâncias, organizou de maneira diversa seu sistema de recrutamento: em um primeiro momento baseado no SMO e, posteriormente, em um *mix* de SMV e de mercenários — o que se explica pela expansão territorial e a necessidade de incorporar tropas em territórios longínquos. Na Idade Média, dada a grande fragmentação de poder prevalecente, a utilização de forças mercenárias difundiu-se de modo importante. Na medida em que o conceito de soberania se desenvolvia e consolidava, no rastro da construção dos Estados nacionais, a ideia do soldado-cidadão ganhou força. Nessa linha, o primeiro SMO universal foi instituído na Suécia do século XVII.

As profundas mudanças que se processaram na França revolucionária, contudo, foram as responsáveis por plasmar a conscrição nos termos hoje conhecidos na maior parte das nações. A *levée en masse* napoleônica seria progressivamente emulada pelos Estados europeus — o que acabou por anular a grande vantagem inicial usufruída pelo exército gaulês — e se disseminaria pelo mundo ao longo do século XIX. A Inglaterra permaneceria como uma das poucas exceções ao SMO universal, tendo em vista que este último era encarado como uma afronta às liberdades individuais. Ainda assim, mesmo no reino inglês, períodos de emergência, como a Primeira Guerra Mundial, ensejaram a transição temporária do SMV para o SMO. Os Estados Unidos seguiriam a mesma linha de sua ex-metrópole colonial, alternando períodos de voluntariado (predominantemente), conscrição parcial (guerra de secessão) e conscrição universal (Segunda Guerra Mundial, Guerra do Vietnã). As profundas consequências do conflito no sudeste da Ásia sobre a sociedade estadunidense, contudo, determinaram a rejeição do SMO. Extinto em 1973, este último seria mais do que compensado em suas facetas essenciais pela utilização intensiva de tecnologia em substituição à massa de soldados (Rocha e Pires, 2004:80).

A iniciativa norte-americana seria, então, paulatinamente seguida por vários países do chamado mundo desenvolvido (França, berço do SMO, Espanha, Portugal, Itália, Bélgica, Holanda, Austrália, Canadá, *inter alia*, sem mencionar a Inglaterra, nação em que a conscrição fora extinta em 1960), preocupados em garantir, ao mesmo tempo, a efetividade militar em um contexto cada vez mais exigente em termos tecnológicos e conceitualmente hostil à ideia de envolvimento de grandes parcelas da população em atividades castrenses (Jehn e Selden, 2002:93-100). A Primeira Guerra do Golfo, no início dos anos 1990, constituiria verdadeiro ponto de inflexão no que tange à dialética forças intensivas em tecnologia *versus* forças intensivas em pessoal. Enquanto a coalizão liderada pelos EUA sofreu 240 baixas no conflito, estima-se que o Iraque teria perdido algo entre 20 mil e 35 mil homens.[294] A conclusão inevitável derivada dessa guerra foi a de que, em um enfrentamento convencional, a tecnologia de ponta empregada por forças profissionais multiplica exponencialmente seu poder combatente, relativizando o conceito da eficiência dos grandes exércitos de conscritos.[295]

No presente, o SMO continua a ser a forma mais difundida de recrutamento. Há, contudo, especialmente nas nações desenvolvidas, uma clara

---

294. Persian Gulf War. Microsoft® Encarta® Online Encyclopedia 2009. Disponível em: <http://encarta.msn.com>. © 1997-2009 Microsoft Corporation.

295. Deve-se registrar que a redução do tamanho das FFAA normalmente acompanha a desmobilização que se segue ao término de conflitos quentes e frios. Na sequência da queda do Muro de Berlim, por exemplo, ocorreu acentuada redução dos contingentes militares dos Estados Unidos e da Rússia. Considerações sobre o atual contingente das FFAA norte-americanas podem ser encontrados em Bruner (2005). Sobre a situação das FFAA russas e seu atual contingente *vis-à-vis* o da antiga União Soviética, ver Barany (2008). Note-se, contudo, que existe um sem-número de fatores contextuais domésticos e internacionais que matizam os movimentos de encolhimento e expansão de cada exército em particular. A evolução da tecnologia militar, em que avulta o papel potencialmente revolucionário das armas nucleares, e o nível de conflitividade sistêmica percebido no plano internacional representam elementos importantes. No entanto, estão longe de serem suficientes para explicar as trajetórias das políticas de defesas nacionais no que toca à definição dos contingentes militares. Como já mencionado, fatores extrínsecos a considerações de natureza exclusivamente militar podem possuir peso decisivo nessa definição.

tendência no sentido do profissionalismo (SMV). Nos países afluentes que decidiram manter o SMO, como a Alemanha, essa decisão não representa ônus intransponível para a defesa nacional, uma vez que o elevado grau de instrução médio da população e o tamanho comedido do estabelecimento castrense permitem recrutar contingente de jovens aptos a desempenhar convenientemente tarefas militares complexas.[296] Nos países em desenvolvimento, no entanto, prevalece o SMO — concebido como alternativa menos onerosa à manutenção dos exércitos nacionais.

No Brasil, há que se dividir a história do recrutamento militar em três grandes períodos: o colonial, o pós-colonial e o que se segue à instituição formal do SMO em 1908. Embora não seja útil para os propósitos deste artigo tratar do primeiro período mencionado, caberia salientar que a defesa inicial da colônia se deu, sobretudo, com base na organização de milícias, formadas por soldados profissionais e por colonos não remunerados empregados em pequenos conflitos localizados.[297] Em situações de contingência, como a representada pela invasão holandesa do século XVII, a atuação dessas milícias foi importante para repelir o invasor estrangeiro. A partir da derrota da "Nova Holanda", a metrópole lusitana utilizou em defesa da colônia brasileira uma mistura de tropas voluntárias, recrutamento forçado e forças mercenárias.

A dimensão militar do processo que resultou na declaração de independência do país, em 1822, foi conduzida essencialmente por tropas voluntárias lideradas por mercenários estrangeiros como o general Labatut e o almirante Cochrane.[298] A Constituição imperial de 1824, a seu turno, estabeleceu a criação da Marinha de Guerra e do Exército como

---

296. Em 2006, a Alemanha figurava em 13º lugar no teste Programme for International Student Assessment (Pisa) da OCDE, enquanto o Brasil aparecia em 52º lugar à frente somente de Colômbia, Tunísia, Azerbaijão, Catar e Quirguistão.
297. Sobre o assunto, ver Leal (2008:5).
298. Ao contrário do que reza o oficialismo conservador, a independência do Brasil não se processou de maneira incruenta. As milícias formadas pelas oligarquias regionais foram cruciais para que as forças portuguesas leais às Cortes fossem expulsas de território nacional. Sobre o assunto, ver Diégues (2004).

instituições nacionais permanentes, que deveriam ter seus quadros preenchidos fundamentalmente por homens recrutados mediante o SMO. As sístoles e diástoles da formação do Estado nacional pátrio, contudo, determinaram a precariedade das Forças Armadas regulares brasileiras ao longo de quase todo o Império, o que, na prática, tornava o SMO uma ficção. Prevaleceu, até a Guerra do Paraguai, a fragmentação da força militar consubstanciada na Guarda Nacional organizada em nível provincial. Para todos os efeitos, o Império continuou a recorrer ao voluntariado, ao recrutamento forçado e a tropas mercenárias para mobiliar suas precárias fileiras castrenses (Diégues, 2004).

A proclamação da República em nada alterou a circunstância mencionada, tendo havido tão somente a extinção do recrutamento forçado. Apenas em 1908 instituiu-se formalmente o serviço militar obrigatório, que, contudo, tardaria muitos anos até adquirir a abrangência universal que possui no presente. Assim, somente após penoso processo de construção institucional as Forças Armadas brasileiras passaram a contar com um *pool* significativo de cidadãos aptos a compor suas fileiras. Como se verá em outra seção deste trabalho, esse contingente está longe de fornecer o perfil de soldado mais adequado para forças que se pretendam efetivamente combatentes e que tenham intenção de atuar no campo de batalha digital contemporâneo. Por seu caráter revelador, não pode deixar de ser destacado o fato de que um ex-diretor do Serviço Militar do EB afirme, ao defender a manutenção do serviço obrigatório nos seus moldes atuais, que: (o SMO pela) "amplitude do universo que acorre ao Sistema propicia uma seleção acurada e, em decorrência, *excelência* nos recursos humanos [...]" (Diégues, 2004:7; grifo meu).

Conceitos relacionados com a forma de recrutamento

No que tange à problemática da conscrição universal e aos conceitos que a justificam no Brasil, caberia fazer referência à experiência norte-americana como elemento capaz de iluminar a realidade nacional. Deve-se notar que, em torno da adoção da força totalmente voluntária (All-Volunteer Force, AVF),[299] em 1973, se organizou um intenso debate acadêmico sobre a sua conveniência. Ainda que as bases ideológicas essencialmente polares que instruíram, e continuam instruindo, os debates sobre o assunto nos EUA, o republicanismo liberal e o liberalismo à outrance, não encontrem correspondência evidente no caso brasileiro, os argumentos tanto do primeiro quanto do segundo grupo são extremamente úteis para lançar luz sobre a problemática local do ponto de vista conceitual.[300]

Em essência, os republicanos liberais não encaram *a priori* a intervenção do Estado como um mal, mas como um meio de assegurar a permanência das liberdades democráticas. Nesse sentido, a conscrição universal constitui exercício tolerável, se a partir dela o Estado for capaz de manter as garantias individuais do conjunto da cidadania, zelar pela sua segurança e adensar a cultura de civismo. Para os liberais mais empedernidos, toda intervenção do Estado limita a liberdade dos indivíduos, especialmente quando esse ente coletivo exige de seus cidadãos o cumprimento do mais radical dos deveres cívicos: arriscar a própria vida em favor dos interesses da nação. Logo, o serviço militar não deveria jamais ser obrigatório, pois a obrigatoriedade representaria um avanço inaceitável do Estado sobre as liberdades individuais.

Como corolário das posições de princípio sintetizadas anteriormente, é possível constatar que o republicanismo liberal norte-americano atribui grande relevância aos elementos imateriais supostamente atrelados à conscrição universal. Nesse sentido, algumas premissas básicas fundamentam a defesa do serviço militar obrigatório universal por essa corrente de pensamento. São elas as ideias de motivação, representatividade, identidade e eficiência (subsumida de algum modo nas três primeiras) (Cohen, apud Krebs, s.d.):

---

299. AVF ou SMV são conceitos muito próximos. Utilizar-se-á, no entanto, somente o acrônimo SMV.
300. Sobre o assunto, ver o excelente texto de Krebs (s.d.).

- *Motivação* — o SMO reflete um dever do cidadão perante o Estado, o que reforça a ideia de que há obrigações dos indivíduos em relação à comunidade política de que fazem parte — e de que o Estado também possui obrigações em relação à cidadania, haveria, com base nessa "teoria do consentimento", um reforço mútuo dos vínculos de lealdade entre o primeiro e o último;
- *Representatividade* — o SMO, estando na origem de um exército de massa, permitiria a representação de um corte transversal da sociedade de onde emana; as clivagens étnicas, religiosas, econômicas e sociais existentes estariam espelhadas nas forças armadas, que constituiriam uma espécie de nação em miniatura — para o bem (como sustentam os republicanos liberais norte-americanos) ou para o mal;[301]
- *Identidade* — o SMO constituiria um *melting pot* militar, onde as clivagens sociais existentes seriam anuladas em face da existência de uma causa comum e do espírito de colaboração e camaradagem inerente à caserna; em consequência, os laços de sociabilidade seriam reforçados;
- *Eficiência* — embora não constitua uma categoria em si mesma no esquema de Cohen, os partidários do SMO evocam a eficiência derivada da fortaleza moral por ele proporcionada, característica adicionalmente reforçada em circunstâncias de emprego da força armada em que o princípio da massa se fizesse primordial; o SMO proporcionaria, ainda, substancial economia de recursos quando comparada a uma força voluntária, uma vez que os salários dos conscritos seriam significativamente menores do que os dos soldados profissionais.

Ao contrário dos republicanos, os liberais terão uma visão extremamente crítica em relação ao SMO. Além das questões filosóficas já abor-

---

301. Para o bem, se o exército assim formado for proficiente o bastante para cumprir sua atividade-fim de modo conveniente. Para o mal, se o resultado do (suposto) corte transversal da sociedade representado pelo exército não desempenhar suas funções finalísticas a contento, ou seja, se for derrotado no campo de batalha deixando a nação prostrada diante do inimigo.

dadas, os últimos serão favoráveis ao SMV em razão de sua profunda descrença em relação aos argumentos dos proponentes da conscrição universal. Segue, abaixo, a contestação do SMO e a justificação do SMV sustentada pelos liberais nos quatro eixos em análise:

- *Motivação* — a "teoria do consentimento" subjacente ao SMO seria precária, pois não há elementos empíricos que comprovem o reforço dos vínculos de lealdade entre o cidadão e o Estado a partir da sua adoção, podendo o caráter compulsório do SMO vir mesmo a miná-los; nos esquemas de recrutamento em que a maior parcela da população masculina apta a servir é dispensada, algo cada vez mais frequente em face do tamanho relativamente reduzido dos exércitos no presente, o problema mencionado seria exacerbado pela força do elemento quantitativo (quanto menos indivíduos servirem às FFAA, menor seria o efeito sistêmico da controversa tese do consentimento); ainda que a teoria estivesse correta, suas implicações não seriam distintas em caso de adoção do SMV, uma vez que o soldado voluntário seria tão ou mais patriota que o conscrito, já que opta por vontade própria pela profissão das armas;
- *Representatividade* — a visão do SMO como corte transversal da sociedade não passaria de uma idealização da realidade, pois nenhum sistema de recrutamento seria capaz de reproduzir perfeitamente as clivagens sociais existentes em uma sociedade particular; ainda que isso fosse possível, as implicações supostas a partir do SMO não poderiam ser comprovadas, pois os contatos entre grupos sociais distintos em uma mesma instituição (no caso, a caserna) podem tanto aproximá-los quanto afastá-los; por conseguinte, seria incorreto afirmar que o SMV teria caráter necessariamente menos representativo em termos sociais do que aquele refletido em uma força baseada no SMO;
- *Identidade* — supondo a correção da tese de que o SMO constituiria verdadeiramente um *melting pot* militar, nada no argumento de seus partidários garantiria que as clivagens sociais "anuladas em face da existência de uma causa comum" seriam insensíveis a diferentes contextos sociais; a experiência dos veteranos de guerra norte-americanos

reforçaria a percepção de que, em contextos distintos, a coesão pode se enfraquecer grandemente ou mesmo desaparecer (Krebs, s.d.:14); mais uma vez, os partidários do SMV sustentam que, na hipótese improvável da tese do *melting pot* ter algum fundamento, o voluntariado não seria incompatível com ela;

- *Eficiência* — os partidários do SMV evocam a eficiência derivada do profissionalismo militar, assim como a impossibilidade prática de compor uma força intensiva em tecnologia a partir de um contingente majoritário de conscritos; da mesma forma, afirmam não acreditar que as supostas vantagens em termos de moral proporcionadas pelo SMO existam na prática, sobretudo se for levado em conta o fato de que o voluntário opta pelo serviço à pátria espontaneamente e não de maneira compulsória como ocorreria no SMO; a economicidade da força de conscritos é questionada por não computar os custos indiretos para a sociedade envolvidos na manutenção de uma força lastreada no SMO.[302]

Conceitos relacionados com a forma de recrutamento e o caso brasileiro

A sumária descrição das principais teses presentes no debate estadunidense ilustra muito bem o caso brasileiro. Por não haver uma clientela política organizada a favor do SMV no país,[303] valeria abordar os argu-

---

302. A questão do custo relativo de uma força baseada em conscritos e de uma força baseada em voluntários é altamente polêmica. No caso dos EUA, a Gates Comission, criada para estudar a extinção do SMO pelo governo Nixon, chegou à conclusão de que a manutenção de uma força completamente voluntária seria menos custosa do que a de uma formada a partir do SMO. Estudos mais recentes apontam para a possibilidade de, em determinadas circunstâncias, o serviço militar obrigatório ser efetivamente mais econômico do que o SMV. Sobre o assunto, ver USA (2007).

303. A rigor seria possível forçar o argumento e sustentar a existência de uma *constituency* favorável à adoção do SMV no Brasil — encontradiça em setores da imprensa, frações do Poder Legislativo (sobretudo de parlamentares identificados com a esquerda do espectro político), pequenos grupos de intelectuais etc. No entanto, a ausência de

mentos favoráveis à manutenção do SMO universal esgrimidos por seus defensores e testá-los do ponto de vista de sua adequação aos objetivos declarados nos diplomas que tratam da problemática de defesa nacional. Deve-se admitir, contudo, que o discurso favorável à manutenção, ou mesmo ao aprofundamento, do SMO universal no Brasil tem no EB seu principal baluarte. Na realidade, em vista da ausência de debate público minimamente instruído sobre o tema, a perspectiva sustentada pela força terrestre termina por ser incorporada de modo acrítico pelas autoridades direta ou indiretamente responsáveis pela condução da política de defesa. Note-se que, segundo pesquisa conduzida por Amaury de Souza entre a elite da comunidade brasileira de política externa, apenas 46% desse grupo afirma dever o país possuir FFAA totalmente voluntárias (Souza, 2009:108).

No Brasil, à semelhança do que ocorre no debate norte-americano, é possível subdividir as distinções entre SMV e SMO com base nos elementos de motivação, representatividade e identidade. No que se refere à eficiência, optar-se-á por incluí-la entre os elementos a serem analisados, embora sua consideração no discurso público brasileiro sobre a forma de recrutamento das FFAA seja, na melhor das hipóteses, indireta. Seria necessário, ainda, acrescentar um item aos quatro anteriormente mencionados, qual seja, o aspecto econômico. Este aspecto, embora presente na agenda de discussão pública estadunidense, não possui comparativamente o mesmo peso atribuído no caso brasileiro. Dado o estado de penúria com o qual Marinha, Exército e Aeronáutica veem-se confrontados desde a redemocratização do país,[304] em 1985, um *leitmotif* fundamental do argumento do EB em favor da manutenção do SMO universal é justamente a impossibilidade de custear uma força completamente voluntária

---

força política desse grupo, seu grau de dispersão, sua heterogeneidade e sua absoluta falta de organização indicam que a razão se encontra mais próxima da visão oposta, ou seja: a de que não haveria uma *constituency* relevante favorável ao SMV.

304. Na realidade, desde sua criação pelo Império, as FFAA brasileiras defrontam-se com situações de penúria mais ou menos acentuada. Para tanto bastaria ler o relato de Nelson Werneck Sodré (1979).

de tamanho equivalente ao da força terrestre atual.[305] São os seguintes os argumentos presentes no discurso governamental para justificar a manutenção do SMO universal:

- *Motivação* — o SMO universal reflete um dever do cidadão perante o Estado, o que reforça a ideia de que há obrigações dos indivíduos em relação à comunidade política de que fazem parte; o Estado, por meio do SMO universal, serviria de conduto para a inculcação de valores cívicos, desempenhando função educativa, civilizacional; as FFAA seriam uma espécie de fator de reforço da noção de pertencimento a uma mesma comunidade de destino;

- *Representatividade* — o SMO universal, estando na origem de um exército de massa, permitiria a representação de um corte transversal da sociedade de onde emana; as clivagens étnicas, religiosas, econômicas e sociais existentes estariam espelhadas nas Forças Armadas, que constituiriam uma espécie de nação em miniatura; essa circunstância possibilitaria evitar a criação de FFAA representativas de apenas algumas das parcelas em que se divide a sociedade, o que supostamente evitaria o desenvolvimento de tendências pretorianas;[306]

- *Identidade* — o SMO universal constituiria um *melting pot* militar, onde as clivagens sociais existentes seriam anuladas em face da existência de uma causa comum e do espírito de colaboração e camaradagem inerente à caserna; em consequência, os laços de sociabilidade seriam reforçados, fortalecendo o que se convencionou chamar no contexto do lançamento da END de "nivelamento republicano";[307]

---

305. Embora não conste do texto editado pela Câmara dos Deputados decorrente de seminário por esta promovido, o então comandante do Exército, general Gleuber Vieira, em resposta a uma indagação do autor, fez veemente defesa da manutenção do SMO com base em tabela comparativa que apresentava os custos de incorporação de soldados conscritos e voluntários. Sobre a apresentação do comandante do EB, ver Vieira (2003:133-144).
306. Não se conhece exemplo de país democrático dotado de AVF em que esta tenha se transformado em guarda pretoriana.
307. O conceito de "nivelamento republicano" nada tem de inovador, estando inspirado em uma visão idealizada de república que remete, em última análise, à antiguidade

- *Eficiência* — o SMO universal permitiria contar com tropas dotadas de grande fortaleza moral, uma vez que o soldado-cidadão seria intrinsecamente mais patriota que o soldado profissional; o SMO universal permitiria obter apreciável elasticidade das forças em circunstância de mobilização, uma vez que seria factível utilizar o contingente de reserva proporcionado por ele, algo especialmente útil em circunstâncias em que o emprego em massa da força terrestre se fizesse primordial. Essa "elasticidade" geraria efeito dissuasório eficaz;[308]
- *Economicidade* — em caso de mobilização, o SMO universal possibilitaria aumentar rapidamente o contingente da força terrestre por um custo relativamente baixo; a manutenção de soldados profissionais custaria bem mais do que a de conscritos, gerando implicações financeiras de longo prazo, inclusive previdenciárias; adotar uma força completamente voluntária, na atual circunstância de severas restrições orçamentárias, significaria reduzir substantivamente o tamanho da força terrestre, o que seria inconveniente dada a opção por manter um exército intensivo em mão de obra — que muitos generais consideram deveria ser bem maior que o atual.[309]

Tendo em mente os argumentos assinalados, poder-se-ia arguir que, em tese, nada haveria de negativo no resgate de hipotecas sociais e no fortalecimento dos laços de solidariedade nacional por meio da incorporação de

---

clássica. No caso brasileiro, contudo, o conceito faz abstração do fato de que, até hoje, a república brasileira encontra imensas dificuldades de oferecer ao conjunto dos seus cidadãos oportunidades equitativas. A manutenção ou o aprofundamento do SMO tal qual ele se estrutura no presente não garantirá que tal objetivo seja atingido.

308. É extremamente controversa a tese de que a mobilização nacional geraria efeito dissuasório eficaz. Na verdade, embora a posse de reservas mobilizáveis possa em tese gerar algum efeito dissuasório, como demonstram Proença e Brigagão (2002:79-80), a própria necessidade de mobilização já representa o fracasso da dissuasão.

309. Não existem parâmetros consensuais para a determinação da existência ou não de exércitos grandes ou pequenos. A *ratio* entre número de soldados e tamanho total da população, por exemplo, é um dado que não pode ser considerado isoladamente. É preciso incluí-lo em um contexto determinado para que tenha significado. Em última análise, o tamanho ideal do exército tem a ver com sua capacidade de ser bem-sucedido no campo de batalha empregando o menor contingente possível para a obtenção da vitória.

número significativo de recrutas às fileiras castrenses, se fosse possível conciliar esses objetivos com o bom desempenho da atividade-fim das FFAA. Infelizmente, isso não é viável em um contexto de perda de prestígio da profissão das armas, o que a torna pouco atrativa para cidadãos de melhor qualificação intelectual, e de aceleração dos padrões de transição tecnológica no setor militar, o que implica a necessidade de FFAA modernas contarem com oficiais e praças dotados de elevados níveis de formação e cognição. Em essência, poder-se-ia argumentar que o desenvolvimento da tecnologia militar constitui apenas um dos elementos relacionados com a diferenciação funcional inerente às sociedades capitalistas afluentes, o que faria com que a necessidade de especialização dos profissionais das armas em nada diferisse daquela intrínseca a qualquer ocupação laboral no universo civil.[310] Na realidade, como se pode inferir a partir da reprodução do debate norte-americano, os argumentos favoráveis à manutenção do SMO universal são, no mínimo, conceitualmente controversos.

Nos casos brasileiro e estadunidense, contudo, devem ser registradas algumas distinções importantes, a despeito da discussão sobre os elementos de motivação, representatividade e identidade estar fundada rigorosamente na mesma base conceitual em ambos os países. No Brasil, ao contrário do que se processa no colosso do norte, não há doutrinas formalizadas que incorporem coerentemente os conceitos referidos — o que torna difícil a classificação de posições polares como as consubstanciadas no debate estadunidense (republicanismo liberal *versus* liberalismo à outrance).[311] De outra parte, nos EUA inexistem as graves assimetrias sociais presentes no Brasil, da mesma forma que naquele país é notadamente mais relevante a temática da eficiência militar entendida em sentido estrito. O nível de afluência relativa das duas

---

310. Sobre o assunto, ver Haltiner (1998:7-8).
311. No Brasil, até por desconhecimento da questão, não há coerência entre persuasão político-ideológica e posicionamento específico sobre a problemática do recrutamento obrigatório. Tanto direitistas quanto esquerdistas podem defender ou combater o SMO, quase sempre com argumentos superficiais.

sociedades também determina diferenças marcantes entre o debate nos dois países, uma vez que limitações de ordem econômico-financeira são muito mais relevantes em nações em desenvolvimento do que em um Estado desenvolvido.

Diante do que precede, pode-se afirmar que, no Brasil, a incorporação de recrutas às fileiras das FFAA encontra-se muito mais pautada por uma lógica assistencialista/clientelista do que por uma lógica instrumental que conceba o sistema de recrutamento como ferramenta de absorção do contingente melhor talhado para o desempenho dos labores guerreiros. Assim, a maximização do poder combatente das Forças (objetivo social de cunho universalista) encontra-se politicamente subordinada ao desempenho por parte destas de funções subsidiárias que possam ser instrumentalizadas pela lógica do particularismo. Essa dinâmica apresenta-se de maneira evidente se forem consideradas algumas características peculiares ao caso brasileiro, que tornam ainda mais problemática a defesa do SMO universal tal qual ele hoje se apresenta estruturado:

- O SMO não é verdadeiramente universal, pois apenas cerca de 5% dos jovens que completam 18 anos a cada ano são efetivamente incorporados pelas FFAA;[312]
- Devido aos frequentes cortes incidentes sobre os orçamentos das FFAA, tornou-se rotina a redução do número de jovens incorporados a cada ano, bem como a diminuição do período de incorporação dos recrutas

---

312. Dos cerca de 1,6 milhão de jovens de 18 anos que se apresentaram às juntas de alistamento militar em 2008, apenas 80 mil foram efetivamente incorporados às FFAA. Do total incorporado, apenas 1.007 recrutas, ou 1,2%, estavam matriculados em cursos universitários, enquanto 24,1% possuíam somente o ensino fundamental. Note-se que a grande maioria dos 1.007 recrutas universitários incorporados devem ter sido direcionados aos Centros de Preparação de Oficiais da Reserva (CPORs), o que significa dizer que entre a tropa praticamente inexistiam soldados de nível universitário no EB (maior absorvedor de recrutas). Sobre o assunto, ver Marques (2008). Entre 2000 e 2009, o número médio anual de soldados conscritos (incorporados nas três forças) foi de 69.830. Fonte: Assessoria Especial Militar do MD. Para registro, consultado sobre os dados oficiais de recrutamento, o Exército Brasileiro não respondeu ao pedido de informações encaminhado por este autor.

— o que compromete de maneira adicional o já sofrível adestramento militar a eles proporcionado;[313]
- Do contingente incorporado, sua quase totalidade é voluntária, pois os indivíduos não dispostos a servir às FFAA são quase invariavelmente dispensados;
- A despeito de o SMO brasileiro constituir, na realidade, um serviço seletivo voluntário, o nível de instrução médio dos recrutas efetivamente incorporados é bastante baixo, pois apenas aos indivíduos oriundos das camadas menos favorecidas da população interessa financeiramente dedicar um ano de suas vidas às FFAA;[314]
- Em número não desprezível de casos, os voluntários o são não somente por atravessarem dificuldades financeiras, mas por possuírem problemas físicos e mentais que tornariam problemática sua inserção no mercado de trabalho;[315]
- Nos centros urbanos, cresce o número de voluntários que procuram ingressar no Exército para em suas fileiras praticar atos ilícitos;[316]
- Inexistem documentos públicos que tratem do custo global de manutenção do SMO medido em termos de horas de trabalho e estudo perdidos tanto por parte dos recrutas quanto dos oficiais e praças envolvidos na administração da estrutura de recrutamento, do custo de oportunidade de empregar grande parte da força terrestre em tarefas relacionadas com o sistema de recrutamento do ponto de vista da eficiência militar *stricto sensu*, das consequências em termos de

---

313. Em vista dos cortes incidentes sobre o orçamento das FFAA em 2009, o EB anunciou a redução do número de recrutas a serem incorporados durante o exercício de 70.000 para 48.000. Ver Monteiro (2009).
314. Há registro de casos em que, por tradição familiar, convicção ou outros fatores, indivíduos dotados de boa instrução oriundos da classe média decidem espontaneamente servir às FFAA. Esse, contudo, não é o padrão predominante.
315. Depoimento de oficial do EB ao autor.
316. São cada vez mais frequentes as situações em que elementos conscritos ingressam no EB com o objetivo de furtar armamento, facilitar seu furto ou mesmo fornecer drogas aos seus companheiros de farda. Depoimento de oficial do EB ao autor.

preparo da força terrestre em face das ineficiências militares decorrentes[317] etc.

Implicações da forma de recrutamento para a estruturação do Exército Brasileiro

Obviamente, existe uma relação dialética entre o sistema de recrutamento, a estrutura organizacional das FFAA e o nível de prontidão operacional destas últimas. Um elemento não pode ser analisado sem referência ao outro, o que justifica a criação do acrônimo EOD (equipamento, organização e doutrina) como forma de avaliar genericamente as capacidades militares de uma determinada força armada.[318] Por conseguinte, quando o sistema de recrutamento não é concebido como meio de favorecer a maximização do poder combatente — tido como politicamente pouco relevante —, a estrutura das Forças refletirá essa baixa prioridade em maior ou menor grau.[319]

No caso brasileiro, isso pode ser exemplificado ao se estudarem as alternativas polares adotadas por Marinha e Exército. Enquanto a primeira concebe sua missão como essencialmente relacionada à defesa *stricto sensu*, o segundo entende sua missão como transcendente em relação a considerações de cunho estritamente militar, o que implica atribuir peso elevado

---

317. Uma falha gritante do SMO do ponto de vista da operacionalidade das FFAA tem a ver com o chamado Sistema de Defesa Aérea Brasileiro (Sisdabra), que envolve as três forças singulares. Devido à necessidade de adestrar os elementos conscritos que operarão os (obsoletos) sistemas de defesa antiaérea (AAe) do EB, as unidades de AAe somente podem participar de exercícios de adestramento do Sisdabra nos últimos dois meses do ano! O que, em tese, significa dizer que o país terá alguma capacidade AAe em apenas um dia em cada seis!
318. O emprego do conceito de EOD pode ser encontrado no artigo de Cepik (2009:63-118) sobre as características das FFAA de Brasil, Índia e África do Sul.
319. Importante discussão sobre as condicionantes domésticas (teoria das organizações, relações civis-militares) e internacionais (balança de poder e percepções de ameaças) das doutrinas militares pode ser encontrada em Posen (1999:23-43).

a valores imateriais como a difusão do civismo e a presença nacional. Não espanta, portanto, que o sistema de recrutamento baseado na conscrição universal adotado pelo país tenha baixo impacto na força naval (que incorpora número negligenciável de conscritos a cada ano), ao passo que possua peso expressivo na força terrestre (80 mil conscritos, em 2008). Por conseguinte, parece natural que a força de fuzileiros navais seja composta apenas por soldados profissionais e que seu nível médio de prontidão operacional seja bastante superior ao das unidades padrão do EB.[320]

Neste ponto, valeria fazer uma consideração de caráter genérico sobre as razões que mantém o Brasil atolado no que se poderia chamar de círculo vicioso do subdesenvolvimento aplicado ao universo castrense. De maneira perfunctória, pode-se sustentar a existência de um sistema que se retroalimenta: a cultura particularista (ao mesmo tempo causa e consequência de vários dos fatores contextuais já citados) favorece a manutenção da forma de recrutamento atual, baseada no conceito napoleônico de *levée en masse*, cuja origem data do final do século XVIII, que, a seu turno, torna materialmente impraticável uma modernização abrangente da força terrestre,[321] que, por sua vez, crescentemente se con-

---

320. O EB constitui-se, em sua quase totalidade, por subdivisões ternárias (três unidades inferiores para uma unidade superior, *e.g.*, três companhias formam um batalhão, três batalhões formam uma brigada e assim sucessivamente). No entanto, o EB classifica suas organizações militares (OMs) em três tipos, de acordo com o número de subunidades completas do ponto de vista de pessoal e material. Assim, apenas as OMs de "tipo III" estão completas, enquanto as de "tipo II" possuem dois terços da dotação prevista e as de "tipo I" possuem apenas um terço.

321. Essa impossibilidade dá-se fundamentalmente em face do número total de oficiais e praças (de carreira e conscritos) do EB. Em vista das variações de contingente, a cada ano o Exército Brasileiro possui hostes quantitativamente distintas. No entanto, o *quantum* total gira em torno de 180 mil homens. Pela dimensão do quantitativo, a transformação da força terrestre em um exército profissional seria extremamente custosa — sobretudo em um contexto de seriíssimas restrições orçamentárias. Outro fator que militaria contra uma modernização abrangente, que não envolvesse a adoção do voluntariado, seria a própria precariedade de formação do material humano disponível. A questão relacionada com o dimensionamento das FFAA será tratada ao longo do texto de forma pouco profunda, tendo em vista o fato de esse tema merecer um artigo em separado em face de sua complexidade.

forma em exercer funções assistencialistas/parapoliciais — em vista da aparente impossibilidade de o poder político incorporar o fortalecimento do poder militar nacional às suas prioridades efetivas.[322]

A estrutura das FFAA e a postura estratégica brasileira

Tendo em conta que a problemática sumariada anteriormente diz respeito em essência à força terrestre, uma vez que Marinha e Aeronáutica possuem contingentes de conscritos bastante limitados,[323] caberia definir o lugar do EB, tal qual hoje organizado, no contexto das futuras necessidades de defesa do Brasil. Isso será feito em outro momento do trabalho. Agora, tratar-se-á da inter-relação entre a estrutura organizacional das FFAA (que, considerada de modo abrangente, inclui também sua distribuição espacial) e a postura estratégica do país. Em um mundo ideal, haveria coerência perfeita entre a primeira e a segunda. Não é isso, contudo, que ocorre na prática. No caso brasileiro, a relação entre uma e outra é particularmente problemática, em função da tibieza da concepção estratégica nacional — muito mais o amálgama de visões corporativas fragmentárias do que a resultante de consenso político abrangente.[324] Dada essa tibieza, ocorre uma inversão da lógica que deveria pautar a inter-relação analisada: a postura estratégica brasileira passa a ser decorrência da estrutura

---

322. Um dos grandes desafios da END é, justamente, o de transformar as intenções explicitadas em fatos concretos — o que dependerá de vultosos investimentos, para os quais não há fontes de recursos definidas.
323. Não é à toa que Marinha e Aeronáutica possuem baixo percentual de conscritos nas suas fileiras. A própria sofisticação do material naval e aeronáutico implica a necessidade de um corpo de oficiais e praças dotados de melhor qualificação educacional. Tendência que parece só se acentuar no futuro.
324. Na falta de direção política clara, emanada de razoável consenso sobre questões de Estado como a postura estratégica do país, a definição desta acaba sendo inferida a partir da resultante dos três vetores representados por Marinha, Exército e Aeronáutica. No caso brasileiro, essa resultante não possui coerência necessária com a política externa e nem tampouco pode ser considerada em si mesma coerente.

organizacional das FFAA e não o contrário, como seria razoável.[325] Contudo, é lícito supor que a estrutura organizacional dessas últimas, em razão da fragilidade da direção civil sobre o poder militar no Brasil, resulte primordialmente de dinâmicas corporativas e inerciais e não de reflexões sedimentadas sobre o papel que a nação deveria exercer no mundo.

Se a suposição aduzida estiver correta, a discussão sobre a própria concepção estratégica nacional passaria a ser de certa forma sobredeterminada. Logo, o termo mais importante da relação seria a estrutura organizacional das FFAA e suas consequências para a política de defesa. Não haveria aqui condições de historiar os processos que plasmaram a presente estrutura das forças singulares. Para tanto, seria preciso recorrer a uma enorme massa de informações dispersas.[326] Porém, pode-se inferir com segurança algumas das linhas de força que fundamentaram o *design* das atuais estruturas, sendo a principal delas a influência dos fatores limitativos domésticos — entre os quais avultam as restrições orçamentárias, as idiossincrasias das lideranças de plantão, a cultura organizacional militar e a busca de afirmação corporativa das forças singulares no contexto mais amplo da política nacional — modulada pelos sucessivos contextos históricos particulares (*e.g.*, a prioridade atribuída ao teatro do Prata ao longo da maior parte do século XIX, ao patrulhamento do Atlântico Sul durante a Segunda Guerra Mundial, à Amazônia verde a partir do final dos anos 1980 etc.) que emprestaram grau variado de plausibilidade às estruturas organizacionais efetivamente existentes ou planejadas.

Como a definição dessas estruturas, a despeito da maior ou menor influência dos elementos aludidos, não se encontrava balizada pelo poder

---

325. Infelizmente, não há dados empíricos precisos que sustentem essa assertiva. Ela está lastreada, não obstante, em uma série de elementos contextuais tais como: o subdesenvolvimento institucional do país, o limbo social a que foram relegados os militares brasileiros na maior parte da história nacional, o contexto internacional relativamente benigno em relação a ameaças externas de caráter interestatal que afetassem o Brasil, o padrão histórico de distribuição espacial de unidades militares, *inter alia*.

326. O autor desconhece a existência de estudos que tratem da sociologia histórica do desenvolvimento organizacional das FFAA brasileiras.

político, consolidou-se uma estrutura tripartida — que, na realidade, poderia ser subdividida em um número muito maior de unidades.[327] Assim, Marinha, Exército e Aeronáutica seguiram caminhos essencialmente divergentes. A primeira optou por assumir um papel de força naval combatente, conferindo atenção primordial às tarefas clássicas de uma marinha de guerra: negação do uso do mar, projeção de poder, controle de área marítima e dissuasão. O Exército aferrou-se à tarefa de defesa territorial e de garantia da lei e da ordem, melhor adaptada ao papel tutelar que passou a exercer a partir da proclamação da República.[328] A Aeronáutica, a seu turno, desdobrou-se em múltiplas tarefas de cunho desenvolvimentista — várias delas somente muito indiretamente relacionadas com as funções de uma força aérea combatente, como a administração da infraestrutura aeroportuária e do Correio Aéreo Nacional. Isso explica a baixa prioridade conferida por esta última à FAB propriamente dita — algo que parece estar em fluxo no presente.[329]

A resultante da ausência de efetivo controle civil sobre a estrutura das FFAA é a falta de coerência entre as divisões administrativas de Marinha, Exército e Aeronáutica do ponto de vista de seu recorte geográfico. Logo, não há no presente coincidência entre as jurisdições militares ao longo do território nacional — algo essencial para permitir a fluidez da cadeia de comando em situações de emprego conjunto. Da mesma

---

327. Quer por isso dizer o autor que as FFAA brasileiras exercem muitas funções que não são necessária e primordialmente militares. Portanto, a funcionalidade das forças é multiplicada para além do estritamente necessário ao cumprimento das tarefas castrenses. Logo, pode-se falar que a Marinha possui uma dimensão de guarda costeira, assim como a Aeronáutica de controle do espaço aéreo civil. Pode ocorrer, contudo, que essas estruturas funcionais não necessariamente militares passem de acessórias a primordiais no âmbito das três grandes organizações castrenses. É nesse sentido que seria possível subdividir as políticas setoriais naval, terrestre e aeroespacial em número muito maior que três.
328. Uma importante discussão sobre o processo de afirmação institucional do Exército Brasileiro encontra-se em Coelho (2000).
329. Percebe-se uma maior preocupação do Comando da Aeronáutica com o incremento do seu poder combatente nos últimos anos. Não haveria espaço aqui para debater as causas dessa nova postura.

forma, não é de espantar o fato de que as prioridades estratégicas de cada força não são coincidentes no que se refere à disposição espacial de Organizações Militares (OMs). A prioridade atribuída pelo EB à defesa da Amazônia verde, por exemplo, não caminha no mesmo sentido das prioridades da Marinha e da Força Aérea, o que se reflete também na tibieza da presença das duas últimas no arco norte.[330] É forçoso admitir, no entanto, que as dinâmicas domésticas de cunho centrífugo anteriormente mencionadas processaram-se a partir de um contexto internacional permissivo — tanto pela posição periférica ocupada pelo Brasil no mundo quanto pelo caráter relativamente benigno do complexo de segurança sul-americano.

Como é possível inferir, o Brasil detém hoje FFAA intensivas em mão de obra pouco qualificada (caso do EB, em particular), obsoletas do ponto de vista material, precárias em termos de adestramento, portadoras de prioridades estratégicas díspares, dotadas de baixo grau de articulação setorial e não integradas em uma cadeia de comando conjunta claramente estabelecida e funcional.[331] Levando em conta, contudo, que a sistemática de recrutamento atual afeta em especial o EB, caberia aprofundar a discussão sobre a instrumentalidade da força terrestre para a defesa nacional diante dos cenários que se apresentarão ao Brasil no campo da segurança internacional. Para que tal intento possa ser levado a cabo, faz-se imprescindível definir previamente quais os desafios futuros que, no entendimento do autor, se apresentarão ao país no plano da segurança internacional.

---

330. Deve-se notar que, a despeito da definição de prioridades estratégicas, os constrangimentos orçamentários são muito importantes para definir as reais possibilidades de que haja correspondência entre aquelas e a disposição espacial das forças.

331. Discussão sobre esses fatos, centrada no conceito de "projeto de forças", pode ser encontrada em Raza (2009-2010:1-16).

As consequências da postura estratégica brasileira atual em face das prováveis demandas de segurança do futuro

De modo extremamente simplificado, as tendências identificadas no presente apontam para a provável permanência dos EUA como única superpotência até meados do século XXI,[332] momento em que a China poderá vir a encontrar-se em situação de equipolência em relação ao primeiro. No que diz respeito à configuração do sistema internacional de segurança, é lícito supor que nas próximas décadas o mundo estará organizado em torno de uma estrutura do tipo 1+X (1 representando os EUA e X um número variável de grandes potências). Sem aprofundar o debate sobre as implicações dessa configuração, caberia assinalar que o Brasil deverá transitar em um sistema tendente a uma nova bipolaridade — levando em conta que Europa, Japão, Rússia e Índia não são, por diferentes motivos, candidatos prováveis ao estatuto de superpotência (Buzan, 2004). Esse ambiente poderá ser mais ou menos hostil a depender da identidade que EUA e China assumirem em seu inter--relacionamento.

O aumento da conflitividade interestatal pode, contudo, processar-se a partir do já perceptível aprofundamento da rivalidade entre norte-americanos e chineses. Nesse sentido, o fato de tratar-se de Estados nuclearmente armados de modo algum significa que a guerra, convencional ou de outra natureza, seja impossível entre eles.[333] As implicações decorrentes de fenômenos como o aquecimento global, a escassez de água potável, o esgotamento das reservas de petróleo, a insuficiência da produção de gêneros alimentícios, entre outros fatores, poderão suscitar o aumento da tensão entre os Estados nacionais. Na medida em que se supõe que

---

332. Sobre o estatuto dos EUA no futuro previsível, ver Fiori, Medeiros e Serrano (2008).
333. Há grande número de autores que defendem a tese de que as guerras entre as grandes potências, nuclearmente armadas ou não, deixaram de ser racionais e, portanto, politicamente possíveis. Ver Mueller (1989). Essa tese não é todavia consensual. Para uma visão divergente, ver Gray (2006a).

o Brasil venha a ocupar espaços cada vez mais importantes no plano mundial, eventualmente passando, nos próximos 40 anos, da condição de potência regional para a de grande potência, não parece improcedente a suposição de que será impossível para o país permanecer alheio aos desenvolvimentos oriundos do sistema de segurança internacional. Em outras palavras, para além da preocupação com as chamadas ameaças "assimétricas" e a participação em operações de manutenção da paz, há reais possibilidades de que as FFAA se vejam obrigadas a dissuadir ameaças estatais clássicas.[334]

Não se vislumbra, contudo, dadas a inserção do país no seio da civilização Ocidental e as características fisiográficas de seu território, circunstância em que tensões no relacionamento com a(s) superpotência(s)/grandes potências venham a redundar em ameaças de usurpação de parcelas do território nacional — hipótese que deveria ser algo matizada no caso da Amazônia verde.[335] Em última análise, o Brasil, pelas dimensões de sua população, economia e massa territorial, não constitui um alvo compensador para iniciativas de anexação ou ocupação. Os custos políticos, econômicos e militares de semelhantes tentativas parecem ser elevados demais para que racionalmente se justificassem. No entanto, esse não é o caso de episódios pontuais de coerção, de demonstrações de força, ameaças de bloqueio econômico, entre outras. Há também o país que assegurar a redução de suas inúmeras vulnerabilidades, o que aponta para a necessidade de se possuir meios militares adequados para

---

334. Sobre o provável retorno de conflitos entre Estados, ver também Gray (2006a).
335. O Brasil, até mesmo em função de sua fragilidade no plano da defesa, poderia vir a sofrer pressões militares em questões relacionadas com os direitos de minorias indígenas, o desmatamento da hileia amazônica, a exploração de recursos minerais etc. Nessas circunstâncias, seria plausível conceber atentados, ainda que pontuais e temporários, contra a soberania territorial brasileira na região amazônica capitaneados por potências militarmente mais poderosas que o país. A elasticidade da força terrestre, nesse contexto, poderia servir de fator dissuasório e de sustentáculo de ações de guerrilha contra o eventual invasor. Nessa hipótese, justificar-se-ia a manutenção do SMO na região, até porque a guerra irregular a ser travada necessitaria do apoio das populações locais — algo que poderia ser favorecido pelo seu maior envolvimento cotidiano com as FFAA brasileiras.

a consecução desse desiderato. A eventual participação em missões de paz, embora não possa de modo algum representar o cerne da política de defesa brasileira, deve ser igualmente considerada como instrumental para os interesses nacionais.[336]

Logo, pode-se prever que as FFAA devam possuir, no futuro imediato, capacidades múltiplas, sendo a mais importante delas a de dissuadir ameaças convencionais — o que permitiria ao Brasil trilhar o desenvolvimento sem a interposição de óbices de caráter extraeconômico a esse processo (a defesa como "escudo do desenvolvimento").[337] Dessa forma, supondo a dissuasão convencional como meta mais relevante — e descartando a improvável hipótese de invasão do território nacional —, tornar-se-ia essencial que o EB mudasse seu perfil. De uma força pouco móvel, dispersa, intensiva em mão de obra de baixa qualificação, dotada de tecnologia obsoleta e possuidora de precário poder combatente, o EB precisaria passar a constituir uma força de dissuasão respeitável.

Essa transformação, contudo, suporia a convivência de tropas bastante distintas dentro das fileiras do Exército, uma vez que este deveria ser capaz de atuar em contextos socioeconômicos e fisiográficos diferenciados. Se, no restante do território nacional, o EB precisaria possuir forças profissionais dotadas de alta prontidão operacional, mobilidade e tecnologia no estado da arte, na Amazônia seria conveniente manter um *mix* de tropas profissionais e de conscritos como forma de garantir a formação de reservas mobilizáveis significativas e maior interação com a população local — no contexto do combate de resistência a inimigos militarmente mais poderosos.[338] Deve-se notar, porém, que a hipótese de anexação da

---

336. Sobre a instrumentalidade da força armada para a política externa brasileira, ver Alsina Jr. (2009).
337. Termo corretamente utilizado na END como forma de estabelecer uma vinculação facilmente perceptível aos olhos da população entre a defesa e o processo nacional de desenvolvimento.
338. No contexto do combate de resistência, a conquista da boa vontade da população local torna-se fundamental — o que indicaria ser conveniente agregar a maior parcela possível de habitantes da Região Norte ao serviço militar.

Amazônia por algum país ou coalizão de países é extremamente improvável. O que não parece ser o caso de rusgas tópicas ou mesmo de disputas pela posse de pontos focais (*e.g.*, áreas de fronteira, reservas minerais, vias aquaviárias e centros locais de decisão).

O elemento essencial de uma renovada estruturação do EB deve ser, portanto, o foco no profissionalismo e no aumento do poder combatente da força terrestre — o que precisaria se processar em perfeita sintonia com a MB e a FAB no que se refere à interoperabilidade. A convivência entre tropas profissionais e de recrutas, bem como a manutenção de alguma capacidade de GLO e de atuação em operações de paz, não deve turvar a necessidade imperiosa de incremento do poder de dissuasão do EB. As ações assistenciais da força devem ser pontuais, secundárias e não devem ser de modo nenhum enfatizadas, o que alimentaria a visão errônea de que as FFAA são, em última análise, instituições especializadas em benemerência e não mecanismos de sustentação dos interesses nacionais brasileiros no plano internacional. Na mesma linha, as intervenções em crises de segurança pública nos estados devem ocorrer apenas em situações agudas e por curtíssimo espaço de tempo — evitando-se, assim, o contato do EB com a marginalidade.[339]

O *status quo* relacionado com o recrutamento e os desafios do futuro

É desnecessário aprofundar o inventário de consequências negativas que o *status quo* relacionado com a forma de recrutamento atual produz no seio das FFAA brasileiras — em especial no EB. Uma das mais perversas, no entanto, é justamente aquela que concebe o universo castrense como ambiente propício ao resgate de hipotecas sociais. Nessa linha,

---

339. O emprego do EB no combate à marginalidade teria o gravíssimo inconveniente de expor a força terrestre ao contato cotidiano com o crime. A experiência das PMs estaduais brasileiras dá uma ideia da catástrofe que poderia advir desse processo.

ao não entender a missão primordial das FFAA como a de garantir a soberania e resguardar os interesses internacionais do país, as elites políticas enxergam na caserna instrumento passível de contribuir para remediar disparidades sociais (via transmissão de conhecimentos técnicos básicos e pagamento de pequeno soldo a recrutas oriundos em sua maioria de estratos sociais menos favorecidos) e de aplastar distinções de classe por meio da difusão do sentimento de pertencimento a uma comunidade de destino (o que se convencionou chamar, recentemente, de "nivelamento republicano").

Na realidade, a forma de recrutamento hoje existente perpetua o círculo vicioso do subdesenvolvimento aplicado ao universo castrense, que poderia ser assim resumido: as disparidades sociais geram demandas assistenciais de todo tipo; como o Estado brasileiro não se encontra estruturado para dar conta dessas demandas e não se percebem ameaças militares prementes, aprofunda-se o impulso no sentido de minimizar essas carências por meio da utilização de instituições públicas (no caso, as FFAA) que primariamente não deveriam se ocupar de ações de benemerência; nesse caldo de cultura, a instrumentalidade da força armada (o saber-fazer a guerra como instrumento de dissuasão e de projeção externa dos interesses brasileiros) submerge em face da instrumentalização da capacidade logística e organizacional dos três ramos das Forças Armadas em prol de atividades subsidiárias, muito mais facilmente utilizáveis para fins de proselitismo político-eleitoral; o desempenho dessas atividades pelas FFAA, contudo, reforça a perspectiva difusa de que Marinha, Exército e Aeronáutica não teriam serventia fora do universo assistencial; essa noção, por sua vez, não incentiva a profissionalização das forças e renova as demandas relacionadas com o emprego do sistema de recrutamento como meio de aprimoramento "civilizacional" em vez de uma forma de garantir a seleção do melhor contingente possível de soldados para o desempenho das tarefas tipicamente castrenses.

Para que essas distorções fossem minimizadas, a transição do presente sistema para um serviço militar misto indubitavelmente representaria passo na direção correta. Esse novo sistema deveria ser capaz de, ao mesmo tempo, garantir a incorporação de recrutas de níveis educacional e cognitivo muito mais elevados do que os atuais (para assegurar a atuação do EB em um campo de batalha tecnologicamente avançado) e de permitir a necessária elasticidade da força terrestre em um (improvável) contexto de guerra de resistência na região amazônica. Logo, deveria haver um *mix* de soldados profissionais e de recrutas, com forte preponderância dos primeiros. Os soldados voluntários seriam incorporados em todo o Brasil à exceção da Amazônia, onde o SMO continuaria a existir em seus moldes atuais — com a diferença de que haveria uma maior incorporação de recrutas que se mostrassem aptos a serem incorporados ao efetivo profissional (ou núcleo base na linguagem do EB). Essas mudanças implicariam, em um primeiro momento, a manutenção ou o aumento do efetivo na região Norte, e a diminuição do efetivo no restante do país.

A estrutura proposta implicaria a redução do efetivo total do EB, o que faria com que o número de OMs fosse enxugado, com a concomitante concentração de tropas no centro do país — de onde poderiam se deslocar rapidamente utilizando os meios aéreos necessários para a garantia de sua mobilidade tática e estratégica. A diminuição significativa do peso da "estratégia da presença" no planejamento do EB só faria sentido se fosse acompanhada por abrangente processo de modernização de métodos, processos, ensino e, inevitavelmente, equipamentos. A passagem de uma força intensiva em mão de obra para uma força intensiva em tecnologia redundaria na necessidade de aumento dos investimentos no EB. Essa mudança, contudo, permitiria ao Brasil contar com poder de dissuasão significativamente maior do que o atual, circunstância compatível com as enormes vulnerabilidades estratégicas nacionais e com o papel crescentemente protagônico que o país deverá assumir no cenário internacional nas próximas décadas.

Finalmente, caberia assinalar que a "presença nacional" e a "identificação com a sociedade" tão caros ao EB (conceitos de problemática tradução em termos práticos e, portanto, extremamente duvidosos como balizadores de políticas públicas) poderiam ser garantidas pela extensão do sistema de tiros de guerra ao interior de todos os estados brasileiros, com base em uma estrutura administrativa mínima.[340] Com as modificações estruturais delineadas anteriormente, seria possível aumentar a capacidade de dissuasão da força terrestre, ampliar o efetivo na Amazônia e manter um mecanismo de interação com a sociedade que não contribuísse para aumentar o distanciamento entre as instituições castrenses e a população, tendo em vista a imperiosa necessidade de o Brasil contar com um Exército capaz de respaldar sua soberania e interesses.

Conclusão

A END representa um avanço inequívoco no tratamento da problemática de defesa por parte do poder civil (Brasil, 2008b). Como não poderia deixar de ser, o documento apresenta pontos positivos e negativos. Entre os primeiros, a tentativa de estruturar o MD para exercer direção efetiva sobre as FFAA, o projeto de fortalecimento da indústria nacional de material de emprego militar, a reorganização do Estado-Maior da Defesa, a criação de uma carreira civil de especialistas em defesa, a busca de maior independência no campo da ciência e tecnologia militar e a valorização do poder combatente como produto essencial derivado da ação das Forças Armadas. Entre os segundos, a ausência de menção explícita aos mecanismos de financiamento da política de defesa, seu caráter talvez excessivamente "gaullista"[341] e a insistência em aprofundar um sistema de recrutamento de pessoal para as FFAA (o EB, em particular) que não se

---

340. Essa estrutura deveria ser composta por cabos e sargentos que se deslocariam de suas unidades de origem e teriam sua hospedagem e alimentação custeada pelas prefeituras locais. Em última análise, essa estrutura não teria maiores consequências sobre a operacionalidade da força terrestre — tanto pelo fato de que o contingente de tiros de guerra não possuiria relevância militar quanto pelo custo relativamente baixo que uma tal organização implicaria para o EB. Na realidade, o sistema de tiros de guerra serviria como um grande programa de relações públicas, objetivando estimular a cultura castrense no Brasil.
341. Sobre o "gaullismo" da END, ver Almeida (2009).

coaduna com a criação de forças voltadas para a dissuasão derivada do incremento do poder combatente de Marinha, Exército e Aeronáutica vislumbrado na Estratégia.

Como o anteriormente mencionado, os pressupostos dos defensores do SMO universal são controversos do ponto de vista conceitual e particularmente problemáticos se se considera a realidade brasileira ora existente. Tendo em conta o axioma básico de que o Brasil precisará contar cada vez mais com FFAA aptas a respaldar sua política externa, dissuadir ameaças oriundas do sistema internacional e minimizar as vulnerabilidades nacionais, resta evidente que a pretensão expressa na END de aumentar o contingente de jovens das classes alta e média que servem anualmente às Forças não é factível de se realizar de acordo com o planejado pelas autoridades brasileiras. Nesse sentido, a experiência recente do EB indica que a tentativa de forçar indivíduos de melhor qualificação educacional a servir acaba redundando em problemas disciplinares acrescidos — fato que por si só colocaria em xeque a noção de que o soldado conscrito seria mais "patriota" do que o soldado profissional.[342] Haveria nesse objetivo outra contradição essencial: como compatibilizar a suposta necessidade de replicar as clivagens presentes na sociedade com a consequente exclusão de voluntários oriundos das classes menos abastadas da população? Nos termos dos defensores do SMO: a *representatividade* seria mais importante do que a *motivação*? Se esses valores são, na prática, incompatíveis, como justificar a conscrição universal nos termos hoje existentes?

Resta claro que o aprofundamento do modelo do SMO brasileiro representa um dos pontos mais vulneráveis da END. O modelo ideal, diante do presente estádio de desenvolvimento nacional e dos problemas que assolam a condução da sua política de defesa, seria a implantação de um sistema misto que envolvesse a manutenção da conscrição na região amazônica e a implantação do voluntariado no restante do território.[343] Em

---

342. Sobre o assunto, ver Marques (2008).
343. As implicações do sistema sugerido à luz do arcabouço constitucional brasileiro não foram analisadas em profundidade. No entanto, acredita-se que esse sistema seria

qualquer caso, haveria necessidade de diminuição de efetivos, aumento dos gastos com equipamento, adestramento, P&D militar e mesmo com pessoal — tendo em vista a necessidade de melhorar substancialmente a remuneração dos soldados voluntários, de molde a atrair indivíduos de boa qualificação intelectual.

Não há, portanto, soluções mágicas para o problema do recrutamento. Nenhum objetivo ambicioso de reestruturação da política de defesa será atingido se não houver sintonia entre a percepção do governo sobre o papel internacional a ser desempenhado pelo Brasil no futuro, articulação adequada entre as políticas externa e de defesa, reforma do arcabouço institucional relacionado com a condução da política de defesa, reestruturação dos mecanismos de financiamento da defesa nacional, mudança estrutural do perfil das FFAA e, acoplada a esta última, modificação no sistema de recrutamento de pessoal do EB. Somente assim seria possível vislumbrar a quebra do círculo vicioso do subdesenvolvimento aplicado ao universo da caserna atualmente prevalecente, em que as forças são obsoletas porque suas concepções são arcaicas e suas concepções são arcaicas porque suas forças são obsoletas.

Ainda que insuficientemente aprofundadas, estas reflexões visaram a problematizar a forma de recrutamento de pessoal hoje existente no âmbito das FFAA, em particular no EB. Seu objetivo foi o de oferecer uma visão divergente em um contexto de ausência de debate público instruído sobre esse tema no Brasil. Nesse sentido, não se deve perder de vista um elemento crucial: nenhuma das reflexões apresentadas neste trabalho são completamente estranhas à alta administração do EB. Entre as novas gerações do Exército, há inúmeros oficiais que encaram a força totalmente profissional como o paradigma a ser seguido. Mais do que tudo, a reforma do EB constitui um problema político: como reestruturar a força terrestre se essa modificação implicará a perda de poder de parcela

---

plenamente factível, dada a flexibilidade do Regulamento da Lei do Serviço Militar instituído pelo Decreto nº 57.654, de 20 de janeiro de 1966. Sobre o assunto, ver em especial o artigo 38 do referido decreto.

significativa da oficialidade que compõe os quadros dirigentes do Exército (uma vez que muitos cargos, inclusive de generais, teriam de ser cortados nesse processo)? Como reestruturar o EB se a "estratégia da presença", em muitos casos, envolve a força em uma dinâmica de pequena política expressa nas pressões de parlamentares pela permanência ou instituição de OMs em regiões sem nenhuma importância estratégica?[344]

As questões mencionadas são fundamentais e somente o poder político civil poderá dar resposta a elas. Não seria razoável imaginar que das próprias burocracias que estão envolvidas nesse processo e acomodadas ao *status quo* surgissem respostas para as perguntas elencadas. Essa é uma tarefa que somente um MD forte e atuante poderá levar à frente, em conjunto com a representação popular. Na ausência de conflitos militares que testem efetivamente a (precária) capacidade de defesa nacional, faz-se mister indagar: conseguiremos romper o círculo vicioso do subdesenvolvimento prevalecente na caserna?

Post scriptum

Oito anos depois da publicação deste texto, quase nada mudou na dinâmica do SMO. A END original, de 2008, já se encontra na sua terceira edição. O país publicou um *Livro branco de defesa nacional* (2012) e uma nova versão do documento encontra-se aprovada. O MD em breve completará 20 anos de criação. No entanto, para além da continuidade de programas de cunho clientelista/assistencialista recentemente implementados como o Soldado Cidadão,[345] que visa a qualificação profissional de

---

344. Em muitos casos, OMs completamente anacrônicas do ponto de vista da defesa nacional (e mesmo de operações de GLO) são mantidas em função de pressões de parlamentares que não admitem que seus redutos eleitorais percam a fonte de renda representada pelos quartéis instalados em áreas economicamente deprimidas. Esse tipo de pressão expressa de maneira clara o que classifico como círculo vicioso do subdesenvolvimento aplicado ao universo militar.

345. O Programa Soldado Cidadão foi criado em 2004.

soldados conscritos para o mercado de trabalho civil (tarefa que escapa à atividade finalística das Forças Armadas), a única "inovação" conhecida nos últimos tempos foi a assinatura de um termo de cooperação entre o EB e o Grupo Projeção. Este termo define a criação da 1ª Escola de Instrução Militar junto a uma universidade do grupo com o intuito de oferecer formação militar de 200 horas a um grupo de 50 universitários, de modo que estes cumpram com suas obrigações relacionadas com o SMO sem necessidade de abandonarem os estudos.[346]

Sob qualquer ponto de vista, trata-se de situação deplorável pelo que denota de inércia tanto das autoridades militares quanto das civis. Vale notar que o projeto primitivo de transformação do Exército, publicado em 2010, discorria sobre a necessidade de levar a cabo mudanças no SMO de modo a permitir que as unidades do EB tivessem uma parcela do contingente variável sempre na fase final do seu processo de instrução — de maneira que, em tese ao menos, estivessem mais bem qualificadas a atuar em caso de necessidade de mobilização. A sistemática atual não permite essa flexibilidade, pois os conscritos são incorporados apenas duas vezes ao ano. Isso, na prática, significa que em somente alguns meses por ano haverá conscritos em fase final de adestramento. Caberia perguntar se o Brasil pedirá a um eventual contendor que espere o término do ciclo de instrução de nossos soldados para atacar o país. Melhor ainda, caberia indagar se tal contendor aceitaria esperar a formação dos nossos conscritos para somente então iniciar suas operações ofensivas.

---

346. Além de servir como elemento de relações públicas, projetando uma imagem positiva do EB, essa iniciativa pode ter como consequência o incentivo à adesão de universitários recém-formados às carreiras de oficiais temporários e técnicos da força terrestre.

Conclusão

Os cinco ensaios reunidos neste livro oferecem um painel razoavelmente amplo dos problemas relacionados com a formulação e a implementação de uma grande estratégia no Brasil. Esses escritos testemunham as dificuldades, ambiguidades e contradições de um setor relevante da vida nacional marcado por um pacto da mediocridade não escrito, que mantém a política de defesa aferrada ao atraso. Diante dessa constatação, uma questão que vem sempre à mente dos brasileiros preocupados com suas Forças Armadas é a seguinte: como romper esse círculo vicioso, como mudar o *status quo*? Infelizmente, não há resposta óbvia para uma questão tão intrincada. Uma hipótese de mudança, traumática, diga-se de passagem, seria a ocorrência de guerra ou enfrentamento militar em que nossas forças fossem humilhadas e o país colocado de joelhos.[347] Outra hipótese seria a aparição de uma liderança política responsável e capaz, que assumisse pessoalmente a tarefa de reforma das Forças Armadas. Uma terceira possibilidade diz respeito à construção de consenso abrangente sobre a necessidade de mudança que incluísse as forças singulares, os líderes políticos, a academia e o setor empresarial — nesse caso, a mudança tenderia a ser incremental.

Mesmo diante da materialização de qualquer uma das três hipóteses, que não são estanques entre si, nada garante que o círculo de ferro do subdesenvolvimento incidente sobre o setor de defesa será rompido. As

---

347. Mesmo diante da materialização dessa hipótese, nada garante que a resposta brasileira caminharia no sentido de levar a defesa a sério e montar um aparato bélico robusto e eficaz.

barreiras que se interpõem a esse desiderato são formidáveis. No entanto, o autor acredita que a mais formidável de todas seja de ordem cognitiva. Não se muda aquilo que não se conhece, e não se conhece algo sem amor ao conhecimento e ao estudo sistemático. Em suma, encontram-se na mentalidade subdesenvolvida e no desprezo pelo conhecimento os maiores obstáculos ao encaminhamento satisfatório da problemática de defesa no Brasil. Como a superação transversal dessa barreira não ocorrerá, se algum dia ocorrer, antes de transcorrida uma geração, tudo indica que veremos no futuro previsível a mesma dinâmica atual em ação: avanços pontuais seguidos de retrocessos; manutenção de tendências inerciais; inoperância de um MD fraco e refém das forças singulares; deterioração ainda maior da segurança pública acompanhada de pressões cada vez mais fortes em prol da intervenção militar nessa seara; programas de aquisição de sistemas de armas que se prolongam indefinidamente em função da descontinuidade orçamentária; e agudização do sucateamento das plataformas de combate de Marinha, Exército e Aeronáutica.

Vale notar, igualmente, que o caráter predatório da ação de determinados agrupamentos políticos civis foi responsável, no passado recente, por aprofundar a clivagem entre paisanos e fardados. A malograda tentativa de instrumentalização política das Forças Armadas, durante a crise que levou ao impedimento da primeira mandatária da nação, explicitou a magnitude das torpezas e da falta de escrúpulos de setores autoritários de nossas elites. O comportamento impecável das lideranças militares durante a crise supracitada, acoplado à desmoralização da classe política no contexto do megaescândalo do "petrolão", gerou como contrapartida um enfraquecimento adicional da participação civil na gestão do MD. Se essa participação já era tangencial, na ausência de uma carreira de analistas civis de defesa, agora ela passou a ser negligenciável.[348] O fortalecimento da imagem das lideranças militares, em contraste com a rejeição da classe política, vem estimulando não somente clamores esporádicos em prol de

---

348. No momento da redação deste texto, praticamente todos os mais importantes assessores diretos do ministro Raul Jungmann eram militares.

intervenção castrense na condução do país, mas também alimentando a tese de que civis (tomados genericamente como corruptos e incompetentes) devem ser afastados da administração dos assuntos de defesa. Nesse contexto, diminuem os incentivos para que se crie uma cultura de defesa entre os paisanos.

A resultante desse processo não está clara, mas indica ser provável uma ainda maior alienação entre civis e militares — sem falar na possibilidade de que, na hipótese de nomeação futura de oficial-general para a chefia do MD, se renovem as sempre presentes rivalidades e disputas entre forças singulares. Apenas quem desconhece completamente a dinâmica do relacionamento entre Marinha, Exército e Aeronáutica pode supor que a subordinação de duas forças a um ministro oriundo de uma terceira seria facilmente digerível. Assim, é forçoso reconhecer que as autoridades civis têm falhado em construir uma institucionalidade governamental no campo da defesa eficaz. A postura adotada como padrão é a da assunção pelo ministro da Defesa do papel de despachante dos interesses setoriais dos três ramos das Forças Armadas. Nada, ou quase nada, é feito no sentido de garantir ao MD as condições efetivas para o exercício da direção superior sobre as três forças singulares. Muito menos criam-se os pressupostos necessários à gestão integrada da política de defesa. Com pouquíssimas exceções, o padrão de comportamento civil é o de evitar a todo custo tomar decisões que venham a desagradar qualquer um dos ramos das Forças Armadas — o que, *ipso facto*, significa abrir mão da direção da política de defesa! A contraparte informal desse comportamento é a expectativa de que os chefes militares não exerçam pressão significativa por benefícios corporativos ou aquisição de armamentos. Em síntese, dois chavões muito utilizados em língua inglesa expressam com grande precisão os padrões típicos das atitudes civis no tocante à administração da defesa: *wait and see* (aguarde e veja o que acontece) e *hope for the best* (torça para o melhor se passar).

Ora, o quadro brevemente sumariado anteriormente aponta para a permanência da inércia e para uma provável deterioração adicional das reduzidíssimas capacidades militares brasileiras — e esse ainda é um cenário benigno, pois não leva em conta o risco cada dia mais palpável de contaminação das Forças Armadas pela corrupção que o contato com a marginalidade em operações de GLO pode ensejar.[349] No caso do EB, a manutenção do serviço militar obrigatório em sua versão atual, ou seja, antediluviana, sugere ser improvável que a modernização projetada pelas lideranças da força ("processo de transformação") venha a ter um desfecho positivo. O engajamento em operações de paz, que poderia ser um vetor de modernização, caso fossem preenchidos os requisitos prévios sugeridos neste livro, também arrisca vir a servir de elemento de perpetuação do atraso se a experiência do Haiti se repetir. Em outras palavras, se o engajamento no exterior servir de laboratório para a exportação das técnicas, táticas e procedimentos utilizados em GLO no plano doméstico — que pouco ou nada contribuem para o aumento da proficiência militar no combate convencional, pedra de toque de qualquer força terrestre de países relevantes na cena internacional. A mitologia criada em torno de uma fantasiosa "forma brasileira de manter a paz" é outro fator de reforço de visões profundamente deletérias sobre a inserção do país no mundo, já que sustentam o que designei como "exceção brasileira".

Esta última não pode ser minimizada em seus efeitos negativos. O excepcionalismo verde e amarelo é um dos componentes mais conspícuos do permanente esvaziamento do valor da defesa no Brasil. Em uma curiosa inversão do que se passa em qualquer das potências com pretensões a participar objetivamente da gestão da segurança em escala planetária, na Terra de Vera Cruz os militares sentem-se compelidos a quase pedir

---

349. Este livro estava em seus estágios finais de redação quando o governo federal anunciou mais uma operação de GLO no Rio de Janeiro. Dessa vez, a intervenção das Forças Armadas estender-se-ia entre julho de 2017 e dezembro de 2018. Na prática, o Exército foi empregado para reforçar as polícias estaduais que, apesar de suas enormes deficiências e dificuldades, não haviam esgotado sua capacidade de prover segurança à população — hipótese em que se justificaria a intervenção de forças federais. Resta patente, uma vez mais, que somente a criação de uma Guarda Nacional e uma profunda reforma policial poderão evitar que o EB se transforme em reserva objetiva das polícias estaduais — com todas as consequências nefastas que daí adviriam.

desculpas por reivindicarem os meios materiais mínimos para o exercício de sua profissão. Pior ainda: sentem-se constrangidos a rebaixar a relevância crucial dos armamentos — em outras palavras, da própria defesa — em seus pronunciamentos públicos em favor de programas militares. Estes, em sua faceta especificamente bélica, aparecem em posição subordinada em relação à ênfase dada aos seus benefícios indiretos: "caráter dual", "contrapartidas civis", "criação de empregos", "absorção de tecnologias", "benefícios sociais", entre outros. Basta percorrer as páginas dos comandos militares na internet para constatar que os temas estritamente castrenses não ocupam nem a metade do espaço desses meios de comunicação institucional. Um extraterrestre que se desse ao trabalho de analisar essas páginas ficaria em dúvida se estaria diante de uma associação beneficente, instituição assistencial, grupo escolar, clube social, agência de desenvolvimento tecnológico, empresa de obras públicas, força parapolicial, unidade de defesa civil ou força armada combatente.

Em abono da verdade, a multiplicidade de tarefas antes sugerida não é privilégio somente de exércitos de países subdesenvolvidos. Na contemporaneidade, as forças armadas mais avançadas também desempenham múltiplas tarefas. O problema reside na ênfase dada no Brasil às funções ditas subsidiárias de Marinha, Exército e Aeronáutica — normalmente associadas a funções estranhas à guerra, de cunho desenvolvimentista. Quando as autoridades consideram ser natural atribuir ao Exército a distribuição de carros-pipa no semiárido nordestino, e a força aceita sem hesitação uma tal missão, algo de muito errado se passa. Além de signo da total inoperância do Estado, essa e outras missões de semelhante jaez são expressões gritantes do excepcionalismo brasileiro traduzido no plano fático: não sendo concebível que um povo "pacífico" possa se envolver em conflitos bélicos; sendo o brasileiro intrinsecamente bom e generoso; tendo a diplomacia nacional uma "tradição" conciliatória e inusualmente capaz de gerar "consensos"; não havendo percepção de ameaças militares prementes ao território do país; não havendo, diante dos elementos anteriores, necessidade de preparo militar importante (em face das supostas condições excepcionais do Brasil); caberia utilizar as Forças Armadas em funções subsidiárias, únicas capazes de conferir "utilidade" à estrutura castrense já instalada.

Esse colossal equívoco perpetua-se fundamentalmente pela falta de compromisso republicano de nossas autoridades, acoplado a uma chocante ausência de perspectiva histórica, o que redunda na condenação do Brasil a um estatuto subalterno na hierarquia do poder mundial — uma vez que são falsos os vaticínios kantianos de que as relações internacionais possam se processar à margem da *ultima ratio* representada pelo poder militar. Em função da transversalidade da difusão do excepcionalismo brasileiro, um kantismo tão esperançoso quanto infundado chega ao ponto de dar origem a atrocidades lógicas e políticas verdadeiramente notáveis, como na tese, defendida por uma alta autoridade brasílica, de que seria o "pacifismo nacional" — expresso na modéstia de nossas Forças Armadas — o fundamento mais importante para legitimar a conquista pelo país de assento permanente no Conselho de Segurança das Nações Unidas! Esse exemplo demonstra como o autoengano pode chegar a níveis verdadeiramente delirantes, na ausência do realismo indispensável à análise da situação do Brasil e do mundo a partir de uma perspectiva sóbria e pragmática. Pragmatismo, aliás, que indica a necessidade de construção de poder nacional minimamente equilibrado, em que haja correspondência razoável entre a projeção econômica, diplomática e político-militar da nação.

Diante do quadro traçado nos cinco ensaios que compõem este livro, caberia aos brasileiros de bem agir para salvar suas Forças Armadas por meio da defesa de duas ações simultâneas: a criação de uma guarda nacional que retire os militares do contato direto com a marginalidade em crises agudas de segurança pública; e a construção de um Ministério da Defesa capaz de liderar um projeto sério e realista de incremento do poder militar brasileiro — de maneira a permitir que a política externa tenha maior latitude de atuação no plano internacional. Antes de mais nada, caberia reconhecer que apenas por meio do conhecimento e da busca da verdade será possível encontrar encaminhamentos satisfatórios para os impasses nacionais. Em contraste com os fanatismos ideológicos e seus efeitos usualmente catastróficos, trata-se de encarar cada problema a partir do prisma da seriedade, do estudo sistemático e da busca do bem comum. Em um país que parece ter esquecido o significado de ética, uma tal exortação parecerá ingênua para muitos. No entanto, cabe recordar que além de seres aptos à reflexão sobre sua própria existência, os homens se diferenciam dos animais ordinários pela noção de moralidade. Qualquer sociedade que despreze o conhecimento e a moral estará inexoravelmente condenada à barbárie e à decadência. A retirada do espesso véu de ignorância que sustenta o excepcionalismo brasileiro é o primeiro passo para que se possa pensar a defesa nacional sem os grilhões de uma mundivisão estéril, patrioteira, simplificadora e totalmente descolada da realidade do país e do mundo.

É plausível supor que a crise civilizacional que assola o Brasil nos últimos anos venha a permitir que, em face do desencanto e do enfraquecimento das narrativas triunfalistas sobre o país, haja cada vez mais estudos que adotem a honestidade intelectual como princípio transcendente e inflexível. Nessa linha, não é impossível que o excepcionalismo brasileiro seja crescentemente questionado. Se isso acontecer, talvez haja possibilidade de que tenhamos no futuro não muito distante uma política de defesa mais assertiva, realista e articulada com uma política externa consciente e pragmática. Nessa hipótese, seria viável falar em uma grande estratégia nacional que vá além do universo diáfano do dever ser. O autor tem esperança de que este livro possa contribuir para a concretização desse cenário.

Referências

AGUILAR, Sergio Luiz Cruz. Uma "cultura brasileira em operações de paz". CADERNO GAPConflitos III. Contribuição brasileira às missões de paz da ONU. Rio de Janeiro: Gramma, 2008.

____. A participação do Brasil nas operações de paz: passado, presente e futuro. *Brasiliana — Journal for Brazilian Studies*, v. 3, n. 2, p. 113-141, mar. 2015.

ALMEIDA, Mário Alberto de; OLIVEIRA, Daílson Mendes de; MUTA, Tarcísio Takashi. O avanço da tecnologia militar e a compressão do espaço estratégico em escala global. In: JOBIM, Nelson A.; ETCHEGOYEN, Sergio W.; ALSINA JR., João Paulo Soares (Org.). *Segurança internacional*: perspectivas brasileiras. Rio de Janeiro: FGV, 2010.

ALMEIDA, Paulo Roberto de. Estratégia Nacional de Defesa: comentários dissidentes. *Boletim Mundorama*, 2009. [online]. Disponível em: <http://mundorama.net/2009/03/14/estrategia-nacional-de-defesa-comentarios-dissidentes-por-paulo-roberto-de-almeida/>. Acesso em: 5 jan. 2010.

ALSINA JUNIOR, João Paulo S. *Política externa e poder militar no Brasil*: universos paralelos. Rio de Janeiro: FGV Editora, 2009.

____. *Política externa e poder militar no Brasil*: universos paralelos. Rio de Janeiro: Editora FGV, 2009.

____. *Rio-Branco, grande estratégia e o poder naval*. Rio de Janeiro: FGV Editora, 2015.

____. Grand strategy and peace operations: the Brazilian case. *Rev. Bras. Polít. Int.*, Brasília, v. 60, n. 2, e004, 2017. Disponível em: <www.scielo.br/scielo.php?script=sci_arttext&pid=S0034-73292017000200205&lng=en&nrm=iso>.

____; ASSIS, Maurício Medeiros de; NOVELLO, Francisco Eduardo. *Segurança hemisférica*. Brasília: Instituto Rio Branco, 1997. Mimeografado.

AMARAL, Mariana; VIANA, Natalia. Especial Haiti parte II: o papel do Brasil é "impor a paz". *Publica — Agência de Reportagem e Jornalismo Investigativo*, 27 set. 2011. Disponível em: <http://apublica.org/2011/09/parte-ii-o-papel-do-brasil-e-impor-a-paz/>.

AMORIM, Celso. *Celso Amorim propõe ampliar cooperação em defesa na América do Sul*. Ministério da Defesa, 23 mar. 2012. Disponível em: <www.defesanet.com.

br/defesa/noticia/5296/Celso-Amorim-propoe-ampliar-cooperacao-em-defesa-na-America-do-Sul>. Acesso em: 4 jun. 2013.

____. *A grande estratégia do Brasil*. Brasília: Funag, 2016.

AMORIM NETO, Octavio. Valores e vetores da reforma política. *Plenarium*, a. IV, n. 4, p. 104-111, jun. 2007.

____. *Civil-military relations, defense policy and diplomacy in Brazil (1996-2012)*. In: ISA'S 56TH ANNUAL CONVENTION, 2015, New Orleans.

____. The defense policy consequences of the changing balance of power between civilians and the military in Brazil. In: INSTITUTE OF POLITICAL SCIENCE, 2016, Pontifical Catholic University, Santiago, Chile.

ARAÚJO, Mario Lucio A. de. Operações no amplo espectro: novo paradigma do espaço de batalha. *Doutrina Militar Terrestre em Revista*, a. 1, ed. 1, p. 16-27, jan./mar. 2013.

ARON, Raymond. *Penser la guerre, Clausewitz*; tome II: l'âge planétaire. Paris: Gallimard, 1976.

ART, Robert J.; CRONIN, Patrick M. (Ed.). *The United States and coercive diplomacy*. Washington: United States Institute of Peace Press, 2003.

BARANY, Zoltan. Resurgent Russia? A still-faltering military. *Policy Review*, n. 147, fev./mar. 2008. [online]. Disponível em: <www.hoover.org/publications/policyreview/14830596.html#>. Acesso em: 20 abr. 2009.

BARBER, Willard F.; RONNING, C. Neale. *Internal security and military power*: counterinsurgency and civic action in Latin America. Columbus: Ohio State University Press, 1966.

BASSFORD, Christopher. John Keegan and the grand tradition of trashing Clausewitz. *War in History*, p. 319-336, nov. 1994.

BELL, David A. *The first total war*: Napoleon's Europe and the birth of warfare as we know it. Nova York: First Mariner Books, 2008.

BELLAMY, Alex J.; WILLIAMS, Paul D. *Understanding peacekeeping*. Cambridge: Polity Press, 2014.

BETTS, Richard K. Is strategy an illusion? *International Security*, v. 25, n. 2, p. 5-50, outono 2000.

BEYERCHEN, Alan D. Clausewitz, nonlinearity and the unpredictability of war. *International Security*, v. 17, n. 3, p. 59-90, inverno 1992-1993.

BIDDLE, Stephen. *Military power*: explaining victory and defeat in modern battle. Princeton: Princeton University Press, 2004.

BOOT, Max. Paving the road to hell: the failure of U.N. peacekeeping. *Foreign Affairs*, mar./abr. 2000. Disponível em: <www.foreignaffairs.com/reviews/review-essay/2000-03-01/paving-road-hell-failure-un-peacekeeping>.

BRACEY, Djuan. Brazil and UN peacekeeping: the cases of East Timor and Haiti. *Contexto Internacional*, Rio de Janeiro, v. 33, n. 2, p. 315-331, jul./dez. 2011.

BRANDS, Hal. *Dilemmas of Brazilian grand strategy*. Carlisle: Strategic Studies Institute, 2010.

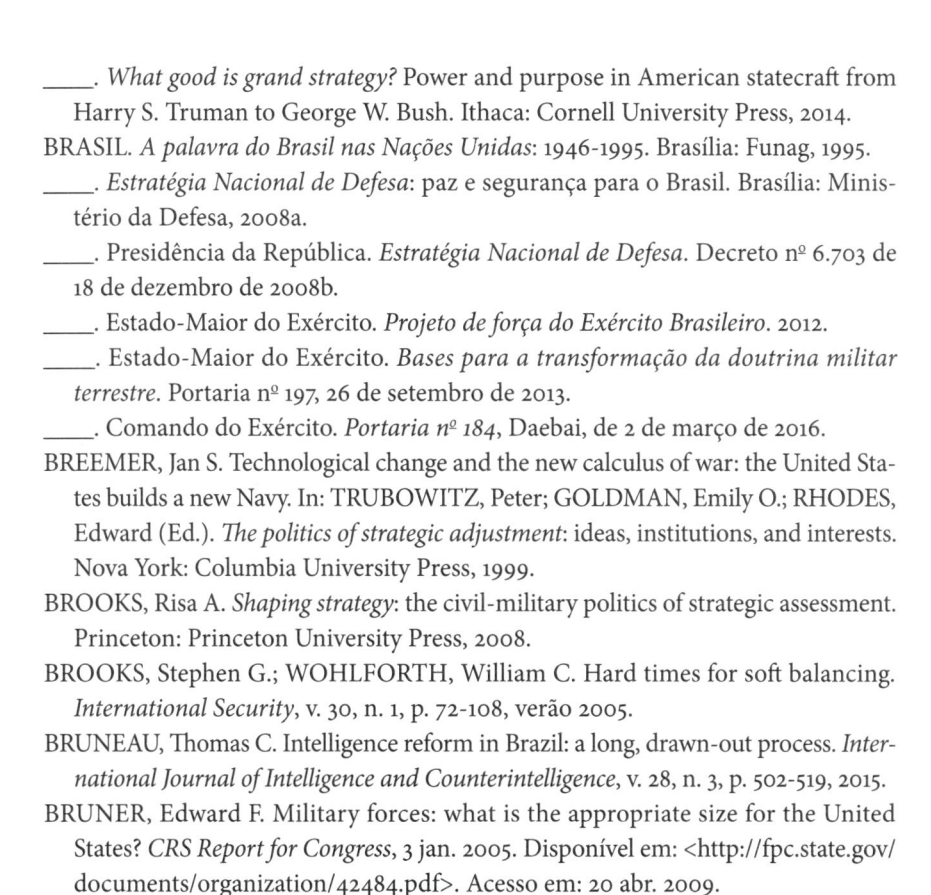

____. *What good is grand strategy?* Power and purpose in American statecraft from Harry S. Truman to George W. Bush. Ithaca: Cornell University Press, 2014.

BRASIL. *A palavra do Brasil nas Nações Unidas*: 1946-1995. Brasília: Funag, 1995.

____. *Estratégia Nacional de Defesa*: paz e segurança para o Brasil. Brasília: Ministério da Defesa, 2008a.

____. Presidência da República. *Estratégia Nacional de Defesa*. Decreto nº 6.703 de 18 de dezembro de 2008b.

____. Estado-Maior do Exército. *Projeto de força do Exército Brasileiro*. 2012.

____. Estado-Maior do Exército. *Bases para a transformação da doutrina militar terrestre*. Portaria nº 197, 26 de setembro de 2013.

____. Comando do Exército. *Portaria nº 184*, Daebai, de 2 de março de 2016.

BREEMER, Jan S. Technological change and the new calculus of war: the United States builds a new Navy. In: TRUBOWITZ, Peter; GOLDMAN, Emily O.; RHODES, Edward (Ed.). *The politics of strategic adjustment*: ideas, institutions, and interests. Nova York: Columbia University Press, 1999.

BROOKS, Risa A. *Shaping strategy*: the civil-military politics of strategic assessment. Princeton: Princeton University Press, 2008.

BROOKS, Stephen G.; WOHLFORTH, William C. Hard times for soft balancing. *International Security*, v. 30, n. 1, p. 72-108, verão 2005.

BRUNEAU, Thomas C. Intelligence reform in Brazil: a long, drawn-out process. *International Journal of Intelligence and Counterintelligence*, v. 28, n. 3, p. 502-519, 2015.

BRUNER, Edward F. Military forces: what is the appropriate size for the United States? *CRS Report for Congress*, 3 jan. 2005. Disponível em: <http://fpc.state.gov/documents/organization/42484.pdf>. Acesso em: 20 abr. 2009.

BRUSTOLIN, Vitelio Marcos. *Abrindo a caixa-preta*: o desafio da transparência dos gastos militares no Brasil. Dissertação (mestrado) — Programa de Pós-Graduação em Políticas Públicas, Estratégias e Desenvolvimento, Universidade Federal do Rio de Janeiro, Rio de Janeiro, 2009.

BUHAUG, Halvard; GLEDITSCH, Kristian Skrede. Contagion or confusion? Why conflicts cluster in space. *International Studies Quarterly*, v. 52, n. 2, p. 215-233, jun. 2008.

BUTTS, Kent Hughes. The strategic importance of water. *Parameters*, p. 65-83, primavera 1997.

BUZAN, Barry. *People, states and fear*: an agenda for international security studies in the post-cold war era. Boulder: Lynne Rienner Publishers, 1991.

____. *The United States and the great powers*: world politics in the twenty-first century. Cambridge: Polity Press, 2004.

____; HANSEN, Lene. *The evolution of international security studies*. Cambridge: Cambridge University Press, 2009.

____; WEAVER, Ole. *Regions and powers*: the structure of international security. Cambridge: Cambridge University Press, 2003.

CAMPOS, Márcio B. A projeção do poder do Brasil como Força de Paz das Nações Unidas (ONU) na África. *Eceme-Coleção Meira Mattos*, Rio de Janeiro, v. 9, n. 34, p. 69-86, jan./abr. 2015.

CASTRO, Celso; D'ARAUJO, Maria Celina. *Democracia e Forças Armadas no Cone Sul*. Rio de Janeiro: FGV, 2000.

CAVALCANTE, Fernando. Rendering peacekeeping instrumental? The Brazilian approach to United Nations peacekeeping during the Lula da Silva years (2003-2010). *Revista Brasileira de Política Internacional (RBPI)*, v. 53, n. 2, p. 142-159, 2010.

CENTENO, Miguel A. *Blood and debt*: war and the nation-state in Latin America. University Park: Penn State Press, 2002.

CEPIK, Marco. Segurança nacional e cooperação Sul-Sul: Índia, África do Sul e Brasil. In: LIMA, Maria Regina Soares de; HIRST, Monica (Org.). *Brasil, Índia e África do Sul*: desafios e oportunidades para novas parcerias. São Paulo: Paz e Terra, 2009. p. 63-118.

CHADE, Jamil. ONU estuda opções para saída do Haiti. *O Estado de S. Paulo*, 12 abr. 2016. Disponível em: <http://internacional.estadao.com.br/noticias/geral,onu-estuda-opcoes-para-saida-do-haiti,1855304>. Acesso em: 28 maio 2016.

CHESTERMAN, Simon. *The use of force in UN peace operations*. NYU School of Law, 2004. Disponível em: <www.operationspaix.net/DATA/DOCUMENT/5808~v~The_Use_of_Force_in_UN_Peace_Operations.pdf>.

CLAUSEWITZ, Carl von. *Da guerra*. São Paulo: Martins Fontes, 1996.

COELHO, Edmundo Campos. *Em busca de identidade*: o Exército e a política na sociedade brasileira. Rio de Janeiro: Record, 2000.

COHEN, Eliot. Twilight of the citizen-soldier. *Parameters*, v. 31, n. 2, p. 23-28, 2001.

____. *The big stick*: the limits of soft power and the necessity of military force. Nova York: Basic Books, 2016.

COKER, Christopher. *Warrior geeks*: how 21st century technology is changing the way we fight and think about war. Nova York: Columbia University Press, 2013

____. *The improbable war*: China, the United States and the logic of great power conflict. Oxford: Oxford University Press, 2015.

COLLI, Walter. Os navios da esperança. *Academia Brasileira de Ciências*, 17 jun. 2015. Disponível em: <www.abc.org.br/article.php3?id_article=4225>.

COLLIER, David; MAHON JR., James E. Conceptual "stretching" revisited: adapting categories in comparative analysis. *American Political Science Review*, v. 87, n. 4, p. 845-855, dez. 1993.

COMUNELLO, Patrícia. Brasil cria Força Expedicionária para atuar em missões internacionais. *Diálogo* — Revista Militar Digital, 6 out. 2015. Disponível em: <http://dialogo-americas.com/pt/articles/rmisa/features/2015/10/06/feature-06?source=most_commented>.

COURMONT, Barthélémy; RIBNIKAR, Darko. *Les guerres asymétriques*: conflicts d'hier et d'aujourd'hui, terrorisme et nouvelles menaces. Paris: PUF, 2002.

CRAIG, Gordon A. The political leader as strategist. In: PARET, Peter (Ed.). *Makers of modern strategy from Machiavelli to the nuclear age*. Princeton: Princeton University Press, 1986. p. 481-509.
CREVELD, Martin *The transformation of war*. Nova York: The Free Press, 1991.
____. *The rise and decline of the state*. Cambridge: Cambridge University Press, 1999.
____. *The culture of war*. Nova York: Presidio Press, 2008.
____. Van. *A history of strategy*: from Sun Tzu to William S. Lind. Kouvola: Castalia House, 2015.
CUNHA, Martim Vasques da. *A poeira da glória*: uma (inesperada) história da literatura brasileira. Rio de Janeiro: Record, 2015.
DAVID, Steven R. Why the Third World still matters. *International Security*, v. 17, n. 3, p. 127-159, inverno 1992-1993.
DEBLOIS, Bruce M. et al. Space weapons: crossing the U. S. Rubicon. *International Security*, v. 29, n. 2, p. 50-84, outono 2004.
DELBRASONU. Delegação do Brasil junto às Nações Unidas. *Statement by the permanent representative of Brazil to the UN*. Security Council Open Debate, 11 jun. 2014. Disponível em: <http://sistemas.mre.gov.br/kitweb/datafiles/Delbrasonu/pt-br/file/2014%2006%2011%20Discurso%20BRASIL%20Peacekeeping.pdf>.
DESCH, Michael. *Civilian control of the military*: the changing security environment. Baltimore: Johns Hopkins University Press, 2001.
DESSLER, David. What's at stake in the agent-structure debate? *International Organization*, v. 43, n. 3, p. 441-473, verão 1989.
DIEHL, Paul F. *Breaking the conflict trap*: the impact of peacekeeping on violence and democratization in the post-conflict context. In: WHAT DO WE KNOW ABOUT CIVIL WARS?, 2014, University of Iowa, Yowa.
DIÉGUES, Fernando. *A revolução brasílica* — o projeto político e a estratégia da Independência. Rio de Janeiro: Record, 2004.
DINIZ, Eugênio. O Brasil e a Minustah. *Security and Defense Studies Review*, Washington, v. 5, n. 1, p. 90-108, 2005.
____. Terrorismo catastrófico: perigo real ou imaginário? In: JOBIM, Nelson A.; ETCHEGOYEN, Sergio W.; ALSINA JR., João Paulo Soares (Org.). *Segurança internacional*: perspectivas brasileiras. Rio de Janeiro: Editora FGV, 2010.
DPKO. 2016a. Disponível em: <www.un.org/en/peacekeeping/missions/untso/>.
____. *Ranking of military and police contributions to UN operations*. fev. 2016b. Disponível em: <www.un.org/en/peacekeeping/contributors/2016/feb16_2.pdf>.
____. *United Nations peacekeeping operations*: principles and guidelines. 2008. Disponível em: <www.un.org/en/peacekeeping/documents/capstone_eng.pdf>.
DPKO/DFS. *Quick Impact Projects (QIPs)* — *Policy*. 2013. Disponível em: <https://docs.unocha.org/sites/dms/documents/dpko_dfs_revised_qips_2013.pdf>.
DUECK, Colin. Hegemony on the cheap: liberal internationalism from Wilson to Bush. *World Policy Journal*, v. 20, n. 4, p. 1-11, inverno 2003-2004.

ECHEVARRIA II, Antulio J. *Fourth-generation War and other myths*. U.S. Army War College, Strategic Studies Institute. 2005. Disponível em: <www.strategicstudiesinstitute.army.mil/pdffiles/pub632.pdf>.

_____. *Reconsidering the American way of war*: US military practice from the Revolution to Afghanistan. Washington: Georgetown University Press, 2014.

ESTADO-MAIOR DO EXÉRCITO. *Fatalidades em missões de paz* — militares. 2016. Mimeografado.

EVANS, Peter B.; JACOBSON, Harold K.; PUTNAM, Robert D. (Ed.). *Double-edged diplomacy*: international bargaining and domestic politics. Berkeley: University of California Press, 1993.

FABIAN, Sandor. *Irregular warfare*: the future military strategy for small states. CreateSpace Independent Publishing Platform, 2012.

FARS NEWS AGENCY. *Iran ready to cooperate with UN peace-keeping efforts*. 26 fev. 2014. Disponível em: <http://en.farsnews.com/newstext.aspx?nn=13921207000550>.

FARWELL, James P.; ROHOZINSKI, Rafal. Stuxnet and the future of cyber war. *Survival*, v. 53, n. 1, p. 23-40, 2011.

FELLET, João. Para analistas, permanência em favelas põe em risco integridade das Forças Armadas. *BBC Brasil*, 2 dez. 2010. Disponível em: <www.bbc.com/portuguese/noticias/2010/12/101201_exercito_rio_jf.shtml>.

FERDINAND, Peter. *The positions of Russia and China at the UN Security Council in the light of recent crises*. Bruxelas: European Parlament (Briefing paper), 2013. Disponível em: <www.europarl.europa.eu/RegData/etudes/note/join/2013/433800/EXPO-SEDE_NT(2013)433800_EN.pdf>.

FIORI, José Luís; MEDEIROS, Carlos; SERRANO, Franklin. *O mito do colapso do poder americano*. Rio de Janeiro: Record, 2008.

FITCH, J. Samuel. *The Armed Forces and democracy in Latin America*. Baltimore: Johns Hopkins University Press, 1998.

FLÔRES JR., Renato G. Blocos regionais, democracia e conflito. In: JOBIM, Nelson A.; ETCHEGOYEN, Sergio W.; ALSINA JR., João Paulo Soares (Org.). *Segurança internacional*: perspectivas brasileiras. Rio de Janeiro: Editora FGV, 2010.

FONSECA JR., Gélson. Dever de proteger ou nova forma de intervencionismo? In: JOBIM, Nelson A.; ETCHEGOYEN, Sergio W.; ALSINA JR., João Paulo Soares (Org.). *Segurança internacional*: perspectivas brasileiras. Rio de Janeiro: Editora FGV, 2010. p. 175-192.

FONTOURA, Paulo Roberto T. da. *O Brasil e as operações de manutenção da paz das Nações Unidas*. Brasília: Funag, 1999.

FORDHAM, Benjamin O. The limits of neoclassical realism: additive and interactive approaches to explaining foreign policy preferences. In: LOBELL, Steve E.; RISPMAN, Norrin M.; TALIAFERRO, Jeffrey W. *Neoclassical realism, the state and foreign policy*. Cambridge: Cambridge University Press, 2009.

FUCCILLE, Luís Alexandre. Do desafio à acomodação: descaso e tibieza na construção da direção política sobre a Defesa Nacional. *E-premissas*: Revista de Estudos estratégicos, n. 2, p. 104-130, jan./jun. 2007.

GAMA, Marcos Vinícius Pinta. O Conselho de Defesa Sul-Americano e sua instrumentalidade. In: JOBIM, Nelson A.; ETCHEGOYEN, Sergio W.; ALSINA JR., João Paulo Soares (Org.). *Segurança internacional*: perspectivas brasileiras. Rio de Janeiro: FGV, 2010.

GARTZKE, Erik; JO, Dong-Joon. Bargaining, nuclear proliferation, and interstate disputes. *The Journal of Conflict Resolution*, v. 53, n. 2, p. 209-233, abr. 2009.

GARVER, John W.; FEI-LING, Wang. China's anti-encirclement struggle. *Asian Security*, v. 6, n. 3, p. 238-261, 2010.

GAT, Azar. *War in human civilization*. Oxford: Oxford University Press, 2006.

GAULLE, Charles de. *Por um exército profissional*. Rio de Janeiro: José Olympio; Biblioteca do Exército Editora, 1996.

GENTILE, Gian. *Wrong turn*: America's deadly embrace of counterinsurgency. Nova York: The New Press, 2013.

GOLDEIER, J. M.; MCFAIL, M. A tale of two worlds: core and periphery in the post--Cold War era. *International Organization*, v. 46, n. 2, p. 467-491, 1992.

GOLDSTEIN, Avery. First things first: the pressing danger of crisis instability in U.S.-China relations. *International Security*, v. 37, n. 4, p. 49-89, primavera 2013.

GOMPERT, David C.; LIBICKI, Martin. Cyber warfare and Sino-American crisis instability. *Survival*, v. 56, n. 4, p. 7-22, ago./set. 2014.

GONÇALVES, Israel A.; MANDUCA, Paulo César. A organização militar e a natureza política de uma missão de paz: um estudo de caso sobre a Unavem III. In: ENCONTRO REGIONAL DE HISTÓRIA: PODER, VIOLÊNCIA E EXCLUSÃO, 19, ANPUH/SP — USP, 2008, São Paulo. *Anais...* Disponível em: <www.anpuhsp.org.br/sp/downloads/CD%20XIX/PDF/Autores%20e%20Artigos/Israel%20Aparecido%20Goncalves%20e%20Paulo%20Cesar%20Manduca.pdf>.

GRAHAM-HARRISON, Emma et al. China and Russia: the world's new superpower axis? *The Guardian*, 7 jul. 2015. Disponível em: <www.theguardian.com/world/2015/jul/07/china-russia-superpower-axis>.

GRANAI, Cornelius. *"Complex and volatile environment"*: the doctrinal evolution from full spectrum operations to unified land operations. Monografia — School of Advanced Military Studies, United States Army Command and General Staff College, Fort Leavenworth, 2015.

GRAY, Colin S. *Another bloody century*: future warfare. Londres: Phoenix Press, 2006a.

____. Clausewitz, history, and the future strategic world. In: MURRAY, Williamson; SINNREICH, Richard H. (Ed.). *The past as prologue*: the importance of history to the military profession. Cambridge: Cambridge University Press, 2006b. p. 123.

_____. *Out of the wilderness*: prime time for strategic culture. Defense Threat Reduction Agency, USA, 31 out. 2006c. Disponível em: <https://fas.org/irp/agency/dod/dtra/stratcult-out.pdf>. Acesso em: 29 out. 2016.

_____. *Fighting talk*: forty maxims on war, peace, and strategy. Washington: Potomac Books, 2009.

_____. *War, peace and international relations*: an introduction to strategic history. Londres: Routledge, 2012.

GUIMARÃES, Plínio Ferreira. Assistindo a população, combatendo o comunismo: as ações cívico-sociais no contexto da ditadura militar brasileira. In: SIMPÓSIO NACIONAL DE HISTÓRIA, 28, 2015, Florianópolis. Anais... Disponível em: <www.snh2015.anpuh.org/resources/anais/39/1434415319_ARQUIVO_TextoANPUH2015.ACISO.pdf>.

HABERMAYER, Helmut. Hybrid threats and a possible counter-strategy... In: SCHRÖFL, Josef et al. (Ed.). *Hybrid and cyber war as consequences of the asymmetry*: a comprehensive approach answering hybrid actors and activities in cyberspace. Frankfurt am Main: Peter Lang, 2011. p. 249-272.

HALTINER, Karl W. The definite end of mass army in Europe? *Armed Forces & Society*, v. 25, n. 1, p. 7-36, 1998.

HAMANN, Eduarda Passarelli. *A força de uma trajetória*: o Brasil e as operações de paz da ONU (1948-2015). Rio de Janeiro: Instituto Igarapé (nota estratégica 19), 2015. Disponível em: <https://igarape.org.br/wp-content/uploads/2015/09/NE-19_Brasil-e-operações-de-paz-da-ONU-web.pdf>.

HAMMES, Thomas X. Insurgency: modern warfare evolves into a fourth generation. *Strategic Forum*, n. 214, p. 1-8, jan. 2005.

HARIG, Christoph. Synergy effects between Minustah and public security in Brazil. *Brasiliana — Journal for Brazilian Studies*, v. 3, n. 2, p. 142-168, mar. 2015. Disponível em: <http://ojs.statsbiblioteket.dk/index.php/bras/article/view/19996>.

HELD, David et al. *Global transformations*: politics, economics and culture. Stanford: Stanford University Press, 1999.

HENDRIX, Henry J. *Theodore Roosevelt's naval diplomacy*: the U.S. Navy and the birth of the American century. Annapolis: Naval Institute Press, 2009.

HERWIG, Holger H. *The Marne, 1914* — the opening of World War I and the battle that changed the world. Nova York: Random House, 2009.

HEUSER, Beatrice. *The evolution of strategy*: thinking war from antiquity to the present. Cambridge: Cambridge University Press, 2010.

HIRST, Monica; NASSER, Reginaldo M. Brazil's involvement in peacekeeping operations: the new defence-security-foreign policy nexus. *Noref*, set. 2014.

HIRST, Paul. *War and power in the 21st century*. Cambridge: Polity Press, 2001.

HOFFMAN, Frank G. The contemporary spectrum of conflict: protracted, gray zone, ambiguous, and hybrid modes of war. *The Heritage Foundation*: 2016 INDEX OF U.S. MILITARY STRENGTH, 2016. p. 25-36.

HOLANDA, Sérgio Buarque de. *Raízes do Brasil*. São Paulo: Companhia das Letras, 1995.

HOROWITZ, Michael. The spread of nuclear weapons and international conflict: does experience matter? *The Journal of Conflict Resolution*, v. 53, n. 2, p. 234-257, abr. 2009.

_____. *The diffusion of military power*: causes and consequences for international politics. Princeton: Princeton University Press, 2010.

HOWARD, Michael. Grand strategy in the twentieth century. *Defence Studies*, v. 1, n. 1, p. 1-10, primavera 2001.

_____. *War and the liberal conscience*. Nova York: Columbia University Press, 2008.

HULTMAN, Lisa. UN peace operations and protection of civilians: cheap talk or norm implementation? *Journal of Peace Research*, v. 50, n. 1, p. 59-73, 2013.

HUNT, Charles. UN peace operations and 'all necessary means'. *APR2P-R2P Ideas in Brief*, v. 3, n. 3, 2013. Disponível em: <https://r2pasiapacific.org/filething/get/1062/UN_Peace_Operations_and_All_Necessary_Means.pdf>.

HUNTINGTON, Samuel P. *The clash of civilization and the remaking of world order*. Nova York: Simon & Schuster, 1996.

_____. The lonely superpower. *Foreign Affairs*, v. 78, n. 2, p. 35-49, mar./abr. 1999.

JEHN, Christopher; SELDEN, Zachary. The end of conscription in Europe? *Contemporary Economic Policy*, v. 20, n. 2, p. 93-100, 2002.

JOBIM, Nelson A. Introdução. In: JOBIM, Nelson A.; ETCHEGOYEN, Sergio W.; ALSINA JR., João Paulo Soares (Org.). *Segurança internacional*: perspectivas brasileiras. Rio de Janeiro: Editora FGV, 2010a. p. 15-19.

_____. *Perspectivas da segurança para a América do Sul e a Europa*. Discurso de abertura. In: CONFERÊNCIA DO FORTE DE COPACABANA, VII, 2010b, Rio de Janeiro. Disponível em: <http://democraciapolitica.blogspot.com/2010/11/jobim--perspectivas-da-seguranca-para.html>. Acesso em: 4 jun. 2013.

JOHNSON, Robert A. Prevendo a guerra do futuro. *Doutrina Militar Terrestre em Revista*, v. 2, n. 6, p. 68-82, jul./dez. 2014.

KAUFMAN, Stuart J.; LITTLE, Richard; WOHLFORTH, William (Ed.). *The balance of power in world history*. Nova York: Palgrave Macmillan, 2007.

KAWAGUTI, Luis. Brasil deixará Haiti em 2016: 'Serei o último a partir', diz general. *BBC Brasil*, 23 out. 2015. Disponível em: <www.bbc.com/portuguese/noticias/2015/10/151020_haiti_ajax_eleicoes_lk>.

KEEGAN, John. *Uma história da guerra*. São Paulo: Companhia das Letras, 1995.

KENKEL, Kai Michael. Interesses e identidade na participação do Brasil em operações de paz. *Revista Tempo do Mundo*, v. 3, n. 2, p. 9-35, ago. 2011.

_____. Brazil and R2P: does taking responsibility mean using force? *Global Responsibility to Protect*, v. 4, p. 5-32, 2012.

_____; HAMANN, Eduarda Passarelli. *Subsídios para a participação de policiais brasileiros em operações de paz das Nações Unidas*: funcionamento, tarefas, recrutamento e oportunidades de destaque. Instituto de Pesquisa Econômica Aplicada (Ipea), out. 2013. (Texto para discussão 1892)

KENNEDY, Paul. Grand strategy in war and peace: toward a broader definition. In: KENNEDY, Paul (ed.). *Grand strategies in war and peace*. New Haven: Yale University Press, 1991.

_____. *The parliament of man*: the past, present and future of the United Nations. Nova York: Vintage Books, 2006.

KHAN, Amos. *A response to fourth generation warfare*. RSIS Working Paper, 2010.

KIER, Elizabeth. Culture and military doctrine: France between the wars. *International Security*, v. 19, n. 4, p. 65-93, primavera 1995.

KILCULLEN, David. *Out of the mountains*: the coming age of the urban guerrilla. Oxford: Oxford University Press, 2013.

KI-MOON, Ban. *Secretary-general remarks at wreath-laying ceremony for international Day of United Nations peacekeepers*. 29 maio 2015. Disponível em: <www.un.org/sg/statements/index.asp?nid=8687>.

KINROSS, Stuart. Clausewitz and low-intensity conflict. *Journal of Strategic Studies*, v. 27, n. 1, p. 35-58, mar. 2004.

KREBS, Ronald R. *Myths of the all-volunteer force*: rethinking military recruitment and the fate of the citizen-soldier. s.d. Disponível em: <www.polisci.umn.edu/~ronkrebs/Publications/Myths%20of%20the%20AVF%20(complete).pdf>. Acesso em: 22 maio 2009.

KRISCH, Nico. The Security Council and the great powers (May 22, 2008). Pre-print version of a chapter published in: LOWE, V. et al. (Ed.). *The United Nations Security Council and war*. Oxford: Oxford University Press, 2008. p. 133-153. Disponível em: <http://ssrn.com/abstract=2440758>.

LADSOUS, Hervé. *Statement to the Fourth Committee*. 30 out. 2015. Disponível em: <www.un.org/en/peacekeeping/documents/HL%20statement%20to%204th%20CommitteeAS%20DELIVERED30Oct2015.pdf>.

LANNES, Ulisses L. P. O Brasil e as operações de manutenção da paz. In: O BRASIL E AS NOVAS DIMENSÕES DA SEGURANÇA INTERNACIONAL, 1998. Disponível em: <www.iea.usp.br/publicacoes/textos/lannesmanutencaodapaz.pdf>.

LAQUEUR, Walter. *Guerrilla warfare*: a historical and critical study. Nova York: Routledge, 1998.

LEAL, José Alberto. Serviço Militar Obrigatório: a alternativa adequada. *Revista das Ciências Militares*, Rio de Janeiro, n. 17, p. 4-9, 1. quad. 2008.

LEBLANC, Steven A. *Constant battles*: the myth of the peaceful, noble sauvage. Nova York: St. Martin's Press, 2003.

LIDDELL HART, Basil Henry. *Strategy*. Nova York: Meridian Books, 1991.

LIND, William S. Understanding forth generation war. *Military Review*, p. 12-16, set./out. 2004.

LINHARES, Temistocles. O crítico do modernismo brasileiro. *Journal of Inter-American Studies*, v. 7, n. 1, p. 49-66, jan. 1965.

LOBELL, Steven E.; RISPMAN, Norrin M.; TALIAFERRO, Jeffrey W. (Ed.). *Neoclassical realism, the state, and foreign policy*. Nova York: Cambridge University Press, 2009.

LOCHERY, Neill. *Brazil: the fortunes of war*: World War II and the making of modern Brazil. Nova York: Basic Books, 2014.

LUTTWAK, Edward. "Post-heroic warfare" and its implications. In: NIDS INTERNATIONAL SYMPOSIUM ON SECURITY AFFAIRS, 1999. p. 127-139. Disponível em: <www.nids.go.jp/english/dissemination/other/symposium/pdf/sympo_e1999_5.pdf>.

____. *Strategy*: the logic of war and peace. Cambridge: Harvard University Press, 2001.

MADDISON, Angus. *The world economy*: a millennial perspective. Paris: OECD, 2001.

MAHNKEN, Thomas G. Strategic theory. In: BAYLIS, John; WIRTZ, James J.; GRAY, Colin S. *Strategy in the contemporary world*. Oxford: Oxford University Press, 2010.

MARES, David R. *Violent peace*: militarized interstate bargaining in Latin America. Nova York: Columbia University Press, 2001.

MARQUES, Hugo. Jovens de origem humilde formam a maioria esmagadora das Forças Armadas, mas o governo agora quer mudar esse quadro. *IstoÉ*, 19 dez. 2008.

MARTINS FILHO, Elias R.; UZIEL, Eduardo. As operações de manutenção da paz e o Secretariado das Nações Unidas. *Política Externa*, v. 24, n. 1-2, p. 107-135, jul./dez. 2015.

MARTINS FILHO, João Roberto. A influência doutrinária francesa sobre os militares brasileiros nos anos 1960. *Revista Brasileira de Ciências Sociais*, v. 23, n. 67, p. 39-50, jun. 2008.

MAZARR, Michael J. The folly of 'asymmetric war'. *The Washington Quarterly*, v. 31, n. 3, p. 33-53, 2008.

MCGREAL, Chris. 70 years and half a trillion dollars later: what has the UM achieved? *The Guardian*, 7 set. 2015. Disponível em: <www.theguardian.com/world/2015/sep/07/what-has-the-un-achieved-united-nations>. Acesso em: 1 maio 2016.

MEARSHEIMER, John. *The tragedy of great power politics*. Nova York: W. W. Norton & Company, 2001.

MENDES, Fábio Faria. *O tributo de sangue*: recrutamento militar e construção do Estado no Brasil Imperial. Tese (doutorado em ciência política) — Instituto Universitário de Pesquisas do Rio de Janeiro, Rio de Janeiro, 1997.

MERQUIOR, José Guilherme. O outro Ocidente. *Presença: Revista de Política e Cultura*, Rio de Janeiro, n. 15, p. 69-91, abr. 1990.

MIRANDA, André Luis Novaes. A necessária transformação do Exército. *Doutrina Militar Terrestre em Revista*, a. 1, ed. 1, p. 64-77, jan./mar. 2013.

MIYAMOTO, Shighenoli. A política externa brasileira e as operações de paz. *Revista Brasileira de Estudos Políticos* [on line], v. 98, p. 361-394, 2008.

MOLOEZNIK, Marcos Pablo. Las Fuerzas Armadas en México: entre la atipicidad y el mito. *Nueva Sociedad*, n. 213, p. 156-169, jan./fev. 2008.

MONTEIRO, Tânia. Exército reduzirá incorporação de recrutas em 31%. *O Estado de S. Paulo*, 10 mar. 2009.

MORGENTHAU, Hans. *Politics among nations*: the struggle for power and peace. Nova York: Alfred A. Knopf, 1948.

MOYROUD, Celine; KATUNGA, John. Coltan exploration in Eastern Democratic Republic of the Congo (DRC). In: LIND, Jeremy; STURMAN, Kathryn. *Scarcity and surfeit*: the ecology of Africa's conflicts. Pretoria: Institute for Security Studies, 2002. p. 159-181.

MUELLER, John. *Retreat from Doomsday*: the obsolescence of major war. Nova York: Basic Books, 1989.

____. War has almost ceased to exist: an assessment. *Political Science Quarterly*, v. 124, n. 2, p. 297-321, 2009.

MUGGAH, Robert. Reflexões sobre a contribuição da Minustah à segurança e estabilidade (2004-2014). In: HAMANN, Eduarda Passarelli. *Brasil e Haiti*: reflexões sobre os 10 anos da missão de paz e o futuro da cooperação após 2016. Rio de Janeiro: Instituto Igarapé, 2015. p. 9-14.

MURRAY, Williamson. The collapse of empire: British strategy, 1919-1945. In: MURRAY, Williamson; KNOX, MacGregor; BERNSTEIN, Alvin (Ed.). *The making of strategy*: rulers, states, and war. Nova York: Cambridge University Press, 1996. p. 398-399.

MURRAY, Williamson. *War, strategy, and military effectiveness*. Nova York: Cambridge University Press, 2011.

____; GRIMSLEY, Mark. Introduction: on strategy. In: MURRAY, Williamson; KNOX, MacGregor; BERNSTEIN, Alvin (Ed.). *The making of strategy*: rulers, states, and war. Nova York: Cambridge University Press, 1996.

____; KNOX, Macgregor. The future behind us. In: MURRAY, Williamson; KNOX, Macgregor (Ed.). *The dynamics of military revolutions, 1300-2050*. Cambridge: Cambridge University Press, 2001.

____; MANSOOR, Peter R. *Hybrid warfare*: fighting complex opponents from the ancient world to the present. Cambridge: Cambridge University Press, 2012.

____; SINNREICH, Richard H.; LACEY, James. *The shaping of grand strategy*: policy, diplomacy and war. Nova York: Cambridge University Press, 2011.

NAGL, John A. *Learning to eat soup with a knife*: counterinsurgency lessons from Malaya and Vietnam. Chicago: Chicago University Press, 2005.

NAN, Li. The evolution of China's naval strategy and capabilities: from "near coast" and "near seas" to "far seas". *Asian Security*, v. 5, n. 2, p. 144-169, 2009.

NICÁCIO SILVA, Cleonilson. A militarização do espaço: desafios para as potências médias. In: JOBIM, Nelson A.; ETCHEGOYEN, Sergio W.; ALSINA JR., João Paulo Soares (Org.). *Segurança internacional*: perspectivas brasileiras. Rio de Janeiro: Editora FGV, 2010.

NOVOSAD, Paul; WERKER, Eric. *Who runs the international system?* Power and the staffing of the United Nations Secretariat. Center for Global Development, set.

2014. (Working Paper 376). Disponível em: <www.ciaonet.org/attachments/26232/uploads>.

NUNES, Edson. *A gramática política do Brasil*: clientelismo e insulamento burocrático. Rio de Janeiro: Jorge Zahar, 1997.

NZONGOLA-NTALAJA, Georges. *From Zaire to the Democratic Republic of the Congo*. Nordiska Afrikainstituter, Current African Issues n. 28, 2004. Disponível em: <www.diva-portal.org/smash/get/diva2:240600/FULLTEXT02.pdf>.

OLIVEIRA, Eliézer Rizzo de. *Democracia e defesa nacional*: a criação do Ministério da Defesa na presidência de FHC. Barueri: Manole, 2005.

OLIVEIRA, Ricardo Soares de. A África desde o fim da Guerra Fria. *Relações Internacionais*, Lisboa, p. 93-114, dez. 2009.

OLIVEIRA JR., Almir de; GÓES, Fernanda L. A presença brasileira nas operações de paz das Nações Unidas.In: INSERÇÃO internacional brasileira: temas de política externa. Brasília: Ipea, 2010. v. 1, p. 407-439.

OREIRO, José Luis; FEIJÓ, Carmem A. Desindustrialização: conceituação, causas, efeitos e o caso brasileiro. *Revista de Economia Política*, v. 30, n. 2 (118), p. 219-232, abr./jun. 2010.

OTHIENO, Timothy; SAMASUWO, Nhamo. A critical analysis of Africa's experiments with hybrid missions and security collaboration. *African Security Review*, v. 16, n. 3, p. 25-39, 2007.

PAKISTAN. *Statement by Ambassador Dr. Maleeha Lodhi, Permanent Representative of Pakistan to the United Nations, in the Special Committee on Peacekeeping Operations*. 16 fev. 2016. Disponível em: <www.pakun.org/statements/Fourth_Committee/2016/02162016-01.php>.

PANT, Harsh V. China's naval expansion in the Indian ocean and India-China rivalry. *The Asia-Pacific Journal*, 18-4-10, 3 maio 2010.

PAPE, Robert. Soft balancing against the United States. *International Security*, v. 30, n. 1, p. 7-45, verão 2005.

PATRIOTA, Antonio de Aguiar. *O Conselho de Segurança após a Guerra do Golfo*: a articulação de um novo paradigma de segurança coletiva. Brasília: Funag, 1998.

PAUL, James; NAHORY, Céline. Theses towards a democratic reform of the UN Security Council. *Global Policy Forum*, 13 jul. 2005. Disponível em: <www.globalpolicy.org/security-council/41131.html>.

PAYNE, Keith B.; GRAY, Colin S. Nuclear policy and the defensive transition. *Foreign Affairs*, v. 62, n. 4, p. 820-842, primavera 1984.

PEDROSA, Afonso Henrique I. A transformação do exército e o fim da história. *Doutrina Militar Terrestre em Revista*, a. 2, ed. 5, p. 66-74, jan./jun. 2014.

PERLEZ, Jane. China names new team to secure its place in asia and face U.S. competition. *New York Times*, 16 mar. 2012a.

____. Continuing buildup, China boosts military spending more than 11 percent. *New York Times*, 4 mar. 2012b.

PHILIP, George. *The military in South American politics.* Dover: Croom Helm, 1985.

PION-BERLIN, David; TRINKUNAS, Harold. Attention deficits: why politicians ignore defense policy in Latin America. *Latin American Research Review*, v. 42, n. 3, p. 76-100, out. 2007.

POLLINS, Brian M.; SCHWELLER, Randall L. Linking the levels: the long wave and shifts in U.S. foreign policy, 1790-1993. *American Journal of Political Science*, v. 43, p. 455-459, n. 2, abr. 1999.

PORCH, Douglas. *Counterinsurgency*: exposing the myths of the new way of war. Cambridge: Cambridge University Press, 2013.

PORTER, Patrick. Good anthropology, bad history: the cultural turn in studying war. *Parameters*, p. 45-58, verão 2007.

POSEN, Barry R. *The sources of military doctrine*: France, Britain, and Germany between the world wars. Ithaca: Cornell University Press, 1984.

____. *Restraint*: a new foundation for U.S. grand strategy. Ithaca: Cornell University Press, 2014.

____. Explaining military doctrine. In: ART, Robert J.; WALTZ, Kenneth N. (Org.). *The use of force*: military power and international politics. Maryland: Rowman & Littlefield, 1999. p. 23-43.

POULIN, Andrew. Going blue: the transformation of China's Navy. *The Diplomat*, 15 abr. 2016. Disponível em: <http://thediplomat.com/2016/04/going-blue-the--transformation-of-chinas-navy/>. Acesso em: 2 nov. 2016.

POWER, Timothy J. Optimism, pessimism, and coalitional presidentialism: debating the institutional design of Brazilian democracy. *Bulletin of Latin American Research*, v. 29, n. 1, p. 18-33, 2010.

PRADO FILHO, Hildo Vieira. *A transformação do Exército Brasileiro e o novo sistema de ciência, tecnologia e inovação do Exército*: contribuições para a soberania nacional. Monografia — Curso de Altos Estudos de Política e Estratégia, Escola Superior de Guerra, Rio de Janeiro, 2014.

PROENÇA JR., Domício. O enquadramento das missões de paz (PKO) nas teorias da guerra e de polícia. *Revista Brasileira de Política Internacional (RBPI)*, Brasília, v. 45, n. 2, p. 147-197, dez. 2002.

____. As guerras interestatais são coisa do passado? In: JOBIM, Nelson A.; ETCHEGOYEN, Sergio W.; ALSINA, João Paulo (Org.). *Segurança internacional*: perspectivas brasileiras. Rio de Janeiro: Editora FGV, 2010. p. 67-79.

____; BRIGAGÃO, Clóvis. *Concertação múltipla*: inserção internacional de segurança do Brasil. Rio de Janeiro: Francisco Alves, 2002.

____; DINIZ, Eugenio. *Política de defesa no Brasil*: uma análise crítica. Brasília: Editora Universidade de Brasília, 1998.

QIAO, Liang; WANG, Xiangsui. *Unrestricted warfare*: China's master plan to destroy America. Cidade do Panamá: Panama Publishing Company, 2002.

RAMALHO, Antônio Jorge. Política externa e política de defesa no Brasil: civis e militares, prioridades e a participação em missões de paz. *e-cadernos ces*, v. 6, p. 142-158, 2009. Disponível em: <https://eces.revues.org/359>.

____. O futuro das operações de paz das Nações Unidas. In: JOBIM, Nelson A.; ETCHEGOYEN, Sergio W.; ALSINA JR., João Paulo Soares (Org.). *Segurança internacional*: perspectivas brasileiras. Rio de Janeiro: Editora FGV Editora, 2010. p. 115-140.

RAWLINSON, Kevin; MACASKILL, Ewen. UK deploys hundreds of troops and aircraft to eastern Europe. *The Guardian*, 27 out. 2016. Disponível em: <www.theguardian.com/world/2016/oct/27/uk-to-deploy-hundreds-of-troops-and-aircraft-to-eastern-europe>. Acesso em: 29 out. 2016.

RAZA, Salvador. Existe uma política de segurança no Brasil? Custos, deficiências e benefícios. *Revista Banco de Ideias*, a. XIII, n. 49, p. 1-16, dez./fev. 2009-2010.

REBELO, Aldo. Soberania e intervenção em questões ambientais. In: JOBIM, Nelson A.; ETCHEGOYEN, Sergio W.; ALSINA JR., João Paulo Soares (Org.). *Segurança internacional*: perspectivas brasileiras. Rio de Janeiro: Editora FGV, 2010.

RECH, Marcelo. *Entrevista com o ex-ministro das Relações Exteriores, Antonio Patriota, em 1º de agosto de 2013*. Inforel — Instituto de Relações Internacionais e Defesa. Disponível em: <http://inforel.org/noticias/versaoImpressa.php?id_noticia=5608>.

REIS, Thiago. Brasil registra 58 mil mortes violentas em 2014, mostra estudo. *G1*, 8 out. 2015. Disponível em: <http://g1.globo.com/politica/noticia/2015/10/brasil-registra-58-mil-mortes-violentas-em-2014-mostra-estudo.html>.

RESENDE-SANTOS, João. *Neorealism, states, and the modern mass army*. Cambridge: Cambridge University Press, 2007.

ROBERTS, Adam; ZAUM, Dominik. *Selective security*: war and the United Nations Security Council since 1945. Londres: IISS; Routledge, 2008.

ROCHA, Fernando C. W.; PIRES, Sérgio F. S. Serviço Militar Obrigatório *versus* Serviço Militar Voluntário — o grande dilema. *Caderno Aslegis*, Brasília, v. 8, n. 24, p. 61-100, set./dez. 2004.

ROCHA PAIVA, Luiz Eduardo. Guerras de quarta geração ou mais uma falácia travestida de sapiência? In: JOBIM, Nelson A.; ETCHEGOYEN, Sergio W.; ALSINA JR., João Paulo S. *Segurança internacional*: perspectivas brasileiras. Rio de Janeiro: Editora FGV, 2010.

ROGOWSKI, Ronald. *Commerce and coalitions*: how trade affects domestic political alignments. Princeton: Princeton University Press, 1989.

ROSE, Guideon. Neo-classical realism and theories of foreign policy. *World Politics*, v. 51, n. 1, p. 144-172, out. 1998.

ROSECRANCE, Richard N. Allies, overbalance, and war. In: ____; MILLER, Steven E. (Org.). *The next great war?* The roots of world war I and the risk of U.S.-China conflict. Cambridge: The MIT Press, 2015. p. 45-55.

____; MILLER, Steven E. (Org.). *The next great war?* The roots of World War I and the risk of U.S.-China conflict. Cambridge: The MIT Press, 2015.

____; STEIN, Arthur A. Beyond realism: the study of grand strategy. In: ____; ____ (Ed.). *The domestic bases of grand strategy*. Ithaca: Cornell University Press, 1993.

ROSEN, Stephen P. *Winning the next war*: innovation and the modern military. Ithaca: Cornell University Press, 1991.

ROTBERG, Robert I. Failed states in a world of terror. *Foreign Affairs*, jul./ago. 2002. Disponível em: <www.foreignaffairs.com/articles/2002-07-01/failed-states-world-terror>.

SALEH, Tariq. Brasil planeja envio de soldados para Força da ONU no Líbano. *BBC*, 13 mar. 2014. Disponível em: <www.bbc.com/portuguese/noticias/2014/03/140313_tropas_brasil_libano_pai>.

SAGAN, Scott D. Why do states build nuclear weapons? Three models in search of a bomb. *International Security*, v. 21, n. 3, p. 54-86, inverno 1996-1997.

SAINT-PIERRE, Héctor Luis. Grandes tendências da segurança internacional contemporânea. In: JOBIM, Nelson A.; ETCHEGOYEN, Sergio W.; ALSINA JR., João Paulo Soares (Org.). *Segurança internacional*: perspectivas brasileiras. Rio de Janeiro: Editora FGV, 2010.

SANTOS, Rita; CRAVO, Teresa Almeida. *Brazil's rising profile in United Nations peacekeeping operations since the end of the cold war*. Noref Report, mar. 2014. Disponível em: <www.ciaonet.org/attachments/24875/uploads>.

SCHELLING, Thomas C. *Arms and influence*. New Haven: Yale University Press, 2008.

SCHWELLER, Randall. *Unanswered threats*: political constraints on the balance of power. Princeton: Princeton University Press, 2006.

SECURITY COUNCIL REPORT. Mandate renewal of UN stabilization mission in Haiti. 12 out. 2016. Disponível em: <www.whatsinblue.org/2016/10/mandate-renewal-of-un-stabilization-mission-in-haiti.php>.

SECURITY COUNCIL REPORT. *Special research report n. 6*: Resolution 1701. 25 set. 2006. Disponível em: <www.securitycouncilreport.org/special-research-report/lookup-c-glKWLeMTIsG-b-2060965.php>.

SEITENFUS, Ricardo. *A intervenção militar sul-americana no Haiti*: aparência e realidade. 2014. Disponível em: <www.seitenfus.com.br>.

SERRANO, Marcelo O. L. War amongst the people, or just irregular? *Small Wars Journal*, 25 mar. 2014. Disponível em: <http://smallwarsjournal.com/jrnl/art/war-amongst-the-people-or-just-irregular>. Acesso em: 28 out. 2016.

SHAW, Martin. *The new western way of war*. Cambridge: Polity Press, 2005.

SHEEHAN, James J. *Where have all the soldiers gone?* The transformation of modern Europe. Nova York: Houghton Mifflin Company, 2009.

SHEPARD JR., John E. On war: is Clausewitz still relevant? *Parameters*, p. 85-99, set. 1990.

SILVA, Bruno. As ameaças digitais entram em campo. *Correio Braziliense*, 23 abr. 2013.

SILVA, Daniele D. da. Operações de paz à brasileira — uma reflexão teórica, contextual e historiográfica: um estudo de caso da Minustah. In: ENABRI 3., 2011, São Paulo. Proceedings... Disponível em: <www.proceedings.scielo.br/scielo.php?script=sci_arttext&pid=MSC0000000122011000100060&lng=en&nrm=iso>.

SIMIONI, Ana Paula Cavalcanti. Modernismo brasileiro: entre a consagração e a contestação. *Perspective*, v. 14, p. 1-31, 2014.

SINGER, P. W. *Wired for war*: the robotics revolution and conflict in the 21st century. Nova York: Penguin Books, 2009.

SMITH, Rupert. *The utility of force*: the art of war in the modern world. Nova York: Alfred A. Knopf, 2008.

SNYDER, Jack. *The ideology of the offensive*: military decision making and the disasters of 1914. Ithaca: Cornell University Press, 1984.

____. *Myths of empire*: domestic politics and international ambition. Ithaca: Cornell University Press, 1991.

____; SHAPIRO, Robert; BLOCH-ELKON, Yaeli. Free hand abroad, divide and rule at home. In: IKENBERRY, G. John; MASTANDUNO, Michael; WOHLFORTH, William C. (Ed.). *International relations theory and the consequences of unipolarity*. Cambridge: Cambridge University Press, 2011. p. 178-215.

SOARES, Samuel A. Segurança e defesa no Cone Sul: transições com transformações? *Estudos Ibero-Americanos*, v. XXXIV, n. 1, p. 160-180, jun. 2008.

SOARES DE LIMA, Maria Regina. Notas sobre a reforma da ONU e o Brasil. In: REFORMA da ONU. Brasília: Fundação Alexandre de Gusmão, 2009. p. 269-304.

SODRÉ, Nelson Werneck. *História militar do Brasil*. Rio de Janeiro: Civilização Brasileira, 1979.

SOLANA, Javier. *A secure Europe in a better world*: European security strategy. Paris: The European Institute for Security Studies, 2003.

SOLIGEN, Etel. *Regional orders at century's dawn*: global and domestic influences on grand strategy. Princeton: Princeton University Press, 1998.

SORENSON, David S. The mythology of fourth-generation warfare: a response to Hammes. In: TERRIFF, Terry et al. (Ed.). *Global insurgency and the future of armed conflict*: debating fourth-generation warfare. Londres: Routledge, 2008.

SOTOMAYOR, Arturo. *The myth of the democratic peacekeeper*: civil-military relations and the United Nations. Baltimore: Johns Hopkins University Press, 2014.

____. Latin America's experience with peace support operations: from peacekeeping recipients to peace exporters. In: MARES, David R.; KACOWICZ, Arie M. (Ed.). *Routledge handbook of Latin American security*. Nova York: Routledge, 2016.

SOUZA, Amaury de. *A agenda internacional do Brasil*: a política externa brasileira de FHC a Lula. Rio de Janeiro: Campus, 2009.

SOUZA NETO, Danilo Marcondes de. *A política brasileira para as operações de paz e intervenções humanitárias*: normas, ética e regionalização no envolvimento brasileiro na Minustah. Dissertação (mestrado) — Pontifícia Universidade Católica do Rio de Janeiro, Rio de Janeiro, 2010.

STEPAN, Alfred. *Rethinking military politics*: Brazil and the Southern Cone. Princeton: Princeton University Press, 1988.

STOCHERO, Tahiane. Para Exército, ocupar Alemão é mais difícil que guerra e missão no Haiti. *G1*, 15 ago. 2012. Disponível em: <http://g1.globo.com/brasil/no-

ticia/2012/08/para-exercito-ocupar-alemao-e-mais-dificil-que-guerra-e-missao--no-haiti.html>.

____. General do Brasil é convidado para comandar missão de paz no Congo. *G1*, 24 abr. 2013. Disponível em: <http://g1.globo.com/mundo/noticia/2013/04/general--do-brasil-e-convidado-para-comandar-missao-de-paz-no-congo.html>. Acesso em: 7 maio 2016.

STRACHAN, Hew. The lost meaning of strategy. *Survival: Global Politics and Strategy*, v. 47, n. 3, p. 33-54, 2005.

____. *The direction of war*: contemporary strategy in historical perspective. Cambridge: Cambridge University Press, 2013.

TANGREDI, Sam J. *Anti-access warfare*: countering A2/D2 strategies. Annapolis: Naval Institute Press, 2013.

THE ECONOMIST. *The United Nations: master, mistress or mouse?* 21 maio 2016. Disponível em: <www.economist.com/news/international/21699134-despiteun-precedented-push-pick-uns-next-boss-open-contest-choice-will>.

THE MILITARY Balance 2016. Londres: IISS, 2016.

THEISEN, Ole M.; HOLTERMANN, Helge; BUHAUG, Halvard. Climate wars? Assessing the claim that drought breeds conflict. *International Security*, v. 36, n. 3, p. 79-106, inverno 2011-2012.

TOPIK, Steven C. *Trade and gunboats*: the United States and Brazil in the age of empire. Stanford: Stanford University Press, 1996.

TRUBOWITZ, Peter. *Politics and strategy*: partisan ambition and American statecraft. Princeton: Princeton University Press, 2011.

UNITED NATIONS GENERAL ASSEMBLY. A/RES/68/281, 2014. Disponível em: <https://documents-dds-ny.un.org/doc/UNDOC/GEN/N13/456/31/PDF/N1345631.pdf?OpenElement>.

____. A/C.5/69/16, 2015a. Disponível em: <https://documents-dds-ny.un.org/doc/UNDOC/GEN/N15/018/13/PDF/N1501813.pdf?OpenElement>.

____. A/c.5/69/24, 2015b. Disponível em: <www.un.org/ga/search/view_doc.asp?symbol=A/C.5/69/24>.

____. A/70/331/Add.1, 2015c. Disponível em: <www.un.org/ga/search/view_doc.asp?symbol=A/70/331/Add.1>.

UNITED NATIONS GENERAL ASSEMBLY/SECURITY COUNCIL. A/55/305--S/2000/809 (Brahimi Report), 2000. Disponível em: <www.un.org/en/ga/search/view_doc.asp?symbol=A/55/305>.

____. Concept note *"Responsibility while protecting: elements for the development and promotion of a concept"*. A/66/551-S/2011/701, 2011. Disponível em: <www.un.org/Docs/journal/asp/ws.asp?m=A/66/551-S/2011/701>.

____. *Report of the high-level independent panel on peace operations on uniting our strengths for peace: politics, partnership and people (Ramos-Horta Report)*. A/70/95-S/2015/446, 2015. Disponível em: <www.un.org/en/ga/search/view_doc.asp?symbol=A/70/95>.

UNITED NATIONS SECRETARY-GENERAL. Disponível em: <www.un.org/sg/statements/index.asp?nid=8151>.

USA. Congressional Budget Office. *The all-volunteer military*: issues and performances. 2007. Disponível em: <www.cbo.gov/doc.cfm?index=8313&type=0>. Acesso em: 5 jan. 2010. p. 1-37.

UZIEL, Eduardo. *O Conselho de Segurança, as missões de paz e o Brasil no mecanismo de segurança coletiva das Nações Unidas*. Brasília: Funag, 2015.

VAN DER LIJN, Jaïr; SMIT, Timo. Peacekeepers under threat? Fatality trends in UN peace operations. *Sipri Policy Brief*, set. 2015. Disponível em: <http://books.sipri.org/files/misc/SIPRIPB1509.pdf>.

VASQUEZ, Joseph Paul. Shouldering the soldiering: democracy, conscription, and military casualties. *The Journal of Conflict Resolution*, v. 49, n. 6, p. 849-873, dez. 2005.

VIEIRA, Gleuber. Hipóteses de emprego na determinação da estrutura militar: custos, organização e dimensões no Exército. In: REBELO, Aldo; FERNANDES, Luís. *Política de defesa para o século XXI*. Brasília: Câmara dos Deputados, 2003. p. 133-144.

WALTZ, Kenneth. *Teoria das relações internacionais*. Lisboa: Gradiva, 2002.

WELDES, Jutta. Constructing the national interest. *European Journal of International Relations*, v. 2, n. 3, p. 275-318, set. 1996.

WENDT, Alexander. *Social theory of international relations*. Cambridge: Cambridge University Press, 1999.

WHITE, Leslie A. The concept of culture. *American Anthropologist*, v. 61, n. 2, p. 227-251, abr. 1959.

WHITTLE, Devon. Peacekeeping in conflict: the intervention brigade, Monusco, and the application of international humanitarian law to United Nations Forces. *Georgetown Journal of International Law*, v. 46, p. 837-875, 2015. Disponível em: <www.law.georgetown.edu/academics/law journals/gjil/recent/upload/zsx00315000837.PDF>.

YAMASHITA, Hikaru. Reexamining peacekeeping: the 'Brahimi Report' and onward. *NIDS Security Studies*, v. 8, n. 1, p. 39-79, out. 2005. Disponível em: <www.nids.go.jp/english/publication/kiyo/pdf/bulletin_e2006_3_yamashita.pdf>.

ZAKARIA, Fareed. *From wealth to power*: the unusual origins of America's world role. Princeton: Princeton University Press, 1999.

Esta obra foi produzida nas
oficinas da Imos Gráfica e Editora na
cidade do Rio de Janeiro